로마인 이야기

로마인 이야기 10
모든 길은 로마로 통한다

시오노 나나미 지음 · 김석희 옮김

한길사

ROMA-JIN NO MONOGATARI x

SUBETE NO MICHI WA ROMA NI TSUZUKU
by Nanami Shiono

Copyright © 2001 by Nanami Shiono

Original Japanese edition published by Shincho-sha Co., Ltd.
Korean translation rights arranged with Shincho-sha Co., Ltd.
through Japan Foreign-Rights Centre

Translated by Kim Seok-hee
Published by Hangilsa Publishing Co., Ltd., Korea, 2002

塩野七生, ローマ人の物語 X(すべての道はローマに通ず), 新潮社, 2001

머리말

이번에 나는, 저자로서 안고 있는 문제점을 독자인 여러분에게 처음부터 솔직히 밝히려고 한다. 저술이란 본시 저자와 독자가 있어야만 성립되는 표현 양식이지만, 이 책은 특히 여러분의 도움이 절실하게 필요하다. 이 제10권만은 지금까지 나온 아홉 권과 앞으로 나올 다섯 권과는 그 형식과 내용이 완전히 달라질 수밖에 없었기 때문이다.

전 15권으로 예정된 『로마인 이야기』 가운데 한 권을 로마인이 구축한 '인프라스트럭처'(infrastructure)에만 바치고 싶다는 생각은 제1권인 「로마는 하루아침에 이루어지지 않았다」를 집필할 때부터 갖고 있었다. 그리고 제목도 「모든 길은 로마로 통한다」로 미리 정해두었다. '인프라스트럭처'를 '사회간접자본'이라고 번역하든 '하부구조'라고 번역하든, 인프라스트럭처만큼 그것을 이룩한 민족의 자질을 잘 나타내는 것은 없다고 믿었기 때문이다.

특히 로마인은, 인프라의 중요성에 대한 인식을 공유하고 있다고 말할 수 있는 현대인으로부터 '인프라의 아버지'라고까지 불리는 민족이다. 인프라스트럭처라는 영어 자체가 로마인의 언어인 라틴어에서 '하부' 내지 '기반'을 뜻하는 '인프라'(infra)와 '구조'나 '건조물'을 뜻하는 '스트룩투라'(structura)를 현대에 와서 합성해 만든 말이다. 영어가 아닌 다른 언어에서도 발음이 조금 달라질 뿐이다. 예를 들면 라틴어의 맏딸이라고 할 수 있는 이탈리아어에서는 '인프라스트루투라'(infrastruttura)라고 한다. 어쨌든 어원이 라틴어라는 것 자체가 로마인이 '인프라의 아버지'였다는 가장 명백한 증거고, 그래서 이 주제에만 따로 한 권을 바칠 이유는 충분히 있다고 생각했다.

그런데 『고대 로마의 인프라스트럭처』라는 제목의 저술은 한 권도 없다. 인터넷으로 서구의 명문 대학 출판부에 접속해보아도, 돌아오는 대답은 '해당 작품 없음'뿐이다. 20세기에 나온 역사책은 각 시대에 대한 전문가를 동원해 각자가 전공한 주제를 쓰게 하고 그것을 모은 형태의 서술이 지배적이었지만, 이런 종류의 통사에서도 로마의 인프라만 다룬 책은커녕 장(章)조차 없다. 왜 아무도 다루지 않을까. 나는 의아하게 생각했다. 동시에 우쭐한 기분이 들기도 했다. 연구자들이 도전하지 않은 일에 내가 도전하려 하고 있으니까.

그런데 공부가 진행되면서 알게 되었다. 연구자들이 도전하지 않은 것은 결코 로마의 인프라의 중요성을 인식하지 못해서가 아니라, 이 주제를 종합적으로 논하기가 불가능하다는 사실을 알고 있기 때문이었다. 「모든 길은 로마로 통한다」는 제목으로 책 한 권을 쓰기로 작정하고, 이 착상에 우쭐해져 있던 나야말로 하룻강아지 범 무서운 줄 모르는 격이었다.

그러면 왜 불가능한가.

로마인이 생각하고 있던 인프라에는 도로·교량·항만·신전·공회당·광장·극장·원형투기장·경기장·공중 목욕장·수도 등 모든 것이 포함된다. 다만 이것들은 하드웨어라고 말할 수 있는 인프라고, 소프트웨어적인 인프라에는 국방·치안·조세에다 의료·교육·우편·통화 등의 시스템까지 포함된다. 이 모든 것을 종합적으로 다루지 않는 한, 로마의 인프라를 논했다고 할 수 없다.

그런데 현대의 학문은 전문화와 그 귀결인 세분화를 특징으로 한다. 따라서 이 '불가능'을 극복하기 위해 학자들이 택한 방법도, 누군가가 로마 가도를 다루면 다른 사람은 다리를 연구 과제로 삼는 식의 세분화였다. 그리고 세분화는 당연히 기술론(技術論)으로 이어지게 되고, 로마의 인프라 가운데 하나를 기술적인 측면에서 다룬 연구서는 얼마든지 있다.

하지만 이것은 연구자들의 세계에서 볼 수 있는 현상이고, 소박하기 때문에 오히려 근원적이라 해도 좋은 의문에는 대답해주지 않는다. 사람이 밟아 다진 길이 이미 존재하는데 로마인은 왜 막대한 자금과 노동력을 들이면서까지 일부러 로마식 포장도로를 깔았을까. 또한 로마는, 테베레강이 바로 옆을 흐르고 있고, 일곱 언덕에서 나오는 물의 처리법을 궁리해야 했을 정도니까 결코 물이 부족하지 않았다. 그런데 로마인은 왜 일부러 로마식 수도 공사에 노동력을 들이면서까지 멀리서 물을 끌어올 생각을 했을까. 이런 근원적인 의문에는 조금도 답을 주지 않는다.

'불가능'의 두 번째 이유는 서술의 어려움이다. 우리가 역사를 서술할 수 있는 것은 역사라는 이름의 강 상류에서 하류를 향해 온갖 사실과 현상이 흐르기 때문인데, 인프라를 주제로 삼으면 그것이 흐르지 않게 되어버린다. 바꿔 말하면 시대의 흐름에 따라 통시적으로 서술할 수 없게 된다. 가도를 예로 들면, 기원전 3세기부터 서기 5세기까지 800년 동안을 오락가락하면서 쓸 수밖에 없다.

요컨대 로마인이 구축한 인프라의 하드웨어와 소프트웨어를 둘 다

다루려 할 경우에 직면하게 되는 어려움은, 유럽과 중동 및 북아프리카에 걸쳐 있는 로마 세계와 1,000년이 넘는 로마 시대라는 공간적·시간적으로 광대한 범위를 자유자재로 헤엄쳐 다닐 수 있는 능력이 요구된다는 점이다. 하지만 이것은 전문화와 세분화 현상이 두드러진 현대 학계에서는 비학문적인 행위로 단정될 수 있기 때문에, 학자들은 마음이 내키지 않을 것이다. 또한 그런 위험을 무릅쓰고 감히 도전한 경우에도 주제가 너무 광범하기 때문에 그 결과는 수박 겉핥기 정도로 끝날 가능성이 크다.

이런 어려움은 학자가 아닌 내 경우에도 무시할 수 없는 문제였다. 집필하면서 이미 어려움을 겪어야 한다면, 독자가 읽을 때도 역시 어려움을 겪어야 할 것이기 때문이다. 글을 써서 생활하는 나에게는 분명히 불리하다. 내 경우에는 기껏 쓴 글이 독자의 눈길조차 받지 못하는 결과로 끝날 위험이 큰데다, 독자들이 끝까지 읽어주지 않을 위험도 커지기 때문이다. 득의양양하게 부풀었던 내 가슴은 당장 오므라들었고, 전문가들조차 도전하려 들지 않는 어려운 주제에 나 같은 사람이 도전할 수 있을 턱이 없으니「모든 길은 로마로 통한다」는 단념할 수밖에 없다는 생각이 들기 시작했다. 그런데 무언가를 조사하고 있는 동안에 이 생각이 바뀌었다.

앞에서도 말했듯이 로마인은 '인프라의 아버지'라고 불릴 만큼 인프라를 중시한 민족이었다. 인프라스트럭처라는 합성어를 만들 때도 라틴어를 끌어올 수밖에 없었을 만큼, 로마인과 인프라의 관계는 '등호'(等號)로 이어져 있다고 말할 수 있다. '모든 길은 로마로 통한다'는 말을 누구나 알고 있듯이.

그렇다면 그 로마인의 언어인 라틴어에 '인프라스트룩투라'라는 낱말이 당연히 있을 것 같은데, 그게 없다. 없기 때문에 현대에 와서 새로 만들 수밖에 없었던 것이다.

하지만 그만한 양과 질의 인프라를 구축해놓고도 그것을 표현하는 낱말이 없다는 것은 정말 이상하다. 현실이 먼저 존재하고 그 현실을 표현할 필요가 생겼을 때 낱말이 생겨나는 것이기 때문이다. 그렇게 생각하면서 자료를 찾아보다가 어떤 말에 부닥쳤다.

'몰레스 네케사리에'(moles necessarie). 굳이 번역하면 '필요한 대사업'이 될까. 게다가 이 말을 사용한 문장들 가운데 '사람이 사람다운 생활을 하기 위해 필요한 대사업'이라는 구절이 있었다. 그렇다면 로마인은 인프라를 '사람이 사람다운 생활을 하기 위해 필요한 대사업'으로 생각한 게 아닐까.

이것은 나를 한동안 생각에 잠기도록 하기에 충분했다. 그때까지 줄곧 내 머릿속에 있었던 것은 현대에 와서 합성한 낱말 '인프라스트럭처'의 어원인 '인프라'(하부)와 '스트룩투라'(구조), 그리고 인프라야말로 '로마 문명의 위대한 기념비'라는 역사학자들의 찬사였다.

그런데 정작 로마인이 쓴 글에는 문헌만이 아니라 비문에도 후세에 남기는 기념비를 뜻하는 말은 하나도 없다. 로마인은 후세에 기념비를 남길 작정으로 그 대사업을 벌인 게 아니라, 인간다운 생활을 하기 위해 필요하니까 했을 뿐이다. 그것이 결과적으로 로마 문명의 위대한 기념비가 된 것뿐이다.

이런 생각에 도달했을 때 비로소 나는, 설령 미흡한 결과로 끝난다 해도 제10권에서는 로마의 인프라를 다루지 않으면 안된다고 결심했다.

또 하나, 내가 쓸까 말까 망설이고 있을 때 그 망설임을 떨쳐준 에피소드가 있었다. 몇 년 전, 장래의 총릿감으로 평판이 자자하던 일본 정치인을 만났을 때의 일이다. 그는 나에게, 총리가 되면 무엇을 해야 한다고 생각하느냐고 물었다. 나는 서슴없이 대답했다.

"종래와는 완전히 다른 사고방식에 입각해서 조세제도를 근본적이고 획기적으로 개혁하는 것, 그것밖에 없습니다."

그랬더니 그가 말했다. 세금 이야기는 너무 무미건조해서 꿈이 없다고. 나는 대답했다.

"꿈이나 여유는 십인십색으로 사람마다 제각기 달라서, 정책화에 없어서는 안 될 객관적인 기준이 존재하지 않습니다. 정치인이나 관료가 주도할 수 있는 문제가 아니지요. 정치인이나 관료가 해야 할 일은, 국민 개개인이 저마다 다양한 꿈이나 여유를 가질 수 있도록 그 기반을 마련하는 것입니다."

그 후에 발표된 이 사람의 정견을 읽어보고 내 조언이 허사로 끝난 것을 알았지만, 이 일화는 내가 로마사를 쓸 때 도움이 되었다. 그 사람을 만난 뒤 다음과 같은 생각을 하게 되었기 때문이다.

고대에 살았던 로마인은 '공'과 '사'의 구분을 어떻게 생각하고 있었을까. 로마인이 '사람다운 생활을 하기 위해 필요한 대사업'으로 정의한 그들의 인프라를 다루어보면, 그 의문에 대한 해답을 얻을 수 있지 않을까.

그래서 독자 여러분께 미리 부탁의 말씀을 드리고 싶다.

첫째, 쓰는 일이 어려웠던 만큼 읽는 것도 당연히 어려울 테니까, 단숨에 끝까지 읽어버리거나, 아니면 손에 땀을 쥐는 쾌감은 전투 장면 묘사가 많았던 제2권·제4권·제5권으로 만족하시고 이번만은 그런 종류의 쾌감을 기대하지 말아달라는 것이다.

둘째, 머릿속에 2,000년의 세월을 담아달라는 것이다. 로마 가도 이야기를 하다가 느닷없이 2,000년을 건너뛰어 19세기 중엽에 등장한 철도 이야기로 옮아가는 것은 하나의 예에 불과하다.

셋째, 머릿속에 세계 지도를 담아달라는 것이다. 서방의 대국인 로마와 동방의 대국인 중국을 견주어 논하더라도 별다른 저항감 없이 받아들일 수 있도록.

넷째, 인프라의 성격상, 문장으로 설명하기보다 그림이나 사진으로 보여주는 편이 더 쉽게 이해할 수 있는 경우가 많다. 따라서 지도나 도면이나 사진을 많이 실을 수밖에 없었고, 덕분에 서적 같지 않은 서적이 되어버린 것을 양해해주기 바란다. 이 제10권만은 됨됨이가 다르다는 점을 보여주기 위해 표지 장정도 바꾸었을 정도다.

요컨대 나는 여러분이 책을 읽기도 전에 단단히 각오하라고 예고한 셈이다. 저자의 머리말치고는 이렇게 야릇한 경우도 없겠지만, 망설이고 망설인 끝에 역시 써야 한다는 결론에 도달했으니까 어쩔 수 없다. 하지만 하나하나의 설명을 진득하게 읽어주고 또한 지도와 도표를 참조하면서 읽어나가는 수고를 아끼지 않는다면, 적어도 한 가지만은 약속할 수 있다.

'모든 길은 로마로 통한다'는 말에서 '길'은 결코 도로만을 뜻하지 않는다는 것, 그리고 바로 그것이 로마인의 진정한 위대함이라는 점을 깨달을 수 있으리라는 것만은 약속할 수 있다.

로마인 이야기 10
모든 길은 로마로 통한다

- 머리말 • 5

제1부 하드 인프라 ──────── 19

1. 가도 · 21
    로마 가도망과 중국의 만리장성 • 23
    로마에서 남행 가도 • 36
    로마 가도의 기본형 • 38
    이정표 • 40
    로마 가도의 단면도 • 41
    로마 가도의 복원상상도 • 45
    공화정 시대의 로마 가도망 • 52
    로마 시대의 터널 • 57
    산허리를 지나는 가도의 단면도 • 58

2. 다리 · 69
    로마 시대의 배다리와 나무다리 • 71
    '긴 다리'(pons longus) • 72
    로마 시대의 돌다리 • 74
    배수 설비 • 80
    교각 공법 • 82
    '아카시해협대교' • 84
    남프랑스 님의 수도교 • 87
    세 종류의 다리 그림 • 90
    가도 · 다리 · 수도에 필요한 용지의 너비 • 92

3. 가도를 이용한 사람들 · 97
    카이사르, 아우구스투스, 티베리우스의 초상 • 104

로마 시대의 우편마차 • 106
알프스를 넘는 로마 가도(발랑스에서 토리노까지)
연변의 여러 시설 • 108
알프스를 넘어 갈리아로 가는 4개의 루트 • 111
로마 시대의 여행용 은컵 • 120
은컵 표면을 펼친 그림과 카디스에서 로마까지의 가도 • 121
'타불라 페우팅게리아나'와 프톨레마이오스 지도 • 125
'타불라 페우팅게리아나'의 부분
(알렉산드로스가 신탁을 들은 땅, 산맥, 숲) • 193
'타불라 페우팅게리아나'의 부분
(로마 시대의 6개 주요 도시) • 195
'타불라 페우팅게리아나'의 부분
(로마 주변, 나폴리 주변) • 196
'타불라 페우팅게리아나'의 부분
(페르시아만, 나일강 어귀) • 197
'타불라 페우팅게리아나'의 부분
('바실리카', 치비타베키아항, 시칠리아섬) • 199
'타불라 페우팅게리아나'의 부분(숙박시설, 온천장) • 202
로마 시대의 측량기구 • 204
쉬고 있는 나그네, 여행하는 가족, 이륜마차 • 207

4. 수도 · 219
   로마 수도의 도면 • 222
   도무스에서의 빗물 이용법 • 229
   포르타 마조레 • 234
   아그리파 초상 • 237
   트레비 분수 • 243
   수원(水源)에서 로마까지 • 248
   로마 시내의 수도 • 252
   수도의 단면도 • 256
   '카스텔룸'(배수시설) • 259
   공동 수조 • 263
   폼페이의 아본단차 거리의 상상도 • 269
   납관 제조법 • 270
   하드리아누스 방벽 옆에 있는 목욕장 유적 • 273

카라칼라 목욕장 • 275
　　　욕실 단면도, 라오콘 군상, '파르네세의 소' • 277

제2부 소프트 인프라 281

　1. 의료 · 283
　　　이솔라 티베리나의 모형, 아스클레피오스 신상 • 288
　　　콜로세움의 관중석 • 293
　　　환자를 진찰하는 의사 • 298
　　　로마 시대의 의학교 소재지 • 302
　　　목욕탕 안의 광경 • 304
　　　크산텐 군단기지의 군병원 • 309

　2. 교육 · 317
　　　로마 시대의 주판 • 323
　　　로마 시대의 학교 풍경, 공중 목욕장 안마당 • 326

● 마무리 • 333

컬러 도판

　　각지에 건설된 '로마 가도' • 130
　　각지에 건설된 수도 • 134
　　'타불라 페우팅게리아나' • 138
　　이탈리아 지도(로마 시대/오늘날) • 140
　　이탈리아의 유적 • 142
　　　원형투기장(포추올리)
　　　하드리아누스 황제의 별장(티볼리)
　　　극장 유적(구비오)
　　　트라야누스의 개선문(베네벤토)
　　로마 근교 지도(로마 시대/오늘날) • 144
　　로마 시내의 유적 • 145
　　　트레비 분수
　　　판테온
　　　카라칼라 목욕장

카라칼라 목욕장 출입구
　　　카라칼라 목욕장 안의 모자이크 바닥 장식
로마문명박물관의 로마 복원모형 • 148
로마 시내의 유적과 복원모형 • 150
　　　키르쿠스 막시무스와 복원모형
　　　포로 로마노
　　　트라야누스 시장
　　　콜로세움과 클라우디아 수도교(복원모형)
　　　마르켈루스 극장
로마 시내의 다리 • 152
나폴리 근교 지도(로마 시대/오늘날) • 154
폼페이 유적 • 155
에스파냐 · 포르투갈 지도(로마 시대/오늘날) • 156
에스파냐 · 포르투갈의 유적 • 158
　　　메리다의 극장 유적
　　　이탈리카의 원형투기장
　　　에부라의 디아나 신전
　　　세고비아의 수도교
북아프리카 지도(로마 시대/오늘날) • 160
북아프리카의 유적 • 162
　　　렙티스 마그나의 극장 유적(리비아)
　　　렙티스 마그나의 세베루스 황제의 회당
　　　카르타고의 온탕 유적(튀니지)
　　　엘젬의 극장 유적(튀니지)
　　　사브라타의 극장 유적(리비아)
갈리아(프랑스, 독일) 지도(로마 시대/오늘날) • 164
갈리아의 유적 • 166
　　　님의 수도교 '퐁 뒤 가르'(프랑스)
　　　님의 신전 '메종 카레'(프랑스)
　　　트리어의 공중 목욕장(독일)
영국 지도(로마 시대/오늘날) • 168
영국의 유적 • 170
　　　하드리아누스 방벽
　　　로마 시대의 목욕장(배스)
　　　요새 유적(체스터스)
　　　공중 목욕장 유적(록서터)

미트라 신전 유적(노섬벌랜드)
도나우강 유역 지도(로마 시대/오늘날) • 174
그리스 지도(로마 시대/오늘날) • 178
터키(소아시아) 지도(로마 시대/오늘날) • 180
터키의 유적 • 182
　　에페소스의 유적
　　아스펜두스의 극장 유적
　　하드리아누스 신전
　　에페소스의 극장 유적
　　아스펜두스의 수도교
　　이즈미르의 아고라
　　히에라폴리스의 목욕장 유적
　　에페소스의 도서관 유적
중동 지도(로마 시대/오늘날) • 184
중동의 유적 • 186
　　팔미라의 원형투기장 입구의 아치(시리아)
　　팔미라의 유적
　　마시다 요새(이스라엘)
　　팔미라의 극장
　　팔미라의 벨 신전
이집트 지도(로마 시대/오늘날) • 188
이집트의 유적 • 190
　　트라야누스 황제의 기념물(필라이)
　　극장 유적(알렉산드리아)
　　폼페이우스 기둥(알렉산드리아)
콜로세움 • 192

● 참고문헌 • 337

제1부

하드 인프라

1 가도

로마인의 언어인 라틴어에서는 도로를 건설하는 것을 '비암 무니레'(viam munire)라고 한다. '비암'은 도로, '무니레'는 건설이라는 뜻이다. 그런데 '무니레'에는 원래 '방벽(mūrus)을 쌓는다'는 의미가 있다. 길게 뻗은 도로를 건설하는 것은 곧 길게 뻗은 방벽을 쌓는 것과 같다고 고대 로마인은 생각했을 것이다. 실제로 도로와 방벽 자체는 아무 차이도 없었다. 로마의 간선도로인 가도(街道)는 큰 마름돌을 깐 4미터 가량의 차도와 좌우 3미터씩의 인도를 합해 너비가 10미터가 넘고, 깊이도 4층으로 이루어져 있어서 1미터가 넘도록 설계되어 있었기 때문이다. '수평'인 가도를 '수직'으로 세우기만 하면 단번에 견고한 방벽으로 바뀌는 것이다.

기원전 3세기는 우연히도 지구의 동쪽과 서쪽에서 대규모 토목사업이 시작된 시대이기도 하다.
동쪽에서는 만리장성 ― 기원전 3세기의 진시황 시대에 건설된 것만이 아니라 16세기의 명나라 시대에 건설된 것까지 합하면, 총길이는 무려 5,000킬로미터에 이른다.

서쪽에서는 로마 가도—기원전 3세기부터 서기 2세기까지 500년 동안 로마인이 건설한 도로의 총길이는 간선도로만 해도 8만 킬로미터, 지선도로까지 합하면 무려 15만 킬로미터에 이르렀다.

왜 중국과 로마는 국가 규모의 대토목사업을 시작할 때, 한쪽은 방벽을 건설했고 또 한쪽은 가도를 건설했을까. 물론 고대 중국에 가도가 없었던 것도 아니고, 같은 시대의 로마에 방벽이 없었던 것도 아니다. 중점을 둔 것이 다를 뿐이다.

기술력에는 문제가 없었다. 마음만 먹으면 두 민족 모두 '수직'과 '수평'을 바꿀 수 있었으니까, 그 점은 분명하다. 또한 로마인도 외적의 침략과 무관하지 않았고, 따라서 결코 국방에 무관심할 수는 없었다. '팍스 로마나'가 확립되기 이전, 공화정 시대의 로마인은 줄곧 전쟁만 하고 있었다. 그런데도 방벽보다 가도 건설을 우선한 것이다. 그렇다면 장성을 건설한 중국인과 도로망을 깐 로마인의 차이는 국가 규모의 대사업에 대한 사고방식의 차이에 있었던 게 아닐까 하는 생각이 든다. 방벽은 사람의 왕래를 차단하지만, 가도는 사람의 왕래를 촉진한다. 국가 방위라는 가장 중요한 목적을 실현하기 위해 이민족과의 왕래를 차단할 것이냐, 아니면 자국 내의 왕래를 촉진할 것이냐.

두 민족의 이런 사고방식 차이는 결국 중국과 로마라는 고대의 두 강국의 운명까지 결정하게 된다.

로마인은 동시대의 중국인처럼 산을 넘고 골짜기를 기어오르며 끝없이 이어지는 긴 방벽을 쌓지 않고, 그보다 10배, 아니 20배나 긴 도로를 뚫는 쪽을 선택했다. 그들은 가도를 국가의 동맥으로 생각했던 것 같다. 그래서 한두 개의 가도를 뚫는 정도로는 충분치 않다고 생각

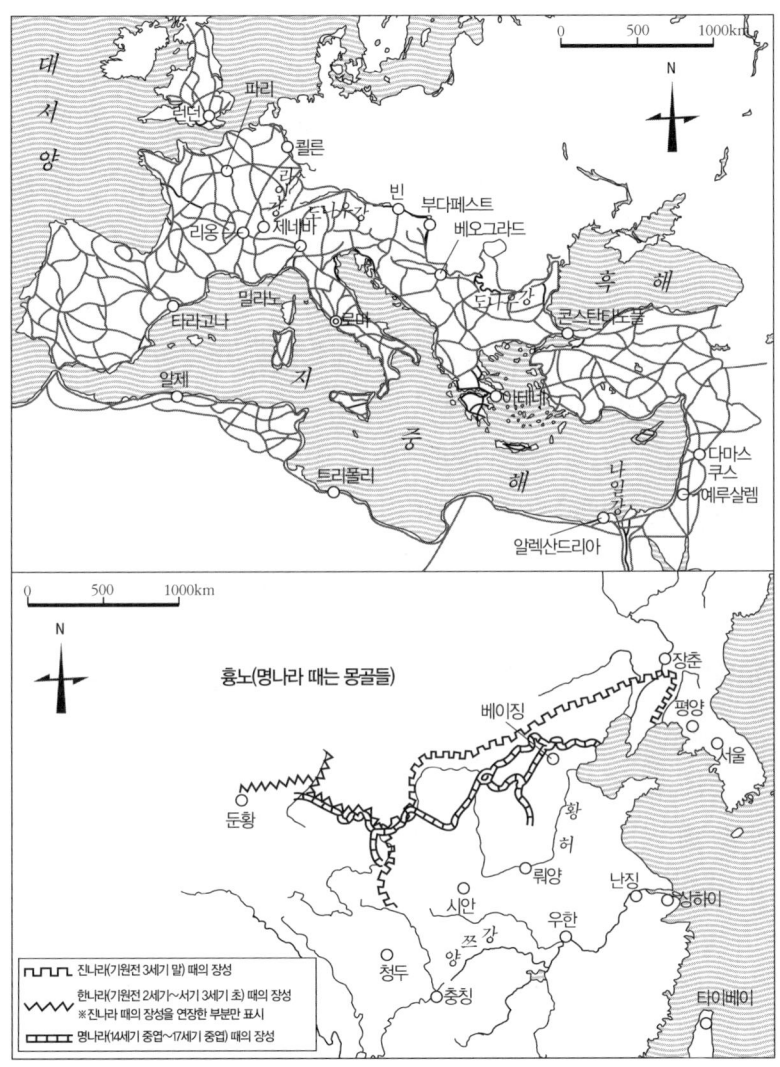

제정 시대의 로마 가도망(위)과 중국의 만리장성(아래) : 동일 축척

해, 그물 같은 도로망을 깐 게 아닐까. 인간은 혈관을 통해 몸 구석구석까지 피가 보내져야만 살아갈 수 있다. 마찬가지로, 국가가 건강하게 살아가는 데에도 혈맥 같은 도로망이 반드시 필요하다. 도로 자체는 로마인의 발명품이 아니다. 하지만 도로를 네트워크화하고, 게다가 그 관리를 항상 잊지 않고 실행한 것은 완전히 로마인의 독창이다. 그리고 도로를 네트워크화하면 그 기능이 비약적으로 향상한다는 데 착안한 것 자체가 로마인을 현실적이고 합리적인 민족으로 키워주었다. 인프라를 현실화하려면 막대한 경비와 많은 인력과 오랜 세월을 들여야 하는 만큼, 그것은 하드웨어 분야의 성과만으로 끝나지 않고 소프트웨어적인 분야, 즉 정신 분야에까지 영향을 미칠 수밖에 없다. 바꿔 말하면, 인프라가 어떻게 이루어지느냐에 따라 그 민족이 앞으로 나아갈 길까지 결정되어버린다. 중국의 만리장성과 로마의 도로망, 이 둘의 차이는 지구의 동과 서의 차이보다 훨씬 컸다는 생각이 든다.

그렇다면 로마 가도는 어떤 경로를 거쳐 현실화되고 유지되었을까. 여기서는 문자 그대로 '동맥'이었던 총길이 8만 킬로미터의 간선도로만 살펴보기로 하자.

1. 누가 입안했는가.
2. 결정은 누가 내렸는가.
3. 건설비는 어떻게 마련했는가.
4. 실제 공사는 누가 했는가.
5. 가도가 완성된 뒤, 유지·보수를 포함한 관리는 누가 맡았는가.
6. 그 경비는 어디서 부담했는가.
7. 사용료는?

이런 의문에 대한 상세한 대답은 뒤로 미루고, 간단히 답하면 다음과 같다.

1. 당시의 최고위 인물
2. 원로원
3. 국고
4. 군대
5. 오늘날로 치면 건설부 도로국이나 아니면 도로공사 같은 행정기관
6. 국가나 해당 도로가 지나는 지방의 자치단체
7. 무료

가도와 더불어 로마인이 구축한 인프라의 쌍벽을 이루는 수도(水道)의 경우에는 답이 조금 달라진다.

1. 당시의 최고위 인물
2. 원로원
3. 국고
4. 입찰제도에 따라서 낙찰받은 '소키에타스'(societas : 영어 'society'의 어원)가 공사를 담당
5. 수도국이나 수도사업소 같은 행정기관
6. 국가 내지는 지방자치단체
7. 공동 수조(水槽)에 하루 종일 흘러드는 물을 용기에 받아서 사용하는 경우에는 무료. 집까지 물을 끌어들이고 싶은 사람만 사용한 분량만큼의 요금을 낸다.

이것만 보아도, 누구나 생각할 것이다. 로마인은 채산성을 무시했다고. 실제로 로마인은 '사람다운 생활을 하기 위해 필요한 것'이라고 생각했던 인프라를 지극히 중요한 국가의 책무, 즉 '공'(公)이 마땅히

담당해야 할 분야로 생각하고 있었다.

 공화정 시대에는 재무관이나 집정관이 입안해 원로원에 제출했다. 원로원에서는 중요성과 실현가능성을 토의한 뒤 표결에 부치고, 가결되면 입안자가 공사의 최고책임자를 맡아 공사를 시행했다.

 제정으로 이행한 뒤에는 황제가 입안자가 되는 경우가 많아진다. 하지만 입안한 것을 원로원의 표결에 부치는 형식은 변하지 않았다. 황제가 독단으로 결정할 수 있는 법으로는 잠정조치법이 있었지만, 황제가 재임하는 동안에만 유효한 '잠정법'으로는 도로를 건설할 수 없다고 생각했을 것이다. 따라서 국책을 결정하는 기관인 원로원에서 의결하는 것은 빠뜨릴 수 없는 절차였다. 원로원의 승인이 떨어져야만 비로소 황제가 공사의 최고책임자가 되어 공사에 착수할 수 있다.

 그러면 도로 건설에 필요한 비용은 어디서 마련했는가. 공화정 시대에도 제정 시대에도 국정의 최고책임자가 입안자였고, 결정권도 오늘날의 국회에 해당하는 로마의 입법기관인 원로원이 갖고 있는 이상, 건설비는 당연히 국고에서 나온다. 요컨대 국세로 건설비를 충당한 셈이다.

 국채를 발행해, 그것으로 건설비를 충당하지는 않았다. 카르타고와 사투를 벌인 포에니전쟁 당시에는 국채 비슷한 개념이 존재했지만, 그것은 국가 존망의 위기에 여유 자금을 가진 사람들에게 강제로 할당한 전시 국채였으니까, 국채라기보다는 강제로 징수하는 세금에 가깝다. 따라서 카르타고를 무찌른 뒤에는 폐지되었다.

 국가에 적자 재정을 허락한 것은 포에니전쟁 당시뿐이었다. 이 사실은 로마가 건전재정이나 균형재정을 꾸리기 위해 애썼기 때문이라기보다 재정 시스템이 미숙했기 때문일 것이다. 조세제도도 아주 단순해서, 속주세는 '10분의 1세'(데키마), 관세는 '20분의 1세'(비케시마), 소비세인 매상세는 '100분의 1세'(켄테시마)라는 이름으로 통용된 것이 말해주듯, 세율을 올리지 않는 것이 그들의 조세 정책이었다. 무거운 세금을 부과했다가 반란이 일어나면 군단을 파견해야 한다. 그럴 바에는 낮은 세율로 널리 세금을 거두어들이는 편이 영리한 방식이라고 생각했기 때문일 것이다.

하지만 재정에 대한 지식이 부족하고 재정 시스템이 미숙한 것은 결과적으로 건전재정 유지에 이바지했다. 도로를 건설하기 위한 막대한 비용도 이 정도의 국고 수입으로 충당하지 않으면 안 된다. 따라서 국가와 지방자치단체의 비용 분담을 명확히 할 필요가 생겼고, 이런 '공공기관'만이 아니라 '사'(私)에 해당하는 일반 시민도 참여시켰다. 권세가나 부자가 도로를 건설해 기증하는 방식으로 부족한 국비를 보충한 것이다.

아피아 가도와 플라미니아 가도는 아피우스와 플라미니우스가 사재를 털어서 건설한 것은 아니다. 하지만 아이밀리우스 공회당과 율리우스 공회당은 마케도니아전쟁의 승리자인 아이밀리우스와 갈리아전쟁의 승리자인 율리우스 카이사르가 사재를 털어서 건설한 뒤 국가에 기증한 공공재산이다. 이런 종류의 '노블레스 오블리제'가 없었다면 로마의 인프라는 이룩되지 않았을 것이다. 경제에 관한 지식이 부족했기 때문인지, 로마인은 누진과세 따위는 생각지도 않았다.

하지만 건설 국채를 발행할 생각도 하지 않았기 때문에, 로마 시대에는 차입금에 대한 이자를 지불하느라 고생하는 일도 없었다. 통행료는 받고 싶어도 받을 수 없었으니까, 통행료 수입으로 건설비를 상계한다는 발상도 생겨날 수 없었을 것이다. 도로만이 아니라 수도의 경우에도 사정은 마찬가지였다.

인프라는 사람다운 생활을 하기 위해 필요한 것이라고 로마인은 생각했다. 그 비용을 '공'이 부담하는 것은 세금을 받고 있는 이상 지극히 당연한 일이라고 생각했을 게 분명하다. 고대 로마인이 현대 일본의 도로공사가 처해 있는 곤경을 알았다면 도무지 이해할 수 없다는 표정을 지으면서 이렇게 말할 것이다.

빚을 지지 말고 예산의 범위 안에서 가능한 사업만 추진하라. 따라서 무엇을 어디까지 국가가 담당하고 지방자치단체나 개인의 공공심에 어디까지 기대할 수 있는가를 명확히 하라. 세율을 올리지 않고 빚도 지지 않으려면, 국고 수입으로 가능한 한계를 명확히 하고, 나머지는 지자체나 개인에게 맡길 수밖에 없다. 그렇지 않으면 대사업인 인프라 공사는 불가능하다.

공사 시행은 누가 맡았는가 하는 의문에 대한 답은 군대로 되어 있는데, 로마 가도를 군대가 건설한 것은 로마 가도가 애당초 군용 도로로 건설되었기 때문이다.

가도나 수도가 완성된 뒤 유지·보수를 포함한 관리를 맡은 것은 국가나 지방자치단체였다. 로마인은 인프라를 '공'이 마땅히 해야 할 책무로 믿어 의심치 않았고, 이 생각은 로마 제국이 존속하는 동안 조금도 변하지 않았다. 이처럼 로마의 통치자들은 완고했지만, 평판이 나빴던 선임자가 시작한 사업도 좋다고 판단되면 계속 진행하는 유연성을 갖고 있었다. 인프라에 대한 로마인의 이런 사고방식이 로마 제국 전역을 망라하는 8만 킬로미터의 간선도로 건설로 결실을 맺은 것이다. 이 로마 가도망이야말로 대제국 로마의 동맥이었다. 연구자들도 이것만은 단언하고 있다. 사람이 로마 가도를 가는 것보다 더 빠른 속도로 목적지에 도달할 수 있게 된 것은 철도가 보급된 19세기 중엽부터라고.

20세기는 어느 집에서나 수도꼭지만 틀면 물이 나오는 진보를 이룩했다. 물론 이 혜택을 누리려면 수도요금을 내야 하지만, 이 문명의 진보가 전세계의 모든 사람에게 혜택을 주는 것은 아니다. 엄청난 인구가 물 부족에 시달리고 있는 문제는 21세기의 중대한 과제 가운데 하나로 꼽힌다.

로마인은 사람이 사람다운 생활을 하는 것을 문명이라는 한마디로 표현했다. '문명'을 뜻하는 말은, 영어도 프랑스어도 이탈리아어도 모두 라틴어의 '키빌리타스'(civilitas)를 어원으로 삼고 있다.

길은 사람이 발로 밟아 다지기만 해도 생긴다. 따라서 인간이 사는 곳이라면 길은 반드시 존재한다. 로마의 길도 초기에는 이런 식으로 만들어진 길이었을 것이다. 아피아 가도가 모습을 나타내기 전에도 로마에는 오래된 길이 몇 개나 있었다.

'살라리아 가도'(Via Salaria)는 '소금길'이라는 뜻이다. 테베레강 어귀에서 생산된 소금을 자루에 넣어 작은 배에 싣고 테베레강을 거슬러 올라와 로마에 하역한다. 로마에서는 소금 자루를 당나귀 등에 싣고 '소금길'을 지나 내륙으로 들어가서 이탈리아반도의 산간지방에 사는 사람들에게 팔았다. 초기의 로마인들에게 소금은, 판매를 걱정하지 않아도 되는 거의 유일한 생산품이었다. 누가 먼저랄 것도 없이 부르게 된 '소금길'이라는 이름이 이 길의 정식 명칭으로 정착된 것 자체가 당시 로마인에게 '소금길'이 갖고 있었던 중요성을 보여준다.

'라티나 가도'(Via Latina)

'티부르티나 가도'(Via Tiburtina)

'노멘타나 가도'(Via Nomentana)

이 길들은 각각 라티나로 가는 길, 티부르(오늘날의 티볼리)로 가는 길, 노멘툼(오늘날의 멘타나)으로 가는 길이라는 뜻이다. 초기의 로마인과 교류한 사람들이 사는 도시와 로마를 연결하고 있던 길인데, 이 길들도 '소금길'과 마찬가지로 자연발생적으로 생긴 길이었을 게 분명하다. 건국 이후 400년 동안, 로마인의 길은 겨우 이 정도였다.

가도에 대한 사고방식이 완전히 바뀐 것은 기원전 312년에 '아피아 가도'(Via Appia)가 착공된 뒤였다. 길은 이제 무언가를 나르는 길도 아니고 어딘가로 가는 길도 아니다. 가도의 명칭부터 사람 이름으로 되어 있다. 아피아 가도는 '아피우스의 길'이라는 뜻이다. 그해의 재무관이었던 아피우스가 입안하고 원로원이 가결하고 아피우스 자신이 총감독을 맡아서 건설했기 때문에 이 이름으로 불리게 된 것이다. 로마에서는 법률도 '셈프로니우스 도로법'이나 '율리우스 농지법'처럼 제안자의 이름을 붙여서 부른다. 법률 제정은 곧 정책을 결정하는 것이고, 가도 건설도 역시 국가의 정치라고 보는 시대에 접어든 것이다.

아피아 가도의 입안자인 아피우스 클라우디우스는 원로원 회의장에서, 완전히 새로운 개념으로 착공될 도로 공사가 어디까지 이루어질 것인가를 설명했을 게 분명하다. 일단은 카푸아까지만 길을 놓겠다고. 카푸아는 당시 로마가 제패한 지역의 남쪽 끝에 자리 잡고 있었다. 이리하여 어떤 지역을 로마군이 정복한 뒤에는 그 로마군이 거기에 길을 놓는, 로마인의 통치 방식이 첫걸음을 내디뎠다. 아피아 가도도 기원전 268년에 베네벤토가 로마 영토에 편입되자마자 거기까지 연장되었고, 다음에는 베노사까지, 거기서 다시 타란토까지 연장되었다. 종점인 브린디시까지 뚫린 것은 아드리아해에 면해 있는 이 항구 도시가 로마의 지배 아래 들어온 20년 뒤의 일이었다. 착공에서 완공까지 무려 70여 년의 세월이 걸린 것은, 로마의 지배 아래 들어온 곳까지만 길을 뚫는다는 방침에 따라 단계적으로 공사를 진행할 수밖에 없었기 때문이다. 아피아 가도가 완전히 개통된 해에 아피우스는 이미 이 세상 사람이 아니었다. 그리고 그로부터 20년 뒤, 지구 반대편에서는 만리장성 축조가 시작되었다.

로마인은 아피아 가도를 '가도의 여왕'(regina viarum)이라고 불렀다. 최초의 로마식 가도라는 이유 때문만은 아니다. 로마 제국이 존속하는 동안 줄곧 동방으로 가는 대동맥이었다는 이유 때문만도 아니었다. 로마 가도는 어떠해야 하는가의 본보기를 아피아 가도가 제시하고 있었기 때문이다.

로마 가도는 우선 군단의 신속한 이동을 목적으로 하는 군용도로로서의 기능을 충족시켜야 한다.

로마는 보통 제패한 지역에 점령군을 상주시키지 않았다. 승자가 상주하면 패자와의 사이에 마찰이 생길 수 있기 때문이지만, 상주하지 않는 대신 무슨 일이 일어나면 기지에서 군단을 출동시키는 방식을 택했다. 기원전 3세기 무렵의 군단 주둔지는 수도 로마니까, 군단이 출동할 때는 로마에서 목적지까지 행군하게 된다. 되도록 빠르고 안전하게 목적지에 도착할 수 있는 길을 확보하는 것은 중요한 군사적 과제이기도 했다.

둘째, 로마 가도는 정략 도로여야 한다. 참으로 로마인다운 이 생각을 구현한 것이 바로 아피아 가도였다. 아피아 가도가 지나는 지방은 얼마 전까지만 해도 로마를 적대했던 부족들이 사는 지역이다. 로마인은 거기에 길을 뚫은 것이다. 군단병이 칼 대신 곡괭이를 들고 도로 공사를 하는 것이니까, 가도 건설에 드는 비용도 물론 로마가 부담했다는 이야기가 된다. 그리고 로마 가도의 특징 가운데 하나는 도시 한복판을 관통한다는 것이었다. 로마인은 도시 주위를 빙 도는 순환도로는 생각지도 않았다. 도시 한복판을 관통하게 함으로써, 이동하는 로마 군단만이 아니라 그 도시 주민들도 로마 가도를 활용할 수 있도록 하는 것이 가도를 건설하는 또 하나의 목적이었기 때문이다.

종래의 길은 비라도 내리면 진흙이 발에 달라붙고 수레의 바퀴가 진흙탕에 빠져 옴짝달싹 못 하게 되는 일이 다반사였지만, 로마 가도에서는 그럴 염려가 없다. 평탄하고 게다가 포장이 되어 있기 때문에 사람들이 다니기도 쉬워지고 시간도 단축되고 수레에도 짐을 더 많이 실을 수 있다. 사람과 물산의 유통이 늘어나면, 자급자족이 주류를 이루었던 생활은 흘러간 과거가 된다. 그것은 곧 도로 주변에 사는 주민의 생활 수준이 향상되는 것을 의미했다.

패자가 승자에 대해 다시 칼을 빼 드는 것은 경제적 불만에다 자치권까지 빼앗겼을 경우다. 로마는 이런 잘못을 저지르지 않았다. 패자의 도시를 '지방자치단체'(무니키피아)로 만들어, 이 공동체 내부에서의 자치는 완전히 인정했다.

로마가 강대해진 요인은 승자인 로마가 패자를 동화시킨 데 있다고 주장한 것은 『플루타크 영웅전』이라는 통칭으로 알려진 『대비열전』(對比列傳)의 저자 플루타르코스다. 승자가 패자를 동화시키는 데, 다시 말해서 승자와 패자가 함께 참여하는 공동운명체를 형성하는 데 다른 어떤 수단보다도 크게 이바지한 것이 바로 로마 가도다. 아피아 가도가 언제 어디에 건설되었는가를 보기만 해도 로마인의 통치 철학을 알 수 있다.

가도를 활용해 패자를 승자와 공동운명체로 만드는 정책이 올바른 선택이었다는 것을 실증하는 가장 유명한 사례는 로마와 카르타고가 격돌한 포에니전쟁일 것이다.

아피아 가도가 완전 개통했을 무렵에 시작된 제1차 포에니전쟁은 싸움터가 시칠리아섬과 그 주변 해상이었기 때문에, 다른 로마 가도 건설 공사가 진행되고 있었던 이탈리아반도는 영향을 받지 않았다. 해양 민족이 아니었던 로마인이 해군 강국인 카르타고와 대적해, 비록 고전하기는 했지만 어쨌든 이길 수 있었던 것은, 나폴리나 타란토를 비롯한 그리스계 지방자치단체들이 선박 건조 기술만이 아니라 숙련된 선원까지 제공해준 덕이었다. 그러나 고대 최고의 명장으로 꼽히는 한니발의 침공으로 시작된 제2차 포에니전쟁은 로마인의 장기인 지상전이었는데도, 이 전쟁에서 로마는 국가 존망의 위기를 겪게 된다. 연전연승을 거둔 한니발이 이탈리아반도, 즉 로마 국내에 16년 동안이나 눌러앉았기 때문이다.

로마를 파멸시키겠다는 의욕에 불타는 한니발이 수도 로마에 대한 공격을 생각지 않았을 리는 없다. 하지만 그는 로마 포위전을 시도조차 하지 않았다. 하지 않은 게 아니라 하지 못했다. 한 도시를 포위해 궤멸시키려면 우선 고립무원의 상태로 만든 뒤에 공격을 되풀이해야 한다. 카르타고 군대는 연전연승으로 사기가 크게 올라가 있었으니까 끊임없이 공격할 수는 있었겠지만, 도시 로마를 고립무원의 상태로 만드는 것은 불가능했다. 로마는 가도를 뚫었을 뿐 아니라, 로마 남자를 점령지에 이주시켜 현지 여자와 결혼하게 하는 혼혈 정책으로도 패자를 동화시키는 데 성공하고 있었다. 이런 상태에서는, 포위전을 감행했다 해도 항상 배후에 신경을 써야 한다. 한니발이 제아무리 손꼽히는 명장이라 해도, 적지에서 그런 싸움을 할 수는 없었다. 그러다가 마침내 로마가 반격에 나서서, 전쟁터는 이탈리아에서 북아프리카로 옮아간다. 제2차 포에니전쟁의 승패를 결정한 것은 카르타고 영토 안에 있는 자마 평원에서 벌어진 저 유명한 자마전쟁이었다.

여기서 스키피오가 이끄는 로마군에 완패한 한니발은 몇몇 기병만 거느리고 간신히 수도 카르타고로 도망쳤지만, 카르타고 의회가 수도에서 농성하면서 로마군과 끝까지 싸우자는 방침으로 기울어진 가운데 오직 혼자서 로마와 빨리 강화를 맺자고 주장한 사람이 한니발이었다. 한니발은 16년 동안 이탈리아에서 지낸 경험으로 알고 있었다. 카르타고는 수도와 다른 도시들의 관계가 지배자와 피지배자로 확연히 구분되어 있었다. 이런 상황에서는 피지배자가 자마전쟁의 승자인 로마 쪽에 붙어서, 지배자가 농성하는 수도 카르타고를 고립무원의 상태로 방치할 게 뻔했다. 그래서 자마에서 승리한 로마군이 수도 카르타고로 쳐들어오기 전에 강화를 맺는 것이 카르타고가 살아남을 수 있는 길이라고 생각해, 그것을 강력하게 주장한 것이다.

카르타고 의회는 한니발의 의견을 받아들여 로마와 강화를 맺었고, 제2차 포에니전쟁은 막을 내렸다. 하지만 한니발을 제외한 카르타고인들이 강화의 필요성을 정말로 이해하고 있었는지는 의심스럽다. 그로부터 반세기 뒤에 제3차 포에니전쟁이 일어나지만, 국내 도시들의 외면으로 고립무원 상태가 된 카르타고는 3년에 걸친 농성전 끝에 함락되고 만다. 기원전 146년을 끝으로 카르타고는 역사의 무대에서 사라졌다.

3차에 걸친 포에니전쟁의 승패를 결정한 것은 양국의 경제력 차이나 군사력 차이가 아니라, 국가 본연의 자세의 차이였다. 북아프리카 일대에 펼쳐진 고대의 도로망은 카르타고가 통치하던 시대에 만들어진 것이 아니라, 로마의 속주가 된 뒤에 생긴 것이다. 이것은 반드시 경제력이 있다고 해서 인프라를 구축하는 것이 아니라, 인프라를 중요하게 생각하는 자세가 문제라는 것을 보여준다.

아피아 가도는 카르타고가 멸망하기 100년 전에 깔렸지만, 이 도로가 그 이후에 생긴 모든 로마 가도의 본보기가 된 세 번째 이유는 가도도 항상 여러 개의 선택지를 갖는 것이 중요하다는 점을 보여주었기 때문이다.

로마에서 카푸아까지는 기원전 312년 이전에 이미 '라티나 가도'가 뚫려 있었다. 따라서 로마와 카푸아를 잇는 본격적인 가도가 필요하다면, 라티나 가도를 전면 개조하는 것으로도 충분했을 것이다. 그러나 아피우스는 내륙지방을 누비며 달리는 라티나 가도와는 별도로 해안 가까이를 달리는 새로운 가도를 건설하기로 결정하고 실행했다.

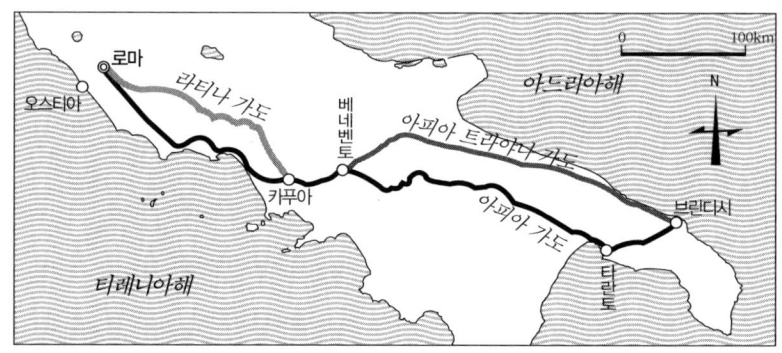

로마에서 브린디시까지의 가도 복선화

이리하여 로마는 이탈리아 남부의 주요 도시인 카푸아와 두 개의 간선도로로 이어지게 되었다. 그로부터 얼마 후, 카푸아에서 그리 멀지 않은 베네벤토에서 종점인 브린디시까지의 구간도 복선화가 이루어진다. 공화정 시대에는 '미누키아 가도', 제정 시대에는 트라야누스 황제의 '아피아 트라야나 가도'가 건설되었기 때문이다.

항상 여러 개의 선택지를 가져야 한다는 로마인의 사고방식은 지극히 자연스럽게 도로의 네트워크화로 이어졌을 것이다. 포장된 도로는 로마인의 발명품이 아니다. 기원전 5세기의 페르시아제국에 이미 역사가 헤로도토스를 경탄시킨 포장도로가 있었다. 페르시아만에서 지중해로 빠지는 도로다. 하지만 길을 네트워크화하면 기능이 비약적으로 향상된다는 것을 깨닫고 그것을 실현한 것은 로마인이다. 로마 가도는 그물처럼 이어져 있는 '도로망'으로서 생각해야만 그 진정한 위대함을 이해할 수 있다.

하지만 로마에 패배한 측에서조차 로마인의 가도 건설이 자기네한테도 유익하다고 생각하게 된 것은 로마 가도가 자신들이 만든 길보다 훨씬 편리하게 만들어져 있었기 때문이다. 아피아 가도로 시작된 로마식 가도는 과연 어떤 구조로 되어 있었을까.

평야에 직선으로 길을 낼 수 있는 지형인 경우, 로마 가도의 기본형은 뒤쪽에 나오는 그림과 같다.

여기까지가 차도를 조성하는 단계지만, 로마 가도의 특징 가운데 하나는 차도 양옆에 배수로가 나란히 뻗어 있었다는 점이다. 너비 4미터, 깊이 1미터 정도의 차도 안에 빗물이 스며들어 고이는 상태는 도로를 견고하게 유지하기 위해서 반드시 피해야 했다.

우선 도로 표면이 완만한 아치형을 이루게 해, 빗물이나 눈 녹은 물이 자연스럽게 양옆으로 흐르도록 한다. 그리고 그 물은 배수로로 흘러든다. 배수로에는 물이 길 바깥쪽으로 빠져나가도록 군데군데 구멍이 뚫려 있었다. 그러면 도로가 물에 잠기는 상태를 피할 수 있다. 고대 로마 토목기사들의 좌우명은 "바위는 우리 편, 물은 적"이었다.

로마 가도의 두 번째 특징은 포장도로 바로 바깥쪽에 나무 심는 것을 엄금했다는 점이다. 원래 나무가 있으면 베어버렸다. 지하로 뻗는 뿌리가 네 층으로 이루어진 도로의 주요 부분을 침식하는 것을 막기 위한 대책이다.

그리고 세 번째 특징은 시내 도로와 마찬가지로 시외의 가도에도 인도가 딸려 있었다는 점이다. 도시 근처나 교차로처럼 통행량이 많은 지점에서는 차도 양옆을 달리는 인도의 폭이 3미터를 넘고, 5미터에 이르는 경우도 있다. 통행량이 적은 곳이라도 너비 1미터 정도의 인도는 늘 존재했다. 인도가 없는 가도는 길이 산허리를 누비며 지나는 곳이나 터널 내부뿐이다. 로마인들이 길의 연장으로 생각한 다리에도 좁기는 하지만 인도가 딸려 있었다. 숲속을 지나는 가도인 경우,

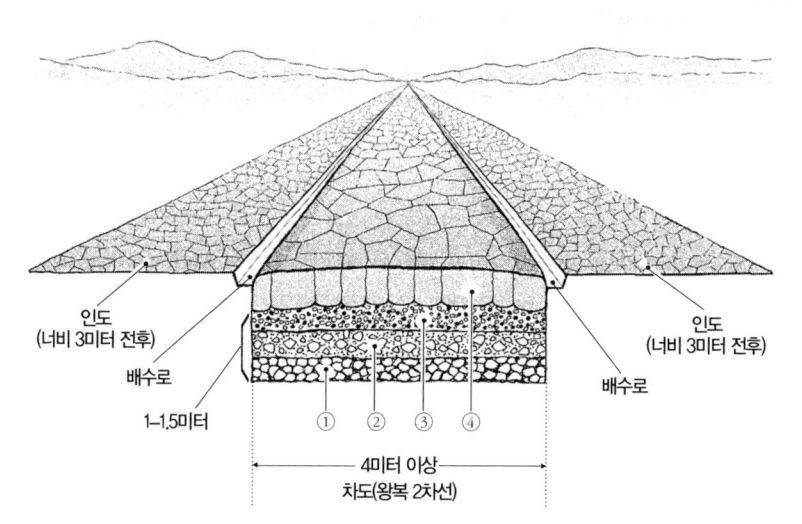

① 최하층(statumen)—지형에 따라 달라지는 것은 당연하지만, 보통 4미터 내지 4.2미터 너비로 지표면에서 1미터 내지 1.5미터 깊이까지 파내려 간다. 바닥을 평탄하게 고른 뒤, 최소한 30센티미터 높이로 자갈을 깐다. 이렇게 기반을 만드는 목적은 두 가지다.
　1) 평야라 해도 완전히 평탄하지는 않은 지표면을 완전히 평탄하게 고르기 위해.
　2) 전체 깊이가 최고 2미터 가까이나 되는 도로 내부에 침투한 물이 고이는 것을 막기 위해.
② 제2층(rudus)—돌과 자갈과 점토를 섞어서 깐다.
③ 제3층(nucleus)—자연히 생긴 돌덩어리가 아니라 인위적으로 잘게 부순 돌멩이를 완만한 아치형이 되도록 채워넣는다.
④ 최상층(pavimentum)—접합면이 딱 들어맞도록 사방 70센티미터 정도로 자른 마름돌을 빈틈없이 깐다.
가장 주목해야 할 점—당시에는 이미 시멘트가 존재하고 있었지만, 로마 가도에는 시멘트가 일절 사용되지 않았다.

로마 가도의 기본형

차도와 인도를 합해 너비가 10미터에 이르는 길 양쪽의 나무를 잘라내어 좀더 넓은 안전지대를 확보한다. 이것은 물론 숲속에 숨어 있다가 행인을 덮칠지도 모르는 도적에 대한 대책이다.

도보 여행자가 많았던 시대니까 이런 배려는 당연했지만, 차도와 인도를 명확하게 구별한 이유는 그것만이 아니다.

현재의 로마 시내에서도 '코르소 거리'나 '리페타 거리', 포폴로 광장에서 북쪽으로 뻗은 '플라미니아 가도'를 보면 알 수 있듯이, 로마인들이 만든 길은 지형이 허락하는 한 일직선으로 뻗어 있다. 아피아 가도는 무려 43킬로미터에 이르는 구간이 일직선으로 이어진다. 자동차로도 한참을 달려야 하니까 질릴 정도다.

게다가 평야도 지면을 평탄하게 고르고, 습지에서는 수많은 말뚝을 박은 다음 둑을 쌓고 그 위에 가도를 만들어놓았다. 또한 강이나 골짜기로 내려갔다가 다시 올라오는 것을 싫어하기 때문에, 길과 같은 높이로 다리를 놓는다. 물도 없는 곳에 놓여 있는 다리를 그들은 '육교'라고 불렀다.

로마인들이 이렇게까지 곧고 평탄한 길에 집착한 것은, 길을 되도록 빨리 목적지에 도착하기 위한 수단으로 생각했기 때문이다. 이런 생각을 가진 로마인이 인도와 차도를 구분한 것은 당연하다. 구분이 없는 길에서는 보행자를 피해 지나가야 하기 때문에, 전속력으로 말을 달리거나 마차를 몰 수 없다. 중앙부의 차도를 당당하게 걸어가는 것은 보통 3열 종대로 행군하는 군단병뿐이었을 것이다.

기원전 120년경에는 최초의 도로 관련법인 '셈프로니우스 도로법'이 성립한다. 그라쿠스 형제 중에 동생인 가이우스 그라쿠스가 입안한

아피아 가도의 첫 번째 이정표

법률이다. 이 법에 따라 모든 로마 가도에는 1로마 마일마다 돌기둥이 세워지게 된다. 로마 시대의 '마일'인 '밀리아레'(miliare)는 '1,000걸음'에 해당하는 거리로서 1,485킬로미터 안팎이다. 사람 키만 한 높이에 지름이 30센티미터나 되는 이 '1로마 마일 이정표'에는 가도의 시발점에서 몇 번째에 해당하는지를 새겨놓았기 때문에, 아피아 가도의 열 번째 이정표에 이른 나그네는 수도 로마에서 15킬로미터쯤 떨어진 곳에 있다는 것을 쉽게 알 수 있었다. 또한 로마 시대의 이정표에는 그 밖에 가까운 도시와의 거리도 새겨져 있었고, 다양한 정보의 게시판 역할도 맡았을 뿐 아니라 주소를 나타내는 번지이기도 했다. 따라서 "우리 집은 아피아 가도의 일곱 번째 이정표"라고 말할 수도 있었다.

　로마 가도는 이런 순서로 공사가 진행되었고, 수도 로마와 가까운 지점의 아피아 가도를 예로 들어 그 단면도를 그려보면 다음 그림과 같은 느낌이 되지 않을까. 덧붙여 말하면 로마에는 길가에 묘비를 세

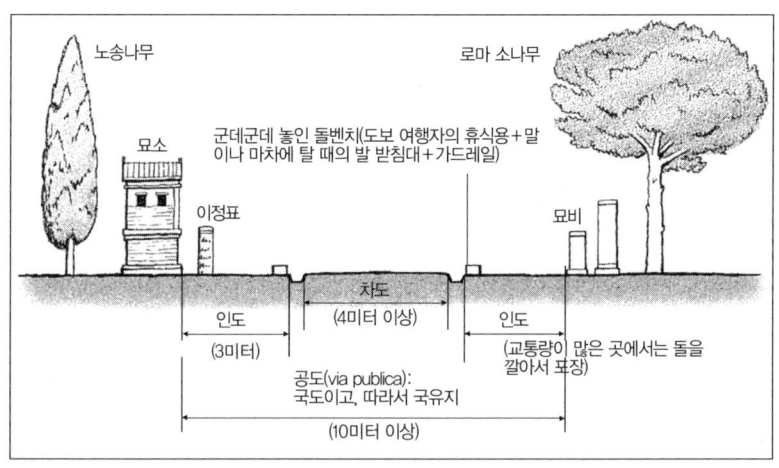

로마 가도의 단면도

우거나 무덤을 마련하는 관습이 있는데, 이런 관례를 만든 것도 아피우스였다. 아피우스는 아피아 가도 옆에 자신의 무덤을 만들어달라는 유언을 남기고 죽었다고 한다.

아피아 가도는 착공된 지 2,300여 년이 지난 오늘날에도 유명해서, 비록 일부나마 중요 사적으로 지정되어 있다. 사적으로 지정된 구간은 로마에서 조금 떨어져 있긴 하지만, 거기에 가기만 하면 누구나 볼 수 있는 셈이다. 다만 사적으로 대접받게 된 것은 최근의 일이고, 제2차 세계대전이 끝난 뒤 순환도로를 뚫을 때만 해도 아피아 가도를 태연히 잘라내고 길을 놓았다. 이것은 지금도 마찬가지여서, 옛날의 아피아 가도를 걸어보고 싶은 사람은 길이 잘린 지점에 이르면 좌우를 잘 살피다가 차량의 흐름이 끊긴 순간 재빨리 순환도로를 건널 수밖에 없다. 그렇다고 아피아 가도와 순환도로가 교차하는 지점에만 지하차도를 만들 수도 없는 것이, 유대인이나 기독교도의 지하묘지인

가도 41

카타콤베가 가도와 병행해 땅속에 길게 뻗어 있기 때문이다. 로마인은 주로 화장을 했기 때문에 묘지에 묻혀 있는 것은 재뿐이지만, 시신을 그대로 매장한 유대인이나 기독교도의 무덤은 땅속에 있고, 그런 방식의 무덤들이 모인 곳이 지하묘지인 카타콤베다. 따라서 아피아 가도의 보존을 중시한다면 순환도로와 교차하는 지점만이라도 고가도로로 만들 수밖에 없지만, 고대 로마인의 후예를 자처하는 현대 로마인은 그럴 자금이 없다는 이유로 아피아 가도를 자르는 방법을 택했다. 덧붙여 말하면, 자신을 고대 로마인의 후예로 생각하는 현대 로마인은 극히 일부고, 나머지 로마 시민이나 이탈리아인이나 유럽인은 아무도 그렇게 생각지 않는다. 누가 그렇게 생각할 수 있겠는가. '조상'들은 일단 공사를 시작하면 집중해서 빨리 완성해야 한다고 생각해 콜로세움도 4년 만에 지어버린 반면, 2,000년 뒤의 '후손'들은 병원 하나 짓는 데에도 30년이 걸린다. 이것은 자금 문제가 아니라 사고방식의 차이다.

게다가 근래 로마에서는 중도좌파 정권이 계속 시정을 장악하고 있다. 좌파는 '시민을 위하여'를 기치로 내걸고 있다. 그래서 사적으로 지정된 아피아 가도도 시민에게 열린 공간이어야 한다는 이유를 내세워 로마 시민들의 산책로로 정비되었다.

결과는 아이들의 유원지다. 로마사 연구자들 중에서도 생각이 있는 사람은 화를 내면서, 고대 로마인이 이것을 보았다면 기가 차서 졸도할 거라고 말한다. 괴테는 이곳을 산책하면서 옛날의 로마를 생각했지만, 그 이후에도 오랫동안 그 상태로 방치되었으니까 이제 와서 이상하게 손을 대지 말고 그대로 놓아두었더라면 좋았을 거라는 생각이 든다. 유원지처럼 만들어버렸기 때문에 로마 가도가 천박한 싸구려로 바뀌었고, 그래서 보는 이들에게 오해를 낳을 수도 있기 때문이다. 로마는 학생들이 많이 찾는 곳이다. 이탈리아만이 아니라 유럽과 미국에서까지 수학여행을 오기도 한다. 아피아 가도를 시민을 위한 산책로로 만드는 것은 좋지만, 하다못해 10미터 정도의 구간은 이 '가도의 여왕'이 간선도로 중의 간선도로 구실을 하고 있던 시대의 상태로 복원해도 좋지 않았을까. 4층으로 이루어진 구조, 시멘트를 일절 사용하지 않았는데도 빈틈없이 접착되어 있었던 완만한 아치형의 포장도로, 그 양쪽을 지나는 배수로, 그 바깥쪽에 뻗어 있었던 널찍하고 쾌적한 인도, 군데군데 놓인 돌벤치, 1로마 마일마다 서 있던 돌기둥 '이정표', 가도의 밋밋함을 덜어준 묘비와 무덤들. 하다못해 10미터만이라도 이런 상태로 복원해놓았다면 아피아 가도를 찾은 이들도 길에 깔린 돌의 가장자리가 둥글게 닳아버린 것은 로마 제국이 쇠퇴하기 시작한 뒤 오랫동안 제대로 관리되지 않은 데 따른 현상임을 알 수 있을 것이다. 그리고 도로가 제대로 관리되지 않는 것은 그 일을 담당한 조직이 기능을 발휘하지 못하기 때문에 생기는 현상이고, 국가가 제대로 기능을 발휘하지 못하면 개인도 영향을 받지 않을 수 없다는 사실도 깨닫게 될 것이다. 유적을 보존하는 것 자체도 의미 있는 일이다. 다행히 포로 로마노는 아직까지 변형되지 않았지만, 콜로세움은 근래에 갑자기 디즈니랜드화가 진행되고 있다.

아피아 가도는 처음 건설되었을 당시부터 로마 시대 공공 건조물에 일관된 방침이었던 견고함·기능성·미관을 두루 갖추고 있었다고 한다. 아니, 그것은 방침이라기보다 오히려 철학이었다. 입안자이자 공사 시행의 최고책임자였던 아피우스는 가도가 얼마나 평탄한지를 확인하기 위해 샌들을 벗고 맨발로 걸어보았다고 한다. 또한 간선도로 중의 간선도로였던 만큼 유지·보수도 날림으로 하지 않았다. 로마인들은 가도 관리를 전문으로 하는 관직을 신설해, 그 담당자에게 전권을 주었다. 국가의 대동맥인 만큼, 혈액순환에 지장이 없도록 애쓰는 것은 당연한 일이었다. 지금처럼 둥글게 닳아버린 돌 틈에 바람에 실려온 흙이 쌓여 있는 상태에서는 말을 타고 하루에 70킬로미터를 달리는 것은 절대 불가능하다. 이런 길에서는 말이 넘어질 테고, 넘어지지 않는다 해도 그렇게 먼 거리를 달리지는 못할 것이다. 차라리 가도 옆에 펼쳐져 있는 평원을 달리는 편이 훨씬 빠르고 안전하게 목적지에 도착할 수 있었을 것이다.

 로마 시대의 토목기사들은 적어도 100년 동안은 수리할 필요가 없는 길을 만들었다고 호언장담했지만, 처음의 상태를 유지하고 싶으면 끊임없는 관리가 반드시 필요했다. 6세기에 아피아 가도를 지나간 비잔틴 제국의 한 고위 관리는 건설된 지 800년이 지났는데도 여전히 완벽한 상태를 유지하고 있는 데 경탄했다. 로마 제국은 그보다 반세기 전에 이미 붕괴되어 있었다. 로마 제국 시대에도 말기에 접어들면 가도를 유지·관리하는 데 신경을 쓸 형편이 아니었으니까, 아피아 가도는 6세기 당시에 이미 300년 이상이나 자연의 처분에 맡겨져 있는 상태였다. 그리고 그 후에도 가도의 중요성을 로마인만큼 인식하는 민족은 19세기 중엽까지 나타나지 않았다. 옛날의 아피아 가도도 이제 사적으로 지정된 구간이 끝나는 곳부터는 아스팔트로 포장된 자동차 도로가 되었다. 종점인 브린디시까지 540킬로미터에 이르는 이 자동차 도로는 7번 국도라는 이름으로 지금도 기능을 발휘하고 있다.

아피아 가도에 이름을 남긴 아피우스 클라우디우스는 로마식 가도의 창시자였을 뿐 아니라, 로마인이 이룩한 또 하나의 위대한 인프라인 로마식 수도의 창시자이기도 했다. 이것도 아피아 가도와 마찬가지로 기원전 312년에 착공되었다. 수도 로마를 기점으로 하는 12개의 가도 가운데 첫 번째 가도를 건설한 아피우스는 수도 로마로 흘러드는 11개의 수도 가운데 첫 번째 수도를 건설한 사람이기도 했다. 길은 단순히 밟아 다지면 생기는 것이 아니고, 물도 단순히 강에서 퍼내기만 하면 되는 게 아니라는 사실을 동포들에게 일깨워준 사람이다. 이 남자의 머릿속은 도대체 어떻게 되어 있었을까. 나는 이따금 그게 궁금해지곤 한다. 1,200년에 이르는 장구한 로마 역사에서 나에게 그런 궁금증을 불러일으키는 인물은 두 사람밖에 없다. 하나는 물론 율리우스 카이사르고, 또 하나는 바로 아피우스 클라우디우스다. 아피우스는 타민족과의 전쟁에서 승리한 것도 아니고, 정복을 통해 로마의 영토를 넓힌 장군도 아니다. 그렇다고 군사와 무관한 정치가도 아니었다. 아피우스와 관련해 이런 일화가 남아 있다.

기원전 272년 무렵의 일이다. 당시 로마는 이탈리아로 쳐들어온 그리스의 용장 피로스를 상대로 고전하고 있었다. 두 번이나 패배를 당하자 로마의 지도자들도 기가 꺾였는지, 원로원의 분위기는 피로스가 제의한 강화를 받아들이는 쪽으로 기울기 시작했다. 그다음은 『로마인 이야기』 제1권인 「로마는 하루아침에 이루어지지 않았다」에 나온 글로 대신하겠다.

〈이것을 알고 격분한 것이 노령 때문에 은퇴해 있던 아피우스 클라우디우스다. 그는 아피아 가도를 건설해 전략적 의미를 가진 로마

산허리를 지나는 로마 가도의 복원상상도(18세기 동판화, 피라네시 작품)

식 가도 건설의 서막을 연 인물이다. 로마의 명문 귀족인 클라우디우스 가문에는 아피우스라는 이름이 대물림되어, 이 이름을 가진 남자가 많다. 이들 가운데 아피아 가도를 건설한 아피우스를 다른 아피우스와 구별하기 위해, 그만은 '재무관 아피우스'나 '장님 아피우스'라고 부른다. 노령으로 시력을 잃어버렸기 때문이다.

거동조차 불편해진 아피우스는 남의 팔에 의지해 오랜만에 원로원에 나타났다. 그가 원로원 의원들 앞에서 연설했다. 그것은 연설이라기보다는 호된 꾸지람이었다.

피로스가 이탈리아를 떠나는 것이 강화의 전제 조건이고, 우리 집 안마당에 밀고 들어와 눌러앉아 있는 적은 강화든 뭐든 교섭 상대가 될 수 없다고 그는 말했다. 이 말이 원로원의 분위기를 바꿔버렸다.〉

로마인에게는 이 일화가 한때의 에피소드로 끝나지 않았다. 패배했을 때는 절대 강화를 맺지 않고 승리한 뒤에야 비로소 패자와 강화를 맺는 것이 로마의 전통인데, 아피우스의 이 일화가 그 전통의 '이정표'가 되었기 때문이다. 대국 카르타고를 상대로 사투를 벌인 포에니전쟁 때도 로마는 한니발이 제의한 강화를 이를 악물고 거부했다.

하지만 당시에 이미 '국가 백년대계'가 아니라 '국가 천년대계'를 생각한 아피우스의 얼굴을 소개하는 것은 불가능하다. 그것은 나뿐 아니라 아무도 할 수 없다. 그의 초상이 단 한 점도 남아 있지 않기 때문이다. 로마 시대에는 그의 초상이 존재했다는 것을 보여주는 문헌은 남아 있다. 그의 입상이 서 있던 대좌도 발굴되었다. 하지만 전신상은커녕 흉상조차 남아 있지 않다. 인프라 정비에 무관심했던 긴 중세를 거치는 동안에 파괴되었을 것이다. 반대로 로마 시대에는, 아이들의 '교실'로 사용된 포룸의 에세드라에 즐비하게 늘어서 있었던 로마 위인들의 초상에 이 '인프라의 시조'의 초상이 으레 포함되어 있었다.

오늘날 자동차로 고속도로를 지나 로마에 갈 경우, 우선 부딪치는 것이 순환도로다. 순환도로가 현대의 산물인 것은 자동차 이동의 효율성을 중시하기 때문이지만, 로마를 둘러싼 순환도로를 달리다 보면 런던이나 파리와는 전혀 다른 감개를 품지 않을 수 없다.

차례로 나타나는 도로표지에는 청색 바탕에 흰색 글씨로 'SS.1. VIA AURELIA'라고 쓰여 있다. 'SS'는 '국도'를 뜻하는 'Strada Statale'의 약자니까, 이 도로표지는 '1번 국도, 아우렐리아 가도'를 나타낸다. 1번 국도로 가려면 이 입구로 들어가라는 지시다. 로마를 둘러싸고 있는 순환도로를 시계 방향으로 한 바퀴 돌 경우, 눈에 들어오는 도로표지의 순서는 다음과 같다. 참고삼아 착공된 해도 기록해두겠다.

1번 국도 — 아우렐리아 가도(SS.1. Via Aurelia). 기원전 241년. 로마에서 제노바까지.

2번 국도 — 카시아 가도(SS.2. Via Cassia). 기원전 154년. 로마에서 피렌체까지.

3번 국도 — 플라미니아 가도(SS.3. Via Flaminia). 기원전 220년. 로마에서 리미니까지.

4번 국도 — 살라리아 가도(SS.4. Via Salaria). 아피아 가도 이전. 로마에서 아스콜리 피체노까지.

5번 국도 — 티부르티나 가도(SS.5. Via Tiburtina). 아피아 가도 이전. 로마에서 티볼리를 거쳐 기원전 307년에 착공된 '발레리아 가도'(SS.5. Via Valeria)와 이어진 뒤 페스카라까지.

6번 국도—라티나 가도(SS.6. Via Latina). 아피아 가도 이전. 로마에서 카푸아까지.

7번 국도—아피아 가도(SS.7. Via Appia). 기원전 312년. 로마에서 브린디시까지.

8번 국도—오스티엔세 가도(SS.8. Via Ostiense). 아피아 가도 이전. 로마에서 오스티아까지.

2,000년 전의 로마 가도를 아스팔트로 포장만 해서 거의 그대로 사용하고 있는 것이 이탈리아의 국도(SS)다. 고속도로는 'Auto strada'라고 한다. 직역하면 '자동차 도로'인데, '국도'와 달리 보행자는 배제된다. 도로표지에 적힌 기호는 'A'이고, 로마에서 북쪽의 밀라노까지 이어져 있는 고속도로는 'A1', 남쪽의 나폴리까지 가는 고속도로는 'A2'다. 그밖에도 두 개의 고속도로가 각각 순환도로를 기점으로 해 동쪽과 서쪽으로 뻗어 있다.

이처럼 현대 문명의 산물인 고속도로보다 고대의 로마 가도를 개량한 국도가 수적으로 우세한 것은, 현대 이탈리아인이 게을러서가 아니라, 고대 로마인이 만든 길이 2,000년 세월도 견딜 수 있을 만큼 잘 되어 있었기 때문이다.

모든 길은 로마로 통한다기보다 모든 길은 로마에서 출발한다고 말하는 편이 적절하지 않을까 싶을 정도지만, 그것은 로마가 제국의 심장이었기 때문이다. 그리고 심장에서 몸 구석구석까지 피를 보내는 동맥이 바로 로마 가도였다. 수도 로마를 떠날 때는 12개였던 로마 가도가, 추운 북해에서 뜨거운 사하라 사막까지, 대서양에서 유프라테스강까지, 영국에서 시리아까지, 독일과 발칸반도에서 이집트까지 퍼져 있었던 로마 제국 전역으로 뻗어가는 동안, 의무적으로 돌을 깔아 포장해야 했던 간선도로만 해도 무려 375개로 늘어나고, 그 전체 길이는 8만 킬로미터에 이르게 된다. 여기에다 자갈로 포장된 지선을 합치면 15만 킬로미터나 되는 혈맥이 로마 제국이라는 몸에 구석구석까지 뻗어 있었던 것이다. 그리고 이 모든 길의 선두 주자가 바로 아피아 가도였다.

'가도의 여왕'이라고 불린 아피아 가도가 패자를 동화시키는 정책 수단의 하나였다는 것은 앞에서 이미 이야기했다. 도로를 건설하는 기술에서도 그 이전의 길과는 분명하게 구별된다는 것도 이야기했다. 뿐만 아니라, 아피아 가도는 길을 내는 방식도 혁명적이었다.

로마 가도의 특징 가운데 하나는 도시 한복판을 지나는 것이라고 말했지만, 모든 도시의 한복판을 지나간 것은 아니다. 정략과 전략에서 중요하게 여겨지는 도시가 어디인가를 결정하고, 그 도시를 향해 가능한 한 직선으로 길을 낸다. 따라서 중요하지 않은 도시들은 간선도로에서 떨어져 있게 되지만, 그런 도시들도 지선으로 간선도로와 연결되었으니까 완전히 버림받은 것은 아니다. 이것은 현대의 고속도로와 같은 발상이 아닐까.

인공적으로 만든 최초의 길은 기원전 312년에 착공한 '아피아 가도'지만, 자연발생적인 길이라도 중요한 기능을 맡고 있었던 '라티나 가도'와 '살라리아 가도' 및 '티부르티나 가도'도 로마식 가도 조성법에 따라 다시 만들어졌다. 다만 가도의 이름은 옛날 그대로 남겨놓았다. 아마 사람들에게 익숙한 이름이었기 때문일 것이다.

  기원전 307년에 착공된 '발레리아 가도'는 로마식 가도로는 다섯 번째로 건설된 길이다. 이 가도는 로마가 기점이 아니라 티부르티나 가도의 종점인 티볼리가 기점이다. 거기서 아펜니노산맥을 넘어 아드리아해 연안의 페스카라로 빠지는 길이다. 살라리아 가도도 아드리아해로 빠져나갔으니까, 이것으로 이탈리아반도 서쪽에 있는 티레니아해와 동쪽에 있는 아드리아해를 잇는 도로의 복선화가 실현된 셈이다. 발레리아 가도는, 그 명칭으로 보아, 당시 로마의 명문 귀족이었던 발레리우스 가문 출신인 집정관이 입안해 건설했을 것이다.

  다음에 건설된 로마 가도는 기원전 287년에 착공된 '클로디아 가도'다. 로마인에게 패배한 뒤 로마에 동화한 에트루리아인이 사는 곳, 오늘날의 토스카나 지방 남단의 사투르니아와 로마를 잇는 길이다. 그런데 이 가도는, 토스카나 지방의 심장부인 피렌체와 로마를 잇는 간선도로인 '카시아 가도'가 건설되자마자 그 지선으로 편입된다. 클로디아 가도가 건설된 것과 같은 시기에 아피아 가도도 이탈리아 남부의 산간지방에 있는 베노사까지 연장되었다.

  그런데 이때부터 40년 동안은 간선도로 공사가 완전히 중단된다. 로마 군단병이 강적을 상대로 전쟁에 전념하느라 도로 공사를 벌일 형편이 아니었기 때문이다. 처음에는 이탈리아 남부의 강력한 그리스 도시인 타란토, 다음에는 타란토가 불러들인 에페이로스의 왕 피

공화정 시대의 본국 이탈리아의 로마 가도

로스를 상대로 고전을 거듭했기 때문에, 병사들은 쉴 틈도 없었다. 이 전쟁에서 간신히 승리한 기원전 270년, 테베레강 연안의 한 촌락에서 시작된 로마는 마침내 루비콘강 이남의 이탈리아반도를 지배하는 패권자가 되었다. 물론 아피아 가도는 타란토까지 연장되었고, 곧이어 브린디시까지 연장되어 이탈리아반도를 관통하게 된다.

그런데 이탈리아반도의 통일을 이룩한 기원전 270년 이후에는 도로망 건설에 전력을 기울일 수 있었을 텐데, 가도 공사는 재개되지 않았다. 그로부터 불과 6년 뒤인 기원전 264년에 그리스의 소국 에페이로스와는 비교도 안 될 만큼 강대국인 카르타고와 포에니전쟁을 치렀기 때문이다.

제1차 포에니전쟁은 두 나라 모두 기력이 떨어져서 자주 싸움을 중단하고 호흡을 가다듬느라 23년 동안이나 결말이 나지 않았다. 하지만 전쟁터는 시칠리아섬과 그 주변 해역에 국한되었기 때문에 이탈리아반도는 전쟁의 영향을 받지 않았는데도, 로마는 새로운 가도를 하나도 착공하지 않았다. 도로 공사에 필요한 인력과 자금과 정력을 모두 카르타고와의 전쟁에 쏟아부었기 때문일 것이다.

나는 기원전 300년 무렵의 것으로 추정되는 카르타고의 금화를 한 닢 갖고 있는데, 그것을 손에 들고 바라볼 때마다 복잡한 감개에 빠지지 않을 수 없다. 로마는 이렇게 정교하고 질 좋은 금화를 사용하고 있던 나라와 전쟁을 했구나 하는 감개다. 제1차 포에니전쟁 당시, 로마에는 금화가 없었다. 은화를 주조할 수 있게 된 것도 포에니전쟁이 시작되기 불과 3년 전이다. 두 나라의 경제력에는 그만한 격차가 있었다. 카르타고가 메시나해협까지 바싹 다가왔기 때문에 어쩔 수 없이 전쟁을 시작한 로마가 강대국 카르타고를 상대로 20여 년을 싸웠으니, 가도를 건설하는 것은 아예 꿈도 꾸지 못했을 게 분명하다.

하지만 아피아 가도를 만들 당시의 로마인은 은화조차 주조하지 못했다. 그런데도 많은 인력과 돈을 쏟아부어야 하는 본격적인 공공 공사를 시작했다. 인프라는 경제력이 향상되었기 때문에 구축하는 것이 아니라 경제력을 향상시키기 위해 구축하는 것이라고 생각했기 때문일까.

로마가 제1차 포에니전쟁의 승리로 얻은 가장 큰 수확은 배상금이 아니라 영토였다. 시칠리아섬이 카르타고 영토에서 로마 영토로 바뀐 것이다. 당연히 로마인은 시칠리아에 로마식 가도를 깔았다. 집정관 발레리우스가 만든 이 가도는 '발레리아 가도'로 명명되었다. 본토에서 가장 가까운 메시나와 카르타고 지배의 본거지였던 팔레르모를 잇는 길이다. 시칠리아섬은, 경제력은 강하지만 가도 건설에는 열성을 보이지 않은 그리스인과 카르타고인의 지배를 오랫동안 받았다. 발레리아 가도는 지중해 최대의 섬 시칠리아에 처음 건설된 본격적인 가도였다. 그리고 본토인 이탈리아반도에서도 제1차 포에니전쟁이 끝나자마자 가도 공사가 재개되었다.

로마에서 북상해 제노바에 이르는 '아우렐리아 가도'를 착공한 것이 카르타고와 강화를 맺은 직후니까, 로마인이 가도 건설에 얼마나 강한 정열을 불태웠는지를 엿볼 수 있다. 티레니아해를 따라 북상해 피사를 지나 제노바에 이르는 아우렐리아 가도는 아피아 가도와 맞먹는 장거리 노선이다. 2,000년 뒤에는 '1번 국도'라고 부르게 되었지만, 고대에는 코사까지를 '옛 아우렐리아 가도'(Via Aurelia Vetus), 코사에서 피사까지를 '새 아우렐리아 가도'(Via Aurelia Nova), 피사에서 제노바까지를 '아이밀리아 스카우리 가도'(Via Aemilia Scauri)라고 불렀다. 이것만 봐도 알 수 있듯이, 공사도 세 단계로 나뉘어 진행되었다. 이 세 가도가 '아우렐리아 가도'라는 이름으로 일원화된 것은 제정이 확립된 이후의 일이다. 이 가도 명칭도 입안자 겸 공사 책임자의 이름에서 유래했고, 따라서 '아우렐리아 가도'는 아우렐리우스가 만든 길이라는 뜻이다. 이 가도는 언젠가 남프랑스를 지나 에스파냐로 가는 가도와 연결될 예정이었다. 기원전 3세기 초의 제노바는 어촌에 불과했고, 가도 종착지가 될 만한 도시는 아니었기 때문이다.

제1차 포에니전쟁이 끝나자마자 가도 공사의 두 번째 물결이 일어난다. 이 물결은 기원전 225년에 착공된 '미누키아 가도'(Via Minucia)에서 시작된다. 미누키우스라는 성을 가진 집정관이 입안하고, 원로원에서 가결된 뒤 공사 책임자를 맡았을 것이다. 이 가도는 300년 뒤에 트라야누스 황제가 전면 개조한 뒤에는 '아피아 트라야나 가도'(Via Appia Traiana)로 이름이 바뀐다.

이 가도는 베네벤토에서 아피아 가도와 갈라진 뒤, 다른 길을 지나 종점인 브린디시에서 다시 아피아 가도와 합류한다. 이리하여 아피아 가도는 로마와 카푸아 사이만이 아니라 베네벤토와 브린디시 사이로도 복선화되었다.

복선화는 둘 이상의 선택지를 갖는 것인데, 그 효과는 주로 두 가지 면에서 발휘되었다. 첫째는 자연재해에 대한 대책이다. 홍수나 산사태로 일시적이나마 길이 막힌 경우, 달리 택할 수 있는 길이 없으면 공동체의 기능이 막대한 지장을 받는다. 둘째는 국방 대책이다. 적이

길 하나를 장악해도 다른 길을 이용할 수 있다면, 독 안에 든 쥐 신세를 면할 수 있다. 애당초 로마 가도가 군용 도로로 건설되었다는 점을 잊어서는 안된다. 그리고 인프라의 여러 기능을 중요한 순서대로 순위를 매기면 국토 방위가 맨 앞에 온다는 것은 로마인들에게는 상식이었을 것이다.

기원전 220년, 그해의 집정관이었던 가이우스 플라미니우스는 아피아 가도와 더불어 로마 역사에 가장 많이 등장하는 '플라미니아 가도'(Via Flaminia)를 건설하기 시작했다. '아피아'가 가장 중요한 남행 노선이라면, 가장 중요한 북행 노선은 '플라미니아'다. 전체 길이는 '아피아'가 540킬로미터인 반면에 '플라미니아'는 340킬로미터에 불과하지만, 주로 평원을 달리는 아피아 가도와는 달리 플라미니아 가도가 지나는 곳은 대부분 산지다. 아펜니노산맥을 넘어 리미니까지 340킬로미터를 차도와 인도를 합해 10미터 너비로 뚫는 것은 그야말로 엄청난 난공사였을 것이다. 지금 남아 있는 플라미니아 가도는 건설된 지 200년 뒤에 초대 황제 아우구스투스가 전면 개조한 뒤의 모습이지만, 산지인 만큼 골짜기를 흐르는 급류가 많기 때문에 물이 불어났을 경우를 고려해 가도는 산허리를 누비며 달리고, 수많은 다리도 높은 곳에 만들어져 있다. 너비 6미터에 길이 40미터인 터널까지 뚫려 있다.

현대의 '3번 국도 플라미니아 가도'가 옛날의 '플라미니아 가도'와 똑같은 것은 아니다. 곳에 따라 겹치는 구간도 있지만, 나란히 달리거나 상당히 떨어져서 달리는 경우도 있다. 하지만 고대와 현대의 가도가 어디에서 겹치고 어디에서 병행하고 어디에서 떨어지는가를 유심히 살펴보면, 처음 건설했을 당시의 지형 판단이 얼마나 적절했는가

플라미니아 가도 연변의 플루로 터널(오른쪽은 공화정 시대, 왼쪽은 베스파시아누스 황제 시대의 터널)

를 알 수 있다. 산허리를 누비며 달리는 것은 같지만, 되도록 강설량이 적고 눈이 내려도 좀처럼 얼어붙지 않는 산허리를 골라서 달린다. 가도를 어디까지 만들 것인지는 정치적 판단에 따라 결정되지만, 어떻게 만들 것인가를 결정하는 것은 공사 시행을 담당한 군단에 소속된 토목기사들이었다. 골짜기에 길을 내면 간단할 텐데 하고 생각할 수도 있지만, 굳이 산허리를 누비는 쪽을 택한 것은 물이 불어나는 계절에 골짜기에 밀어닥치는 홍수로 길이 떠내려가는 것을 피하기 위해서였다. 아피아 가도를 달릴 때는 끝없이 일직선으로 이어지는 길에 감탄했지만, 플라미니아 가도를 달릴 때는 복잡한 자연환경을 극복하고 길을 뚫은 데 그저 놀랄 수밖에 없었다.

하지만 이 '플라미니아 가도'는 종점인 리미니까지 가기 전에 공사를 중단할 수밖에 없었을 것이다. 제2차 포에니전쟁이 일어났기 때문

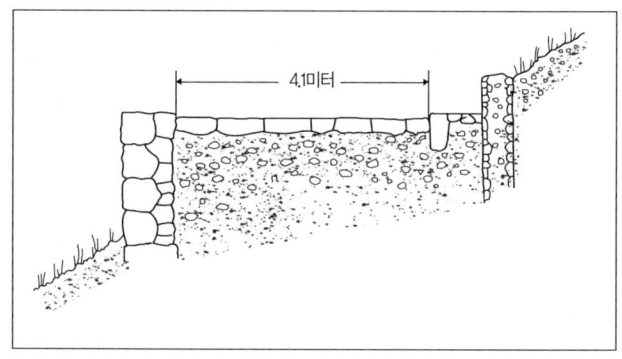
산허리를 지나는 로마 가도의 단면도

이다. 게다가 이번에는 전쟁터가 로마인의 본국인 이탈리아였다. 로마를 타도하겠다는 의욕에 불타는 카르타고의 용장 한니발이 코끼리 부대까지 이끌고 알프스를 넘어 이탈리아반도로 쳐들어온 것이다. 기원전 218년의 일이다. 이듬해인 기원전 217년에 한니발을 맞아 싸우기 위해 수도를 떠난 로마군은 플라미니아 가도에서 그리 멀지 않은 트라시메노 호숫가에서 그만 참패하고 말았다. '플라미니아 가도'의 건설 책임자이고, 그해의 집정관으로서 군사령관을 맡고 있던 가이우스 플라미니우스도 이때 전사했다.

제2차 포에니전쟁은 한니발이 군사행동을 일으킨 기원전 219년에 시작되어, 카르타고 영토인 자마에서 로마가 승리한 기원전 202년까지 17년 동안 계속되었다. 그동안 로마는 가도 공사에 손을 대지 못했다. 게다가 기원전 201년에 카르타고와 강화를 맺은 뒤에도 마케도니아 공략을 비롯한 그리스 전쟁에 정력을 쏟아야 했기 때문에, 가도 공사는 한동안 미루어질 수밖에 없었다. 하지만 기록에는 남아 있지 않아도 로마인의 기질을 생각하면 종점인 리미니까지 플라미니아 가도를 마저 뚫는 공사는 그사이에 이루어졌을 게 분명하다. 가도 건설의 세 번째 물결이 시작된 기원전 187년은 리미니에서 피아첸차에 이르는 '아이밀리아 가도'(Via Aemilia)를 착공한 해이기 때문이다. 덧붙여 말하면, 로마냐 평야를 거의 일직선으로 달리는 이 가도는 지금도 9번 국도로서 완벽하게 기능을 발휘하고 있다. 그리고 네트워크화를 좋아하는 로마인으로서는 당연한 귀결이지만, 피아첸차와 제노바를 잇는 이 가도도 건설되어 아우렐리아 가도와 이어진다. 한니발의 공격을 막아내지 못한 이탈리아 북부의 방비를 강화하기 위해서였는데, 로마인은 고집스럽게도 방벽을 쌓는 안전보장책보다 도로망을 까는 안전보장책을 택했다. 그리고 그 후에도 느리기는 하지만 착실하게 이탈리아반도를 가도로 그물처럼 연결하는 작업을 계속해나간다.

로마에서 피렌체에 이르는 '카시아 가도'(Via Cassia)가 착공된 것은 기원전 154년 무렵이다. 현재의 '2번 국도'다. 그리고 같은 시기에 피렌체에서 아펜니노산맥을 넘어 '아이밀리아 가도' 연변의 군단기지인 볼로냐에 이르는 가도도 건설되었다. 오늘날에는 이 길을 고속도로와 철도가 나란히 달리고 있다.

기원전 149년부터 146년까지 계속된 제3차 포에니전쟁은 카르타고의 수도를 둘러싼 공방전으로 시종일관했기 때문인지, 아니면 로마가 카르타고와의 싸움에는 이제 전력을 기울일 필요도 없다고 판단했기 때문인지, 카르타고를 상대로 한 이 마지막 전쟁은 로마의 가도 공사에 전혀 영향을 주지 않았다. 지중해 저편에서는 3년 동안 공방전이 벌어지고 있었지만, 이탈리아 본토에서는 가도가 차례로 건설되었다.

북부 이탈리아에서는 오늘날 10번 국도가 된 '포스투미아 가도'

(Via Postumia)가 기원전 148년에 착공되어, 피아첸차와 아퀼레이아가 연결되었다. 네트워크화는 착착 진행되고 있었던 것이다. 게다가 이 시기의 북부 이탈리아는 로마의 본국도 아니었다. 카이사르가 북부 이탈리아 속주를 본국에 병합하기 전에는 플라미니아 가도의 종점인 리미니보다 조금 북쪽에 있는 루비콘강이 국경이었기 때문이다.

그리고 남부 이탈리아에서는 카푸아와 칼라브리아를 잇는 '안니아 가도'(Via Annia)가 기원전 131년에 착공되었다. 수도 로마에서 카푸아까지는 아피아 가도, 카푸아에서 레조까지는 안니아 가도가 뚫려, 릴레이 경주에서의 배턴 터치처럼 가도들이 연결되었다. 이것은 이탈리아반도에서 가도의 네트워크화가 어떤 식으로 이루어졌는가를 보여주는 좋은 보기다. 안니아 가도의 개통으로 로마인들은 아피우스가 처음 시작한 지 200년 만에 이탈리아반도의 주요 '동맥'을 만드는 일을 끝낸 셈이다.

로마인이 가도를 건설할 때 본국과 속주를 차별하지 않은 것을 보고 놀란다면, 그것은 로마인을 이해하지 못했다는 증거다. 북부 이탈리아의 가도망이 정비된 것과 거의 같은 시기에 남부 프랑스를 가로지르는 '도미티아 가도'(Via Domitia)도 건설되었다. 아피아 가도의 종점인 브린디시에서 배를 타고 하루나 이틀 동안 아드리아해를 건너가면 디라키움에 이르는데, 이곳을 기점으로 그리스를 가로지르는 '에그나티아 가도'(Via Egnatia)도 건설되었다. 이리하여 로마는 서쪽과 동쪽 방향으로, 요즘으로 치면 고속철도나 고속도로인 가도를 뚫은 셈이다. 가도를 건설하는 목적 가운데 하나가 패자를 동화시키는 것, 어제까지의 적을 로마와 공동운명체로 만드는 것이었다는 점을 잊어서는 안 된다. 정복하자마자 그곳까지 가도를 놓는 것은 로마인의 일관된 방식이었다.

  공화정 말기인 기원전 1세기, 군사력으로 적을 제패하고 병사를 동원해 인프라 공사를 진행한 주역은 마리우스와 술라, 그리고 폼페이우스와 카이사르였다. '로마의 가도'는 곧 '로마의 정치'이기도 했다.

  실제로 기능을 발휘하고 있던 시대의 로마 가도가 어떤 모습이었는가를 그로부터 2,000년 뒤에 태어난 현대인이 상상하려면 고속철도를 머리에 떠올리는 것이 가장 간단할 것이다.

  고속철도는 많은 차량이 연결된 열차가 고속으로 달리기 때문에 땅에 기복이 있어서는 안 되고, 땅을 평탄하게 고르기 위해서는 제방처럼 쌓아 올린 고속열차 전용 선로가 필요하다. 다리도 철로의 연장선 위에 놓아야 한다.

  로마 시대의 가도와 다리도 이와 같은 생각으로 만들어졌다. 본국 이탈리아에서 충분한 경험을 쌓은 이 방법은 제정 시대에 본격적으로 속주의 가도망을 건설할 때 그대로 활용되었다. 로마에 복속된 땅이라 해서 가도를 더 간단하게 만들거나 부실 공사를 하는 일은 결코 없었다. 차이가 있다면 자재뿐이었다. 현지에서 구하기 쉬운 자재를 사용했기 때문이다. 목재가 풍부하고 습지가 많은 북유럽에서는 습기에 강한 나무 말뚝을 땅에 깊이 박아서 기반을 조성한 길이 적지 않다. 북아프리카나 중동의 사막지대에서는 목재는커녕 석재도 구하기 어려운데, 납작한 돌을 까는 로마식 포장 방법에 집착하는 것은 비현실적이다. 그래서 이런 지방에서는, 멀리서 힘들게 석재를 가져다가 깔만한 가치가 있는 주요 가도를 제외하고는 자갈 포장으로 만족할 수밖에 없었다. 하지만 건조지대에도 이점이 없는 것은 아니다. 북유럽에서는 바랄 수도 없는 강렬한 햇빛과 우기에 집중적으로 내리는 비다. 로마의 토목기사들은 이것을 활용했다. 자갈과 점토를 섞어서 깔고, 그 표면을 완만한 아치형으로 평탄하게 고른 다음, 우기를 기다린다. 우기에 내리는 비를 충분히 빨아들인 길은, 건기가 찾아오면 내리쬐는 강렬한 햇빛을 받아 콘크리트 포장처럼 단단해진다. 로마인이 좋아한 '케이스 바이 케이스'(Case by case)가 가도 공사에도 충분히 발휘된 것이다.

피라미드를 쌓은 이집트인과 도로망을 깐 로마인의 차이는 무엇일까. 이집트인은 필요하다고 생각하는 자재가 있으면 멀리서라도 가져다가 사용한 반면, 로마인은 현지에서 구할 수 있는 자재를 활용했다는 점이다. 그리고 피라미드는 단 한 사람의 내세를 위한 공사였지만, 가도는 많은 사람의 현세를 위한 공사였다는 것도 중요한 차이점이다. 로마의 공공사업이 좌우명으로 삼은 것은 내구성과 기능성, 그리고 아름다움이었다. 로마의 건축술을 종합적으로 정리한 『건축론』(De Architectura)의 저자 비트루비우스의 말을 빌리면 'firmitas, utilitas, venustas'다. '견고함, 편리함, 아름다움'으로 번역할 수 있을까.

이런 사고방식에는 로마인 자신도 상당한 자신감을 가졌는지, 『박물지』의 저자인 대(大)플리니우스는 이렇게 말하고 있다.

"피라미드는 쓸모없고 어리석은 권력 과시에 불과하다."

로마 가도와 더불어 로마의 인프라를 대표하는 수도를 총괄한 저서를 남긴 프론티누스는 그 자신이 토목기사였던 만큼 기술자만이 할 만한 말을 남겼다.

"그리스의 미술품은 아름답기로 유명하지만, 일상생활에는 전혀 쓸모가 없다고 말할 수밖에 없다."

그래도 이들과 같은 시대에 살았던 로마인의 대다수는 그리스 예술품을 수집하는 데 열중하고 이집트에도 떼 지어 관광여행을 갔으니, 재미있다고 말할 수밖에 없다. 로마처럼 인프라가 정비된 사회에서 살고, 미술관에 가기만 하면 그리스의 걸작을 감상할 수 있고, 이따금 이집트로 피라미드를 보러 갈 수 있다면 이상적이라고 생각하는 나는 당시의 일반 로마인과 비슷하다.

로마인들이 이처럼 자신감을 가진 것은 물론 자신들의 인프라가 우수하다고 확신했기 때문이지만, 그리스인들까지 거기에 찬사를 보냈기 때문이기도 하다. 그리스의 역사가·문인·지리학자들은 이구동성으로 말하고 있다. 그리스에서는 전성기의 아테네조차도 인프라에 관심을 갖지 않았는데, 로마인은 가도와 상수도와 하수도라는 세 가지 걸작을 창조했다고. 이것은 민족마다 장기로 삼는 분야가 다르다는 것을 보여주는 좋은 예이기도 하다.

로마 가도에 대한 본격적인 연구는 로마 가도가 건설된 지 무려 1,700년 뒤에 프랑스의 니콜라 베르지에(Nicolas Bergier)라는 젊은 변호사의 손으로 시작되었다. 베르지에는 프랑스 북부의 랭스라는 도시에서 태어나 그곳에서 변호사로 일하고 있었는데, 어느 날 문득 자기가 날마다 법원에 갈 때 지나는 길이 옛날의 로마 가도라는 사실을

깨달았다. 랭스는 율리우스 카이사르가 갈리아를 제패할 당시에는 유력한 부족인 레미족의 본거지였고, 로마의 속주가 된 뒤에도 7개나 되는 로마 가도가 모이는 교통의 요지로 번영을 누렸다. 그런 도시인 만큼 로마 가도와 마주칠 확률도 높았지만, 이 젊은이는 깨달은 것만으로 끝내지 않았다. 변호사 일도 그만두고 프랑스에 남아 있는 로마 가도를 연구하는 데 평생을 바친 것이다. 그의 노력은 1622년에 파리에서 간행된 『로마 제국의 가도의 역사』(Histoire des Grands Chemins de l'Empire Romain)로 결실을 맺었다. 로마 가도 연구의 이정표로 평가되는 저술이다.

그로부터 400년이 지났으니 로마 가도에 대한 연구는 끝났을 거라고 생각하는 게 당연하지만, 실제로는 전혀 그렇지 않다. 이 400년을 학자들이 낭비한 것은 아니다. 특히 19세기 중엽부터 150년 동안은 학문적인 연구서가 수없이 발표되었다. 하지만 이탈리아 학자는 이탈리아, 프랑스 학자는 갈리아, 영국 학자는 브리타니아, 에스파냐 학자는 히스파니아를 분담해 연구한 것이 보통이었고, 현지에서 태어난 연구자가 관심을 보이지 않은 발칸이나 소아시아 및 중동, 그리고 북아프리카 일대는 유럽 연구자들이 개별적으로 찾아가서 조사하는 형편이었다. 돌로 포장된 간선도로만 해도 5만 3,000로마 마일, 킬로미터로 환산하면 8만 킬로미터, 자갈로 포장된 지선도로까지 합하면 15만 킬로미터라는 통계 숫자도 각국의 연구 성과를 합계한 숫자다. 로마인이 도로망을 건설한 지역은 너무 광대해서 2,000년 뒤인 오늘날에도 한 사람의 연구자가 그것을 다 총괄하기는 불가능하다. 아니, 개인은커녕 연구단체라 해도 불가능한 일이다.

그런데 20세기 중엽에 그 일을 어느 정도 이룩한 사람이 있다. 빅

토르 볼프강 폰 하겐(Victor Wolfgang von Hagen)이라는 독일인인데, 제2차 세계대전이 끝난 뒤 패전국의 우수한 인재들을 유치하는 데 열심이었던 미국의 원조로 조사를 시작한 모양이다. 그 때문인지, 초기의 연구 대상은 잉카 제국의 도로였다. 그는 길이란 그 사회를 나타내고 문명을 나타낸다고 생각한 사람이다. 그의 시야에 로마 가도가 들어온 것은 예정된 운명이나 마찬가지였다.

1959년, 폰 하겐은 문헌을 토대로 한 연구를 시작했다.

1960년, 뜻을 같이하는 연구자를 모아 조사단을 결성했다. 단원들에게는 책상에서도 가능한 연구 과제가 주어졌다.

1962년, 단원들이 지프 두 대에 나누어 타고 이탈리아반도의 로마 가도를 조사하러 떠났다. 로마 제국의 본국이었던 만큼, 이탈리아반도에 대한 조사는 1년으로 끝나지 않고 이듬해에도 계속되었다.

1964년, 지프 두 대에 나누어 탄 조사단은 사르데냐와 시칠리아에 상륙하여 두 섬을 조사한 뒤, 바다를 건너 북아프리카로 갔다. 알제리와 튀니지·리비아, 이집트의 지중해 연안에서 조사가 계속되었다.

1965년, 지프 두 대는 지브롤터해협을 건넜다. 조사단은 에스파냐와 포르투갈, 프랑스와 벨기에를 조사한 뒤, 내친 김에 발칸반도까지 갔다.

1966년, 조사단은 중동에 있었다. 터키와 시리아 및 요르단을 조사하기 위해서다. 그 후 조사단은 둘로 나뉘었다. 제1그룹은 영국과 독일로, 제2그룹은 알제리와 튀니지·리비아를 다시 조사하러 갔다.

1967년, 조사단은 셋으로 나뉘었다. 영국인 그룹은 그리스와 소아시아 내륙을 조사하고, 이탈리아인 그룹은 이탈리아와 프랑스를 다시 조사하고, 단장인 폰 하겐이 이끄는 미국인 그룹은 이집트 동부의 사막지대로 갔다.

그런데 1967년은 아랍과 이스라엘 사이에 중동전쟁이 일어난 해이기도 했다. 상식을 따른다면 전쟁에 말려드는 것을 피하기 위해서라도 철수하는 것이 최선책이지만, 이들은 이집트 병사들이 우글거리는 곳에서 조사를 계속했다. 어떻게 했는지는 모르지만, 이집트군의 고위 간부에게 부탁해 수에즈 운하에서 시나이반도를 지나 요르단의 아카바까지 조사하는 것을 허락받았다. 시나이반도는 전쟁터가 된 곳이다. 고대의 로마 가도를 따라 아카바까지 갔다가 다시 홍해를 건너 이집트로 돌아와서, 나일강과 홍해를 잇는 로마 가도를 조사했다. 전쟁이 시작되었지만 예정대로 조사를 끝냈다고 폰 하겐은 기록했다. 뿐만 아니라 그해 가을까지는 소아시아 남해안에 대한 조사까지 끝냈으니까, 폰 하겐이 로마 가도를 주파한 속도는 율리우스 카이사르와 맞먹는다. 그 후 불가리아에 들르고 유럽 쪽의 터키를 조사한 뒤 그리스로 남하한다. 목적은 로마 군단이 500년 동안 동쪽으로 행군할 때 이용한 에그나티아 가도를 조사하는 것이었다.

'에그나티아 가도'는 가도 중의 가도인 아피아 가도와 하루 뱃길을 사이에 두고 이어져 있었다. 요컨대 로마에서 동방으로 가는 가장 중요한 가도였다. 폰 하겐의 조사단은 그리스와 유고슬라비아를 지나는 구간을 조사한 뒤, 알바니아 국경에 도착했다. 거기서 입국 허가를 기다렸지만, 아무리 기다려도 허가가 나오지 않았다. 당시 알바니아는 엄격한 공산 국가여서, 자국 국민은 물론 외국인의 출입에도 까다로웠다. 폰 하겐은 유감스러웠을 것이다. 이 조사단이 발을 들여놓지 못한 곳은 알바니아와, 로마 시대에 다키아라고 불린 루마니아뿐이다. 루마니아도 역시 공산 국가였다. 입국이 허락되었다면 에그나티아 가도의 종점인 디라키움까지 갈 수 있었을 테고, 거기서 배를 타고 브린디시로 건너가면, 로마까지는 아피아 가도를 따라 북상하기만 하면 된다. 이 예정이 틀어져버리자 조사단은 아드리아해 동해안을 관통하고 있는 '가비나 가도'를 따라 북상해 북동쪽에서 이탈리아로 돌아왔다.

1968년, 로마에 모인 조사단원들은 사진과 그림이 많이 들어간 저작을 집필하기 시작했다. 제목은 『로마로 향하는 길들』(*The roads that led to Rome*)이었다. 로마 가도를 거의 답사하다시피 여행한 뒤인 만큼, 이 제목은 더욱 절실한 느낌으로 다가왔을 것이다. 초판이 간행된 곳은 런던이었다.

이런 대규모 조사를 해냈으니 조사단도 대규모일 거라고 생각하기 쉽지만, 실제로는 그렇지 않다. 폰 하겐이 '이 오랜 조사를 함께한 동료들'로 소개하고 있는 사람은 매사추세츠 공대의 데이비드 멜린, 로마대학의 아돌포 토메우치, 케임브리지대학의 로빈 비커스 해리스, 영국인이지만 미국 스탠퍼드대학에서 연구하고 있는 키스 리치먼드, 그리고 지도 제작 전문가인 이탈리아의 디노 리골로, 이렇게 다섯 명뿐이다. 그러니 폰 하겐을 포함하면 여섯 명이다. 이 정도면 소규모 조사단이라고 말할 수밖에 없다. 하지만 그들이 한 일의 특징은 제국의 수도 로마와 가까운 간선도로와 제국의 변경을 달리는 가도를 동일인이 답파했다는 데 있었다. 20세기를 대표하는 역사가 토인비는, 불완전의 위험을 무릅쓰더라도 통사는 한 사람이 써야 한다고 말했다. 동일인의 시점으로 모든 것을 보아야 한다는 뜻이다. 이것은 극단적인 전문화와 세분화로 치닫는 오늘날의 추세에 역행하는 것 같지만, 사실은 대단히 중요한 점이라고 나는 생각한다.

하지만 소장 연구자들의 이 조사도 그 대상을 로마 가도에만 국한할 수밖에 없었다. 가도에 딸려 있는 다리에 대해서는 다른 사람의 조사가 이루어지기를 기다려야 했다. 그 조사는 한 이탈리아 학자의 손으로 이루어지게 된다.

2 다리

인간이 물 근처에 사는 습성이 있는 이상, 누구나 가까이 흐르는 강을 건너기 위해 다리를 놓을 생각을 하게 된다. 그래서 촌락이 있는 곳에는 반드시 다리가 놓인다. 다리의 종류도 여러 가지여서, 외나무다리도 있고 구름다리도 있고 강바닥에 말뚝을 박고 거기에 널빤지만 걸쳐놓은 다리도 있다. 여기서는 이런 원시적인 다리가 아니라, 로마인이 만든 다리만 다루기로 하겠다. 로마 시대의 다리라면 누구나 석재를 높이 쌓아 올린 돌다리를 떠올리지만, 로마인이 만든 다리는 그것만이 아니었다. 로마 민족이 '케이스 바이 케이스'의 달인이었다는 사실을 잊어서는 안된다. 또한 2,000년 뒤인 현대와 비교하면 재료와 기술에도 한계가 있었다.

우선, 간단히 만들 수 있기 때문에 일시적으로 놓은 다리가 배다리다. 배를 옆으로 늘어놓고 그 위에 널빤지만 걸쳐놓으면 배다리가 완성되는데, 배가 떠내려가는 것을 막기 위해 배들 사이에 간격을 두고 배를 서로 연결한다. 건널 때 불안정한 널빤지 대신 섶나무 다발을 늘어놓고 그 위에 시멘트와 섞은 자갈을 깔면, 꽤 오랫동안 사용할 수도 있었다고 한다.

　이 배다리와 더불어 나무다리도 로마인은 어디까지나 임시 다리로 생각했다. 이런 종류의 다리들 중에 가장 유명한 것은 갈리아 전쟁 때 카이사르가 라인강에 말뚝을 박아서 만든 나무다리일 것이다. 나무다리이긴 하지만 매우 합리적으로 만들어졌고, 게다가 큰 하천인 라인강을 불과 열흘 남짓 만에 연결해버렸으니까, 로마인의 높은 기술 수준에 게르만족이 겁을 먹고 벌벌 떨었다는 이야기도 거짓말은 아니었을 것이다. 이것이 라인강에 놓인 최초의 다리였다.

　재미있는 것은 병력을 강 건너편으로 옮기는 데 굳이 다리를 놓은 이유다. 분산해서 배를 타고 건너거나 론강에서 한니발이 했듯이 뗏목을 만들어 건너지 않고, 나무다리나마 굳이 다리를 놓고 건넌 이유를 카이사르는 안전성 때문이 아니라 자신과 로마 시민 전체의 명예를 생각했기 때문이라고 말했다. 명예를 위해 다리를 놓았다는 점이 재미있다. 하지만 대사업은 필요성만이 아니라 거기에 명예나 긍지가 보태져야만 이루어지는 것인지도 모른다는 생각이 든다. 그런데 카이사르는 라인강 동쪽까지 정복할 마음은 없었기 때문에, 며칠 만에 나무다리를 뚝딱 만들어내고 그 다리를 건너 게르만인의 땅으로 쳐들어가는 두 가지 과시 행위를 끝낸 뒤에는 나무다리를 불태워버렸다. 로마인의 생각에 나무다리는 역시 임시 다리에 불과했던 것이다.

　그런데 오늘날의 우리가 보기에는 이쪽이야말로 임시 다리인 것 같은데, 로마인은 조금도 그렇게 생각지 않은 다리가 있다. 이런 형태의 다리를 로마인은 '긴 다리'(pons longus)라고 불렀다. 이것도 역시 카이사르가 착상해낸 것이다.

　카이사르가 정복한 갈리아 지방은 오늘날의 프랑스 · 벨기에 · 스위

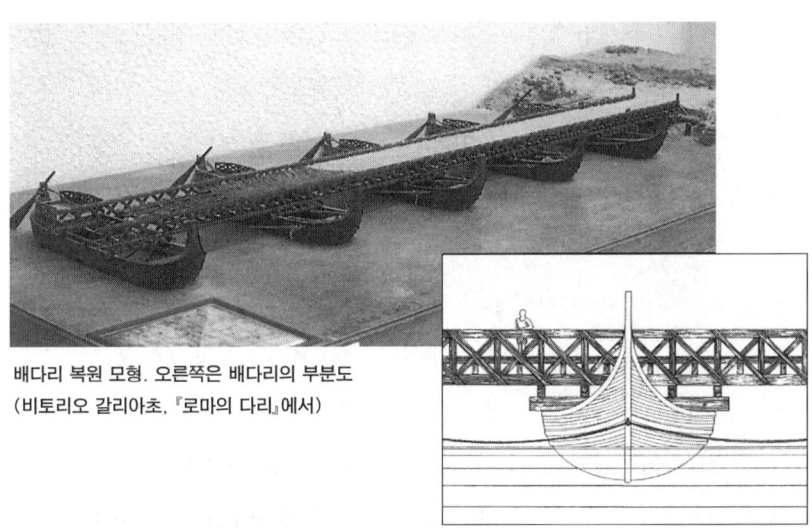

배다리 복원 모형. 오른쪽은 배다리의 부분도
(비토리오 갈리아초, 『로마의 다리』에서)

카이사르가 라인강에 놓은 나무다리 복원 모형. 왼쪽은 강바닥에 말뚝을 박기 위한 기계(비토리오 갈리아초, 『로마의 다리』에서)

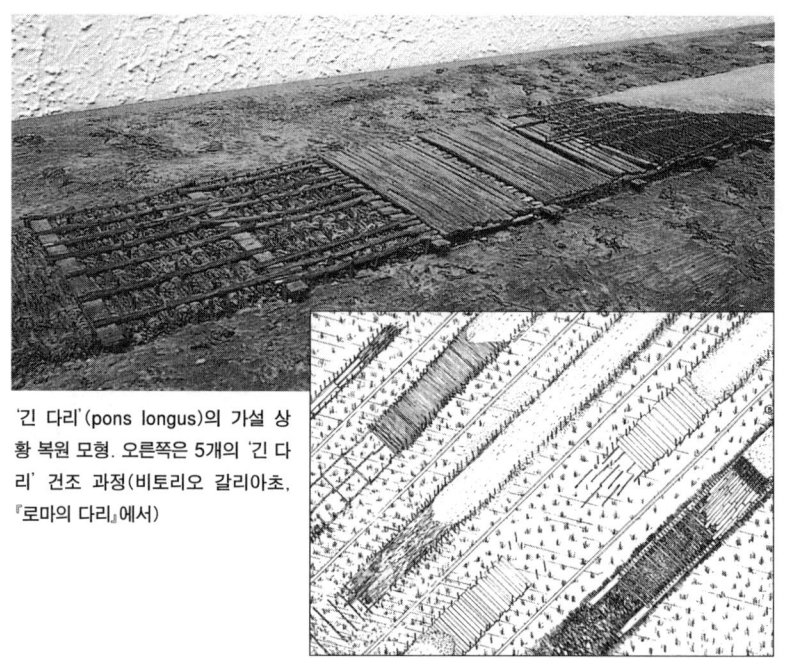

'긴 다리'(pons longus)의 가설 상황 복원 모형. 오른쪽은 5개의 '긴 다리' 건조 과정(비토리오 갈리아초, 『로마의 다리』에서)

스와 독일 서부 및 네덜란드 남부를 포함하는 광대한 지역이다. 기원전 1세기 당시에는 아직 미개지가 많았고, 특히 북부 지방에는 수많은 숲과 늪지가 산재해 있었다. 숲은 되도록 우회하는 쪽을 택했지만, 늪지대까지 피해 가면 행군이 불가능해진다. 그렇다고 무작정 늪지에 들어섰다가는 사람도 말도 꼼짝 못 한 채 서서 죽을 수밖에 없다. 그러니 늪지대에서도 행군할 수 있는 방안을 마련해야 했다. 끝이 뾰족한 나무말뚝을 박고, 그 위에 목재를 걸쳐놓고, 다시 그 위에 섶나무 다발을 덮는다. 이 정도라면 그 지역의 갈리아인들도 이미 만들고 있었다. 그러나 카이사르는 그것을 단순히 모방하는 것으로 끝내지 않고, 섶나무 다발 위에 자갈을 깔았다. 게다가 이 '긴 다리'를 하나가 아니라 나란히 몇 개나 놓았다. 1차선이 아니라 4차선이나 5차선 도로를 만든 것과 마찬가지다. 이로써 안전성이 더욱 높아졌을 뿐만 아니라 병력이 통과하는 데 걸리는 시간도 단축할 수 있게 되었다. 이 '긴 다리'를 만드는 과정을 보여주는 옆의 그림은 지금도 땅속에서 발굴되는 잔해를 토대로 복원한 것이다. 목재는 뜻밖에도 물에 강하다. 북유럽 일대에서는 '로마화'가 곧 '개발'이었기 때문에, 개발이 진행되면서 습지대도 차츰 사라져간다. '긴 다리'도 제정 시대 이후의 기록에는 남아 있지 않다.

하지만 로마인이 만든 다리라면 뭐니 뭐니 해도 역시 돌다리다. 납작한 마름돌을 깐 로마식 포장도로가 로마인의 사고방식을 보여주는 좋은 예라면, 돌다리도 마찬가지이기 때문이다.

로마인은 다리(pons)를 가도(via)의 동생이라고 불렀다. 가도는 여성명사니까 '누나'이고, 남성명사인 다리는 '남동생'인 셈이다. 오누이인 이상 서로 돕는 사이여야 하고, 이런 조화로운 관계가 이루어져야만 비로소 내구성(firmitas)과 기능성(utilitas)과 아름다움(venustas)도 실현할 수 있다고 로마인은 생각했다.

이런 생각을 토대로 만들어진 로마의 다리는 동시대에 타민족이 만든 다리에 비해, 또는 중세부터 근세까지 만들어진 다리에 비해 몇 가지 두드러진 특징을 지니고 있다.

첫째, 석조 다리라는 점.

둘째, 홍예교(무지개다리)처럼 올라갔다 내려가는 다리가 아니라 수평으로 놓인 다리였다는 점.

셋째, 가도의 연장선상에 건설되었다는 점.

넷째, 다리도 그것과 이어진 가도와 같은 재료로 포장되는 경우가

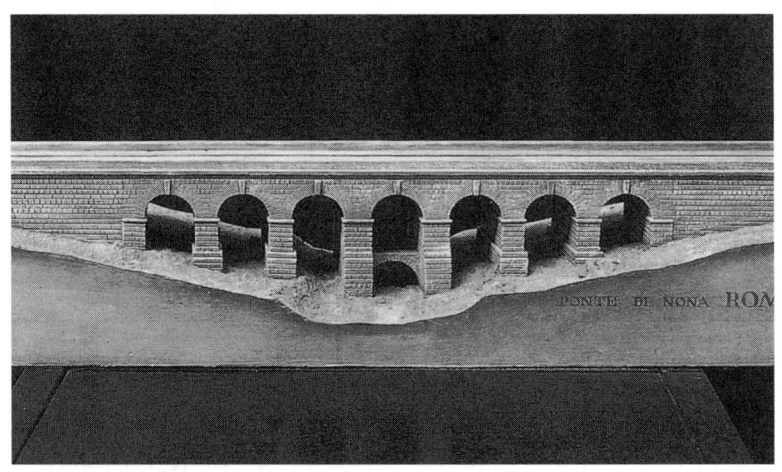
가도의 연장으로서의 다리 모형(로마 근교의 '폰테 디 노나')

적지 않았다는 점. 돌로 포장된 간선도로와 이어져 있는 다리는 돌로 포장되고, 자갈로 포장된 지선도로는 다리도 자갈로 포장되었다는 이야기다.

다섯째, 다리에서도 차도와 인도가 엄연히 구분되어 있었다는 점.

여섯째, 다리 양쪽 끝에 개선문 형태의 아치문이 서 있는 경우가 적지 않았다는 점. 이것은 다리의 출입구를 나타내는 동시에 장식이기도 했다.

하지만 단순한 장식 이상의 의미가 있었기 때문에, 다리만이 아니라 아치문을 보수하는 일도 게을리하지 않았다. 아치문의 의미도 로마 역사와 밀접하게 결부되어 있었다.

로마의 역사는 왕정에서 공화정을 거쳐 제정으로 나아가지만, 가도와 다리만 논할 때는 공화정과 제정 시대에 초점을 맞추면 된다. 그것을 군사적인 면에서 양분해보면, 공화정은 공격의 시대이고 제정은 방어의 시대라고 할 수 있다. 제정 시대에 로마의 지배권에 새로 편입된 곳은 브리타니아(오늘날의 영국)와 다키아(오늘날의 루마니아)뿐이다. 제정 로마의 좌우명이었던 '팍스 로마나'(로마에 의한 평화)가 보여주듯, 제정 시대의 로마는 더 이상 정복을 목적으로 한 전쟁을 하지 않았다.

그런데 개선문은 전쟁에 이기고 돌아온 장군과 병사들을 환영하기 위해 창안된 로마 고유의 건축양식이다. 제정으로 바뀐 뒤에는 황제가 로마군의 최고사령관을 맡고 있었다. 공화정 시대의 최고사령관인 장군들에게는 개선문을 바쳐 그 노고에 보답하고 조국에 대한 그들의 공적을 후세에 전했는데, 제정 시대의 최고사령관인 황제에게는 전쟁에서 이기고 돌아온 개선장군이 아니라는 이유로 개선문을 바치지 않는다면 아무래도 모양새가 좋지 않다. 어쨌든 로마 남자에게 최고의 영예는 개선장군이 되어 시민들이 바친 개선문을 통과하는 개선식을 거행하는 것이었다. 저 사람은 개선식을 몇 번 올렸다는 게 남자의 자랑스러운 경력이 되는 시대였다.

그런데 초대 황제인 아우구스투스를 비롯해 그 이후의 많은 황제들은 개선식을 올리지 못했다. 수도 로마로 돌아와 개선식을 올린 황제는 브리타니아를 정복한 클라우디우스 황제와 다키아를 정복한 트라야누스 황제뿐이 아닐까. '팍스 로마나'는 계속 정착되어가고 있었다.

그렇다고 해서 로마 최고의 권력자인 황제가 로마 남자의 최고 영예인 개선식과 완전히 무관한 것도 체면이 서지 않는다. 그래서 가도나 다리를 건설한 황제도 개선문을 받을 자격을 갖게 되었다. 그 선례를 만든 것은 '팍스 로마나'를 정책화한 아우구스투스였다. 플라미니아 가도를 전면 개조한 아우구스투스에게 바쳐진 개선문은 이 가도의 종점인 리미니에 서 있다. 알프스를 넘어 갈리아로 가는 가도도 아우구스투스가 건설했는데, 이 가도의 기점인 아오스타에는 그에게 바쳐진 개선문이 있다. 황제에게 바쳐진 개선문은 로마 제국 전역에 많이 남아 있지만, 그 대부분은 전승을 기념한 개선문이 아니라 가도나 다리를 건설해준 데 감사해 그 지방의 주민 공동체가 황제에게 바친 것이다.

그 선례를 만든 아우구스투스는 다른 정책을 실시할 때도 대의명분을 궁리해내는 명수였기 때문에, 길이나 다리만 놓아도 개선문을 받을 수 있는 이유를 그럴듯하게 설명하고 있다. 전쟁에서 적을 무찌르는 것이 국토 방위에 이바지하는 것은 물론이지만, 공공의 이익을 위해 가도나 다리를 정비하는 것도 역시 조국 방위에 도움이 된다는 것이다. 야만족과 싸우는 것도 군단병이고 가도나 다리를 놓는 것도 군단병이었으니까, 아우구스투스의 논리도 순순히 받아들여졌다.

게다가 이것은 로마인의 명예관과도 일치했다. 그리고 아우구스투스의 선례를 따른 것은 황제 같은 공인만이 아니었다. 개인도 사비를 들여 공공시설을 지으면, 그것을 기념하는 개선문 형태의 아치문을 세우는 것이 인정되었기 때문이다. 다만 황제의 경우에는 속주나 지방자치단체가 개선문을 바친 반면, 개인의 경우에는 그 사람 자신이 개선문을 세웠다는 점이 다르다. 물론 황제와 개인은 공사 규모에 엄청난 차이가 있었으니까, 그 점을 생각하면 개선문을 짓는 주체가 다른 것은 당연하다고 말할 수밖에 없다. 그리고 가도나 다리만 놓아도 개선문을 받을 수 있었다는 것은 로마 제국에서 공공사업이 얼마나 중요하게 여겨졌는가를 가장 단적으로 보여준다. 어쨌든 적을 무찔러 국가 방위에 이바지하는 것과 동등한 가치가 있는 것으로 여겨졌으니까.

모든 길은 로마로 통한다기보다 모든 길은 로마에서 출발한다고 생각하는 편이 실상을 정확히 파악하는 데 도움이 된다는 것은 앞에서 이미 말했지만, 인체 구석구석까지 뻗어 있는 혈관처럼 제국 전역에 구석구석까지 뻗어 있는 로마 가도망도 로마를 기점으로 하는 아피아 가도에서 시작되었다. 그리고 가도에는 빠질 수 없는 다리도 수도 로마를 흐르는 테베레강에 놓인 다리에서 시작되었다. '수블리키우스 다리'(pons Sublicius)가 바로 그것이다. '나무다리'라고 번역할 수밖에 없는 이 다리는 제4대 왕인 안쿠스 마르티우스가 지은 것으로 알려져 있으니까, 기원전 620년 무렵에 건조된 다리다. 왕정 시대에는 이 일대에 시장이 있었고, 오스티아에서 소금을 싣고 테베레강을 거슬러 올라온 배가 정박하는 선착장도 있었다. 그 일대와 테베레강 건너편을 연결한 것이 이 다리였다.

기원전 7세기에는 아직 로마인의 기술 수준이 낮았고, 대하(大河)라고는 할 수 없지만 너비가 좁지 않은 테베레강에 다리를 놓으려면 목재를 사용할 수밖에 없었던 것도 당연하다. 하지만 로마 최초의 이 다리는 쇠못 따위를 사용해서 보강하지도 않았다. 테베레강 서안에는 로마의 지배가 확립되지 않아서, 에트루리아인을 비롯한 이웃 부족들이 자주 쳐들어왔다. 따라서 테베레강은 로마의 방벽이기도 했다. 적이 쳐들어올 때마다 다리는 파괴되었다. 그래서 비상시에 쉽게 절단할 수 있도록 못을 쓰지 않고 목재만 짜맞추어서 다리를 만든 것이다.

하지만 다리를 제때에 파괴하지 못하면 적이 다리를 건너 시내로 물밀듯 쏟아져 들어올 텐데, 로마인은 그 위험을 무릅쓰고 다리를 놓았다. 고속도로나 마찬가지인 로마 가도는 쳐들어오는 적에게도 유리하게 이용되지만, 그 위험을 무릅쓰고 로마 가도를 만든 것과 같은 발상이다. 8만 킬로미터에 이르는 로마 가도의 시초가 '아피아 가도'라면, 3,000개를 헤아리는 로마식 다리의 시초는 이 '수블리키우스 다리'다. 둘 다 자신들이 사는 땅과 남들이 사는 땅을 격리하지 않고 연결하기 위해 만들어졌다는 것도 공통점이다. 테베레강 기슭의 작은 도시에 불과했던 시대부터 이미 로마인은 '안에 틀어박히기'보다 '밖으로 뻗어나가는' 성향을 강하게 갖고 있었다. 당시 로마인보다 훨씬 세력이 강했던 에트루리아인이지만, 그들에게서 파괴하는 것까지 고려해 다리를 건설한 예는 전혀 찾아볼 수 없다.

수도 로마를 기점으로 하는 가도가 기원전 312년에 착공된 아피아 가도를 시작으로 착착 포장되어 '고속도로화'하는 것과 발맞추어, 테베레강에도 돌다리가 차례로 가설되어간다. 가도가 돌로 포장되면 다리도 똑같은 구조로 만들어야 한다는 것이 로마인의 생각이었다.

돌 포장이 의무화되어 있었던 간선도로의 경우 중앙을 달리는 차도의 너비는 4미터 이상, 그 양쪽에 나란히 뻗어 있는 인도의 너비는 좌우 각각 3미터 정도였다. 다리도 로마인이 만들면 차도와 인도가 명확히 구별된다. 특히 수도 로마가 '세계의 수도'가 되어가면서 백만 명이 넘는 인구를 고려해서인지, 수도 로마의 다리들은 대도시 근교의 가도와 맞먹는 너비를 갖게 된다. 보통 마차의 너비가 1.5미터 안팎이었으니까, 너비 4미터인 차도는 '왕복 2차선'이었다고 말할 수 있다. 가도가 2차선이면 다리도 2차선이었다.

로마 가도의 연장이 로마식 다리였지만, 땅에 놓는 가도와 강에 놓는 다리는 조성 방법에 몇 가지 차이가 있었다.

우선, 공사 과정에서 로마의 토목기사들이 가장 중요하게 생각한 배수 문제다.

시외를 달리는 가도는 차도 표면이 완만한 아치 모양을 이루도록 만들어 빗물을 차도 양쪽에 뻗어 있는 배수로로 흘려보냄으로써 배수 문제를 해결했다. 시내 도로도 배수로가 인도 밑에 감추어져 있을 뿐, 빗물을 차도 양쪽으로 유도하는 처리법은 마찬가지였다.

그런데 다리의 경우에는 빗물 처리법이 달라진다. 이번에는 다리 자체가 완만하게 아치를 그린다. 비가 내리면, 그 물은 아치의 완만한 선을 따라 양쪽의 다리목으로 흘러내린다. 하지만 폭우가 내리면 다리목이 당장 물바다가 되어 통행할 수 없게 되지 않을까 싶지만, 로마의 토목기사들은 이 문제에 대해서도 해결책을 준비하고 있었다. 빗물은 다리목에 고이기 전에 양쪽 인도 밑에 파놓은 배수로를 따라 강으로 흘러내리도록 설계되어 있었다. 토목 공사의 최대 적은 물이고, 물을 어떻게 처리하느냐가 건조물의 수명을 좌우하기 때문이다.

그런데 가도는 지표에서 1미터 이상 파 내려가 견고한 기반을 만들고 그 위에 자갈 따위를 깔아서 만들었지만, 다리는 땅이 아니라 물 위를 지난다. 교각을 세우는 동안 강물의 흐름을 막아놓을 수는 없다.

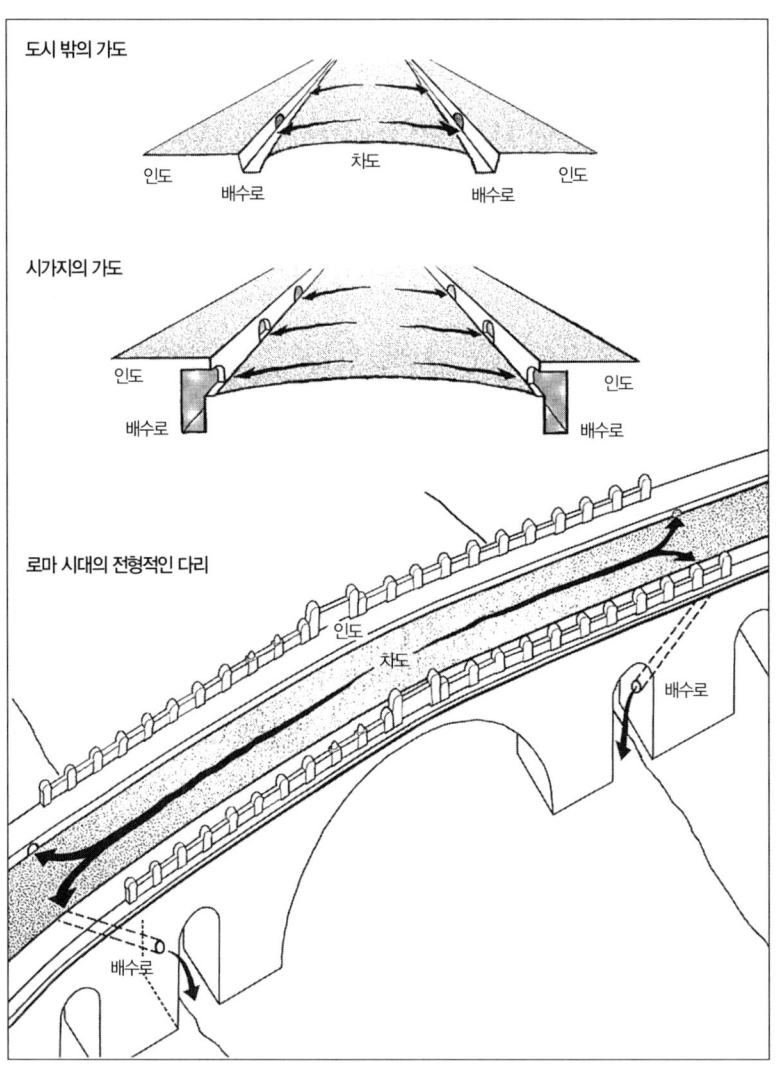

가도와 다리의 배수 설비

그래서 로마의 토목기사들은 다음 순서로 일을 진행해 이 문제를 해결했다.

  1. 교각을 세울 위치가 정해지면, 그 전후좌우에 말뚝과 널빤지를 벽처럼 둘러친다.

  2. 그 안쪽에 갇힌 물을 모두 퍼낸다.

  3. 이리하여 지표와 같은 상태가 된 강바닥을 깊이 파 내려간 다음, 거기에 석재를 층층이 쌓아서 교각을 만든다.

이 방법은 기술이 진보해 작업이 기계화되었다는 점을 제외하면 오늘날에도 마찬가지다. 도나우(다뉴브)강에 걸린 '트라야누스 다리'처럼 1,135미터나 되는 긴 다리의 경우에는 석재 밑에 물에 강한 나무말뚝을 빈틈없이 채워넣는 방법을 채택했지만, 150미터 안팎이면 충분한 테베레강의 다리는 그렇게까지 할 필요는 없었던 모양이다. 그런데 '트라야누스 다리'는 교각만 석조로 되어 있고 그 위는 모두 목조였지만, 나머지 다리는 위에서 아래까지 모두 석조로 되어 있다. 사람이나 수레가 다리 아래로 떨어지지 않도록 양쪽에 만들어놓은 난간까지도 모두 석조다.

로마인은 왜 이렇게 가능한 한 석재를 사용하려 했을까. 2,000년 전 유럽에는 경작지보다 숲이 더 많았으니까, 목재가 부족했던 것은 아니다. 동양과 서양을 논할 때 동양은 나무의 민족이고 서양은 돌의 민족이라고 말하지만, 다리에 사용된 재료가 이처럼 석재에 편중되어 있는 것은 그런 양분법으로 간단히 처리할 수 있는 문제가 아닌 것 같다. 이렇게 생각하기 시작한 순간, 중량이라는 문제에 생각이 미쳤다. 로마의 다리는 어느 정도의 하중을 견딜 수 있도록 만들어져 있었을까.

연구자들의 논문을 읽어보고, 로마 시대의 다리는 1제곱미터당 2톤

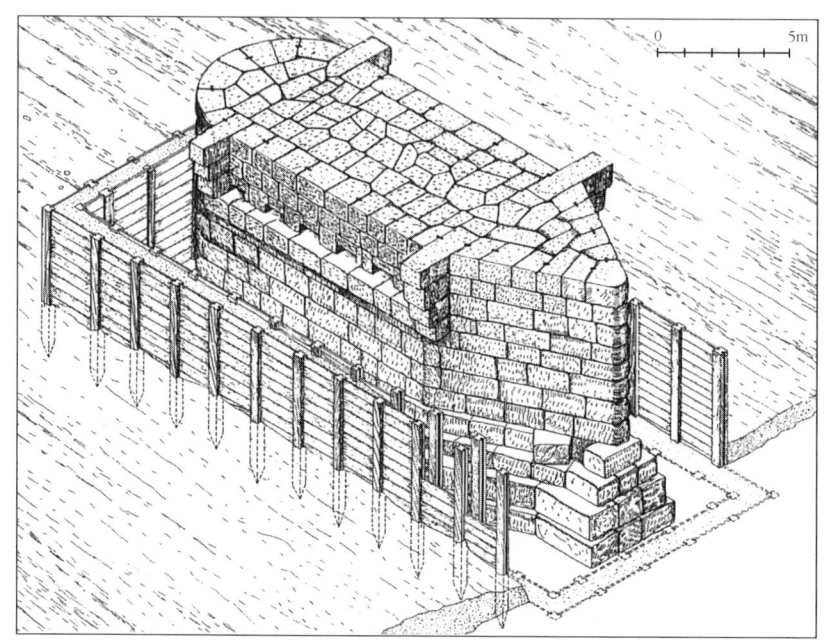

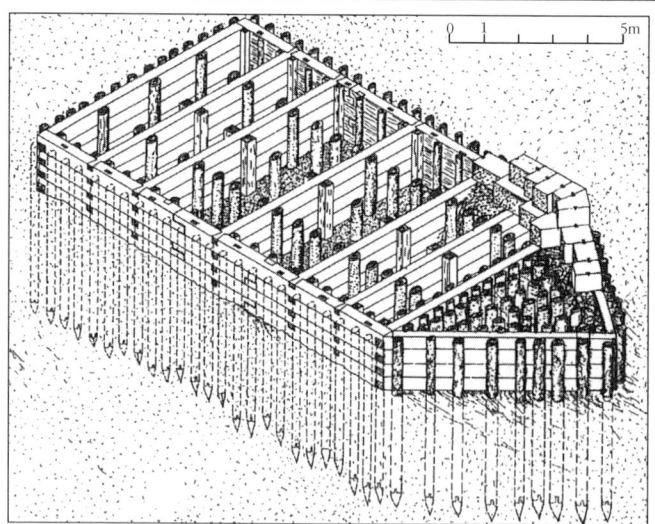

교각 공사 : 교각은 물을 퍼낸 울타리 안에 세워진다. 아래 그림은 석재 밑에 말뚝을 빈틈없이 채워넣는 공법(비토리오 갈리아초, 『로마의 다리』에서)

의 하중을 견딜 수 있도록 만들어져 있었다는 것을 알 수 있었다. 하지만 이 대답만으로는 실감이 나지 않는다. 그래서 일본에 있는 담당 편집자에게, 최신 기술을 이용한 일본의 다리는 1제곱미터당 어느 정도의 하중을 견딜 수 있도록 건설되었는지 조사해달라고 부탁했다. 그랬더니 '혼슈-시코쿠 연락교 공단'(本州四國連絡橋公團)에서 일반용으로 발행한 팸플렛 같은 것을 팩스로 보내왔다. "세계 제일의 아카시(明石)해협 대교, 가교 기술의 집대성, 중앙 경간(徑間, 교량의 기둥과 기둥 사이) 거리 1,991미터는 세계 제일" 등의 문구가 씌어 있었기 때문이다.

이것과 함께 담당 편집자는 이런 글을 보내왔다.

"'혼슈-시코쿠 연락교 공단'에 물어보니 1제곱미터당 하중 한계치는 나와 있지 않다고 해서, 기술자에게 계산을 부탁해놓았습니다. 43톤짜리 트레일러 2대와 20톤짜리 트럭 몇 대가 동시에 다리 위에 있고 측면에서 강풍이 불어도 견딜 수 있는 강도로 되어 있답니다. 고가식 고속도로도 마찬가지랍니다."

팸플렛에 실린 도해(圖解)를 보고 한 가지만은 알 수 있었다. 도나우 강에 걸린 '트라야누스 다리'는 1,135미터의 길이를 지탱하는 데 20개의 교각을 필요로 했지만, 2,000년 뒤의 '아카시해협 대교'는 현수교이기 때문인지, 1,991미터에 이르는 중앙 경간에 교각이 전혀 없었다. 하지만 이것은 나에게 새로운 의문을 불러일으켰다. 교각이 없어도 되는 이유가 뭘까. 현수교이기 때문일까. 아니면 다른 이유가 있을까.

팸플렛에 이어 편집자가 보내온 두 번째 편지에는 이렇게 적혀 있었다.

"일전에 문의하신 하중 문제에 대해, '혼슈-시코쿠 연락교 공단'에

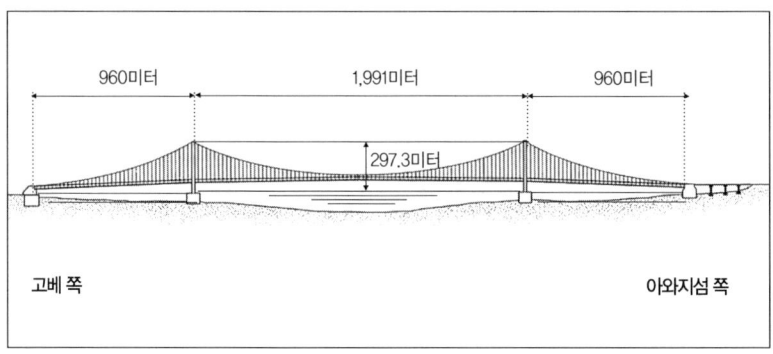

'아카시해협 대교' 측면도

서 1제곱미터당 상정(想定) 하중량을 계산해주었습니다. 아카시해협 대교의 경우, 견딜 수 있는 최대 중량은 1제곱미터당 176킬로그램이라고 합니다.

총길이 3,911미터의 아카시해협 대교는 다리 전체로 1만 4,800톤의 중량을 견딜 수 있도록 설계되어 있기 때문에, 그 1만 4,800톤을 차도 면적으로 나누어 176킬로그램이라는 수치가 나왔답니다. 약간 적은 것 같기도 하지만, 이것은 다리의 차도 부분에 물건이 빽빽이 놓였을 경우를 상정한 숫자입니다. 극심한 교통체증이 일어나도 1제곱미터당 176킬로그램의 무게를 가진 차가 빈틈없이 차도를 메우는 사태는 생각하기 어렵기 때문에, 그 정도로도 괜찮을 것 같습니다."

이것으로 내 의문이 해소된 것은 아니었다. 1제곱미터당 2톤(2,000킬로그램)과 176킬로그램의 차이는 '약간'이 아니다. 아무래도 전문가한테 직접 물어보는 편이 빠를 것 같아서, 전에 내가 작품에서 잘못 사용한 전문용어를 지적해준 적이 있는 분에게 팩스를 보내 물어보았다.

"로마 다리의 하중량이 1제곱미터당 2톤인데 아카시해협 대교의 하중량이 176킬로그램밖에 안 되는 것은 차이가 너무 큽니다. 자동차가 빈틈없이 차도를 메우는 사태는 생각하기 어려우니까 그 정도로도 괜찮다지만, 그런 사태는 지금보다 로마 시대에 훨씬 '생각하기 어려웠을' 텐데 10배나 차이가 나는 것은 무엇 때문일까요."

이 질문에 대해 가교(架橋) 전문가인 가와다 다다키(川田忠樹) 씨가 보내온 회답을 그대로 소개하겠다. 비전문가인 내가 요약하면 오히려 이해하기 어려워질 테니까.

"로마 시대 다리의 하중 ─ 1제곱미터당 2톤
아카시해협 대교의 하중 ─ 1제곱미터당 176킬로그램
이렇게 10배나 차이가 나는 이유는 두 종류의 하중을 혼동한 탓입니다.
①자동차나 마차나 사람 등 ─ 움직이는 것이기 때문에 '활하중'(活荷重, live load)이라고 합니다.
②다리 자체의 중량 ─ 움직이지 않는 것이기 때문에 '사하중'(死荷重, dead load)이라고 합니다.

아카시해협 대교의 1제곱미터당 176킬로그램은 분명 '활하중'입니다. (긴 다리일수록 활하중이 줄어드니까, 짧은 다리인 경우에는 활하중이 200킬로그램 정도인 것도 있습니다.)

로마 시대의 다리가 1제곱미터당 2톤이라는 것은 사하중이라고 생각할 수밖에 없습니다. 덤프트럭이나 트레일러가 달리는 현대의 다리가 로마 시대의 다리보다 하중이 적다는 것은, 게다가 10분의 1도 채 안 된다는 것은 있을 수 없는 일이니까요. 이것은 비교의 문제지만, 대체로 다음과 같은 경향이 있습니다.

고대의 석교(石橋) — 사하중이 크고 활하중이 적다

현대의 강교(鋼橋) — 사하중이 적고 활하중이 크다

예를 들면 고대 로마의 석조 아치교는 사하중이 1제곱미터당 2톤, 활하중이 1제곱미터당 100킬로그램으로, 다리 설계는 거의 대부분 사하중으로 결정되었습니다. 활하중은 사하중의 20분의 1에 불과하니까, 고대 로마의 다리에 대한 기술에는 아마 사하중밖에 기록되지 않았을 겁니다."

과연 그렇구나 싶었지만, 가와다 씨가 고대의 다리를 '석교'라 하고 현대의 다리를 '강교'라고 쓴 것이 마음에 걸려서, 이번에는 전화로 물어보았다. 현대의 다리가 사하중이 적은 것은 강철을 사용했기 때문이냐고. 가와다 씨는 그렇다고 대답했다.

그렇다면 2,000년 뒤인 현대의 기술 진보는 결국 재료의 진보와 경량화에 있다고 생각해도 좋으냐고 물었더니, 가와다 씨의 대답은 역시 '그렇다'였다. 그래서 나는 가와다 씨에게 말했다.

로마 시대에는, 쇠는 있었지만 강철은 없었다. 강철(스틸)을 제조하려면 수천 도나 되는 고열이 필요한데, 그런 고열의 화력을 내는 데 필요한 동력 문제가 해결되지 않았기 때문이다. 로마인이 낼 수 있는 화력으로 제조할 수 있는 쇠는 무게를 견딜 수 있는 힘이 부족하기 때문에, 로마인은 석재에 의존했을 것이다…….

하지만 수화기를 놓은 내 머릿속에 공상이 퍼져갔다. 만약 로마인이 강철을 만들 수 있었다면, 즉 수천 도의 화력도 낼 수 있는 기술력을 갖고 있었다면, 테베레강에 놓은 다리는 물론 철교가 되었을 테고, 로마 교외에 지금도 남아 있는 수도교(水道橋)와 콜로세움도 어쩌면

남프랑스 님의 수도교 '퐁 뒤 가르'(기원전 1세기 말, 아우구스투스 시대)

에펠탑처럼 되어버리지 않았을까. 그렇게 생각하자 왠지 재미가 없어졌다. 로마인이 강철을 몰랐던 게 천만다행이라는 생각마저 들었다. '강교'의 수명이 어느 정도인지 나는 모른다. 하지만 로마 시대의 '석교'는 테베레강에 놓인 11개의 다리 가운데 5개가 2,000년 뒤인 오늘날에도 여전히 사용되고 있고, 제국 전역을 따지면 300개가 넘는 다리를 지금도 사람이나 자동차가 이용하고 있다. 그리고 가와다 씨의 설명을 듣고 나는 또 다른 생각을 머리에 떠올렸다.

활하중이 '적은'데도 불구하고 사하중은 '큰' 가도나 다리나 수도교를 왜 로마인은 그렇게 대대적으로 건설했을까. 수도교는 위를 지나는 것이 물뿐이니까, '활하중'은 '적어도' 된다. 아무리 그렇다 해도 가

다리 87

도와 다리는 통행료가 없고, 수도도 요금을 징수할 수 있는 대상이 한정되어 있었기 때문에 전혀 채산이 맞지 않는다. 인프라는 채산을 도외시하지 않으면 할 수 없는 사업이라고 로마인은 생각했던 게 아닐까. 그렇기 때문에 이런 건설 공사의 결정권을 오늘날의 국회에 해당하는 원로원이 갖고 있었고, 입안과 공사의 최고 책임은 공화정 시대에는 재무관이나 집정관, 제정 시대에는 황제가 맡았던 게 아닐까. 인프라를 단순한 토목 공사가 아니라 국정의 일환으로 생각지 않았다면, 국정의 최고책임자인 집정관이나 황제가 관장할 리가 없다.

로마 시대를 통틀어 가도나 다리가 당시의 권력자인 집정관이나 독재관이나 황제의 별장 근처를 지나간 예를 전혀 찾아볼 수 없는 것도, '공'과 '사'를 엄격히 구분해 인프라 공사에서는 어디까지나 '공'이 '주'(主)가 되고 '사'는 '종'(從)이어야 한다는 로마인의 사고방식을 보여주고 있는 것 같다.

로마에서 피렌체와 볼로냐를 거쳐 밀라노로 가는 현대 이탈리아의 고속도로 1호선은 피렌체 근처에서 당시 총리의 선거구인 아레초를 지나가도록 설계했기 때문에, 직선으로 뚫을 수 있는 구간이 곡선으로 구부러져버렸다. 이런 일을 로마 시대에는 황제도 하지 않았다. 하드리아누스 황제의 티볼리 별장은 '티부르티나 가도'에서 조금 떨어져 있는데, 이 간선도로와 황제의 별장을 연결하는 것은 하드리아누스가 사비를 들여서 만든 개인 도로다. 이것도 '관계자 외 출입금지'인 개인 도로는 아니다. 황제의 별장 근처에 사는 사람이든 누구든 자유롭게 이용할 수 있었기 때문이다. 허가를 받을 필요도 없었다.

인프라를 이렇게 생각한다면 당연한 귀결이지만, 가도나 다리를 무턱대고 마구 건설하는 것은 인프라를 중시하는 태도가 아니다. 우선

순위를 확실히 정해놓고 그것을 고려해 실행에 옮겨야 한다. 바로 이 일을 맡은 사람이 공화정 시대에는 재무관과 집정관, 제정 시대에는 이 두 가지 관직을 겸했다고 말할 수 있는 황제였다. 로마 시대에는 도로와 다리를 한 덩어리로 생각하고 있었는데, 로마인 자신은 그것을 다음과 같이 분류했다.

(1) 공도(公道, viae publicae) ─ 건설 공사는 국가가 맡고, 그 이후의 유지·관리는 황제 직속인 '가도 감독관'(curator viarum)이라는 국가 공무원이 맡는다. 돌로 포장된 4미터 이상의 차도와 좌우 3미터인 인도, 그밖에 1로마 마일마다 이정표를 세우고, 하루 여정이 끝나는 곳마다 숙소를 짓거나 말을 바꾸어주는 등의 서비스를 제공하는 것도 도로법으로 의무화되어 있었다. 도보 여행자가 있었다는 점을 제외하면, 로마의 간선도로는 현대의 고속도로와 같았다고 생각해도 좋다.

(2) 군도(軍道, viae militares) ─ 군사적 필요 때문에 건설된 도로로서, 대부분 돌로 포장되어 있지만 자갈만으로 포장된 길도 있었다. 포장 재료와는 관계없이 차도는 왕복 2차선으로 정해져 있었다. 방위선을 따라 건설된 길도 많고, 건설과 유지·관리는 그곳에 주둔하는 군단의 책임이었다.

(3) 지선(支線, viae acutus) ─ 국정 차원에서 건설된 공도와는 달리, 지선은 지방자치단체가 자신들의 필요에 따라 건설한 길이다. 건설 공사도, 그 후의 유지·관리도 지방자치단체가 책임진다.

(4) 사도(私道, viae privatae) ─ 건설과 유지·관리를 토지 소유자가 책임진다. 소유자가 아닌 다른 사람이 지나다니는 것도 당연시되었기 때문에, 저택까지 가는 길이라기보다 아무개가 소유하고 있는 토지 안의 길이라고 생각해야 한다.

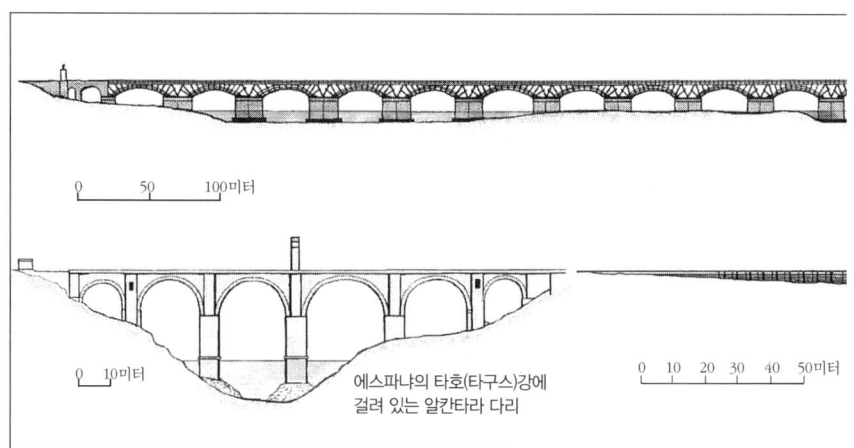

에스파냐의 타호(타구스)강에
걸려 있는 알칸타라 다리

로마 시대의 다양한 다리

그러면 로마 시대에 이 네 가지 길의 총길이는 어느 정도였을까. 연구자들은 다음과 같이 추산하고 있다.

(1)→ 8만 킬로미터

(1) + (2) + (3)→ 15만 킬로미터

(1) + (2) + (3) + (4)→ 30만 킬로미터

그리고 이 도로 전체에 건설된 다리는 통틀어 3,000개나 된다고 한다.

그러면 가도와 다리의 건설비는 어느 정도였을까. 이런 문제가 궁금해지는 것은 우리 같은 역사 애호가만이 아니라, 그것을 전문적으로 연구하는 학자들도 마찬가지다. 그러나 이 문제에 관해서는 아무리 대담한 연구자도 입을 다물 수밖에 없다. 로마 시대에는 기록이 존재했지만 중세를 거치는 동안 기록이 사라졌기 때문은 아니다. 로마

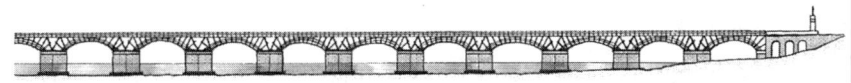

도나우강에 걸려 있었던 트라야누스 다리

이탈리아의 카스텔루초 데이 사우리 육교

인 자신이 애초부터 기록을 남기지 않았다. 공사 관계자들 사이에 오간 연락 사항 같은 것은 분명 존재했을 것이다. 하지만 비트루비우스의 『건축론』이나 프론티누스의 『수도론』(水道論), 대(大)플리니우스의 『박물지』 같은 저술에도 건설비에 대한 언급은 전혀 없다. 하물며 인프라에 특별한 관심을 갖지 않은 역사가의 저술에 그런 기록이 남아 있기를 바라는 것은 무리다.

그 이유는 두 가지일 것이다.

첫째, 현대의 인프라 공사에서 가장 먼저 부딪히는 과제가 용지를 매입하는 일이지만, 로마 시대에는 땅을 확보하는 것이 그리 어려운 과제가 아니었다.

둘째, 로마 시대의 인프라 공사에서는 토목기사나 숙련공의 인건비를 계산하는 것이 불가능했다.

첫 번째인 용지 매입 문제를 살펴보면, 필요한 땅의 너비는 다음 쪽의 그림과 같다. 따라서 12미터 너비로 몇 킬로미터 내지 몇백 킬로미

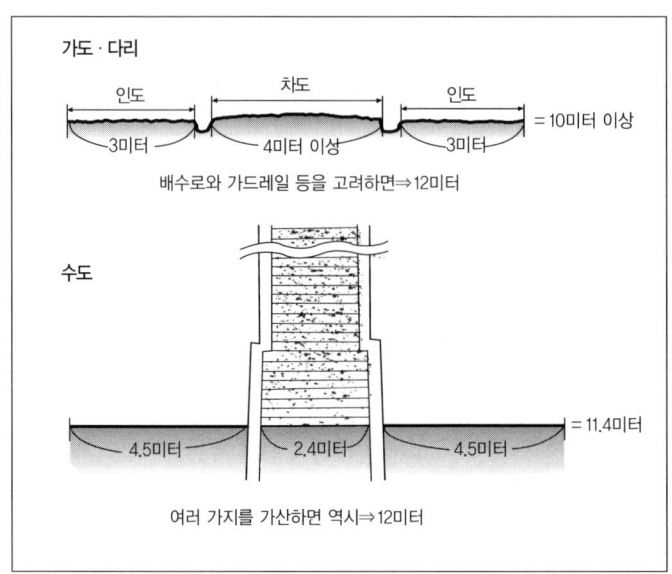

가도·다리·수도 건설에 필요한 용지의 너비

터의 땅을 사들일 필요가 있었다.

　수도는 너비가 8페디스, 즉 2.4미터 정도다. 이것은 지상 높은 곳을 지나는 경우도, 지하의 갱도를 지나는 경우도 마찬가지다. 다리는 강물 위를 지나니까 땅을 매입할 필요가 없을 것 같지만, 로마인은 다리를 가도의 연장선상에 놓아야 한다고 생각했기 때문에 강물에 닿을 때까지의 땅은 비탈진 토지라도 사들일 필요가 있었다.

　하지만 로마법에서는 사유재산을 철저히 보호한다. 공공사업이라고 해서 강제로 빼앗는 것은 용납되지 않는다. 그래서 국가가 매입할 수밖에 없었다. 하지만 필요한 것은 너비 12미터의 띠처럼 길게 뻗은 땅뿐이다. 역사책에는 소유지가 토막나는 것을 싫어하는 소유자한테서 국가가 건설에 필요한 땅만이 아니라 나머지 땅까지 모두 사들여, 건설 용지 이외의 땅은 다른 사람에게 팔았다는 기록이 이따금 나온다. 땅이 토막나는 것을 싫어한 데에는 이유가 있다. 가도나 수도가 개인 소유지를 가로지를 경우, 가축이 왕래하면 유지·관리가 불편하고 따라서 보존에도 지장을 준다는 이유로 가축의 통행이 금지되어 있었기 때문이다.

로마 시대에도 인구 밀집 지역인 도심의 땅을 매입하기가 쉽지 않았다는 것은, 율리우스 카이사르가 자신의 이름을 붙인 포룸을 건설할 때 용지 매입에만 6,000만 세스테르티우스나 되는 거액을 지불한 것으로도 알 수 있다. 하지만 가도나 수도를 놓기로 결정하자 당장 그 일대 땅값이 폭등했다거나 땅주인이 팔기를 꺼렸다는 기록은 전혀 남아 있지 않다. 가도나 다리나 수도가 놓이면 맨 먼저 이익을 보는 것은 그 주변에 사는 사람들이었기 때문이다. 당시의 고속도로인 로마 가도는 현대의 고속도로와 달리 도보 여행자도 이용할 수 있고, 요금을 받는 톨게이트도 없고 출입구도 정해져 있지 않았기 때문에, 거기까지 개인 도로를 뚫으면 누구나 언제든지 무료로 이용할 수 있었다. 수도도 마찬가지여서, 주변 농가나 주택까지 수로를 연결해 수돗물을 끌어다 쓸 수 있었다. 이쪽은 물론 수도국의 허가가 필요했다. 수도를 지나는 물의 수압 문제가 있었기 때문이다. 하지만 그보다는 로마인의 강한 공공심을 잊어서는 안된다. 공공의 이익을 위해서라면 너비 12미터로 길게 이어진 띠 모양의 땅을 국가에 기증하는 사람도 있었다. 용지 매입이 심각한 문제가 되지 않은 로마 시대는 이 점에서도 인프라의 천국이었다.

둘째, 토목기사나 숙련공의 인건비를 계산하기가 불가능했던 것은 그것이 군사비와 겹쳤기 때문이다.

로마 시대에는 신전이나 광장이나 수도의 공사 같은 것은 '소키에

타스'(societas)라고 불리는 사기업이 입찰을 거쳐 맡는 시스템으로 되어 있었다. 하지만 가도와 다리, 특히 공도나 군도인 경우에는 군단병이 공사를 맡았다. 로마식 가도를 건설한 애초의 목적이 군용 도로였다. 따라서 토목기사도 숙련공도 다 군단에 근무하는 군무원이나 병사들이다. 오늘날 군대가 철도나 고속도로 건설 공사에 부대원 전체를 동원하는 것이나 마찬가지니까, 인건비는 군사비에서 지출되고 따라서 건설비 총액을 계산하는 것은 불가능해진다. 그리고 로마인 자신이 이런 사태를 있어서는 안 될 일로 생각하기는커녕 당연한 일로 여기고 있었다.

로마식 인프라가 속주에까지 확대된 것은 제정 시대로 접어든 뒤였다. 이 시대는 로마의 국가 방침이 공격에서 방위로 바뀐 시대이기도 하다. 초대 황제 아우구스투스가 지향한 '팍스 로마나'가 실현되어갈수록 방위선 전역에 배치되어 있는 군단도 적과의 전투에만 소비하는 날이 전보다 줄어들었다. 그렇다고 방위를 소홀히 할 수는 없으니까, 군사력 감축에는 한계가 있다. 아우구스투스는 "앉아 있는 병사는 병사가 아니다"라고 말했지만, 그는 패자를 동화시키는 방법으로 영토를 넓힌 로마 제국 같은 다민족 국가에서 인프라를 정비하는 것은 국가의 안전을 보장하는 길이라는 점을 이해한 사람이기도 했다.

그리고 병사들도 나라를 지키기 위해 군단병을 지원했지 길을 뚫으려고 군단병이 된 게 아니라고는 말하지 않았다. 아니, 속으로는 그렇게 생각할망정 입 밖에 내기는 꺼렸는지도 모른다. 로마군 최고사령관인 황제가 어디에서 어디까지 길을 뚫을 것인가를 생각하고, 그것을 원로원이 승인하면 공사 최고책임자가 되어 공사를 진행한다. 따라서 황제에게 복종할 의무가 있는 군단병으로서는, 전쟁터에서든 공사 현장에서든 황제의 명령에 따르는 것은 마찬가지였을 것이다. 앞에서도 말했듯이 가도를 건설한 황제에게는 개선문을 바쳐 감사의 뜻을 표하는 것이 관례였는데, 그 개선문에는 반드시 제○○군단의 군단병이 공사를 맡았다는 내용이 또렷이 새겨져 있었다. 이리하여 유럽과 중동과 북아프리카에 8만 킬로미터나 뻗어 있는 로마 제국의 가도는 거의 다 군단병의 손으로 건설되었다. 그런데 로마인은 길을 뚫고 다리를 놓은 것만으로는 완전한 교통로가 되지 않는다고 생각했다.

이 점을 이해하려면 로마 가도라는 이름으로 총칭되는 로마식 포장도로를 누가 이용하고 있었는가를 알 필요가 있다.

3 가도를 이용한 사람들

 로마 가도는 무엇보다도 먼저 군단을 이동시키는 길이었다. 여기서 군단은 단순히 군단병만을 의미하는 것은 아니다. 로마 군단은 크게 나누면 로마 시민권 소유자인 군단병, 속주민 지원병인 보조병, 그리고 대부분 속주 출신인 기병으로 이루어져 있다. 중무장 보병, 경무장 보병, 기병으로 바꿔 말해도 좋다. 수는 기병보다 보병이 훨씬 많고, 로마 군단의 주력은 어디까지나 군단병이었지만, 군단을 이처럼 세 부분으로 나눈 것은 전술적인 필요 때문이기도 했다.
 하지만 군단에는 전투원만이 아니라 비전투원도 함께 편성되어 있고, 따라서 군단이 이동할 때는 이들 비전투원과 수레도 함께 이동하게 된다. 우선 의료진. 사람을 치료하는 의사와 간호사, 말이나 소를 치료하는 수의사가 군단에 배속되어 있다. 다음에는 군단에 근무하는 토목기사들. 이들은 말하자면 공병대장 같은 존재지만, 조수 역할을 맡은 사람을 제외하면 그 휘하에 공병대원이 따로 있었던 것은 아니다. "로마군은 곡괭이로 이긴다"는 말이 있을 만큼 토목 공사에 뛰어난 숙련공들이었던 군단병은 물론 보조병까지도 모두 '공병'이었던 것이 로마 군단의 특징이었다.

또한 공성기(攻城器)는 전쟁터에서 이동할 수 있도록 바퀴가 달려 있었지만, 행군할 때는 달구지에 실어서 운반했다. 이 무거운 병기를 나르는 데 필요한 노력을 줄이기 위해서라도 로마 가도는 되도록 평탄하게, 가능한 한 직선으로 뚫렸고, 바람에 날려오는 흙조차도 쌓일 수 없을 만큼 납작한 마름돌을 빈틈없이 깔아서 포장했다.

또한 야영용 텐트나 군량 등을 가득 실은 짐수레도 동행했다. 짐수레를 끈 것은 대부분 소였다. "로마군은 병참으로 이긴다"는 말도 있었다. 로마군에서는 병사 개개인의 정신력에 기대를 걸기 전에 먼저 병사 개개인이 정신력을 최고로 발휘할 수 있도록 그 환경을 조성해주는 것이 선결 문제로 여겨졌다.

이처럼 다양한 요소로 편성되어 있는 로마 군단이 당당하게 행군하면, 차도의 너비가 4미터인 로마 가도도 비좁게 느껴졌을 것이다. 행군하는 군단과 마주친 일반 나그네들을 위해서라도, 차도와 나란히 달리는 3미터 너비의 인도는 꼭 필요했다.

로마 가도의 두 번째 이용자는 일반인이다. 로마 가도는 인도가 있고 톨게이트가 없는 고속도로라고 생각하면 된다. 따라서 도보 여행자도 지나다니고, 주변의 농산물을 실은 짐수레도 이용한다. 도보 여행자는 다닐 수 없는 오늘날의 고속도로와는 다르다. 휴일에는 교외의 별장으로 몰려 나가는 도시 생활자처럼 근거리 이용자도 있고, '세계의 수도' 로마에서 새로운 운명을 개척해보려고 속주 에스파냐를 떠나 피레네산맥을 넘고 남프랑스를 가로지르고 알프스산맥을 넘고 북이탈리아를 지나 로마까지 먼 길을 더듬어온 사람도 있다. 또한 로마에는 권력자들이 모여 있으니까, 강력한 후원자를 찾을 수 있을 거라는 희망을 품고 까마득한 동방에서 먼 길을 마다 않고 찾아오는 예술가들도 있었다.

당시의 고속도로인 로마 가도 덕분에 이익을 보는 사람들 가운데 농민과 상인도 있었다. 산간의 외딴 마을에 살고 있을 때는 모든 것을 자급자족했지만, 도로망이 정비된 덕분에 마을에서 나는 산물을 도시로 가져가기가 쉬워졌기 때문이다. 물산의 유통이 촉진되면 생활 수준도 향상된다는 것을 깨달은 사람들이 로마 가도 이용자의 태반을 차지하게 되었다. 평탄하게 직선으로 뚫려 있고 게다가 포장까지 되어 있는 로마 가도를 이용하면, 사람의 발길에 다져진 종래의 길보다 이동 시간을 단축할 수 있었을 뿐만 아니라, 짐도 많이 실을 수 있었다. 통행 횟수가 늘어나는 동시에 한 번에 운반할 수 있는 양도 늘어난 것이다. 사람과 물자가 빈번하게 교류되면 당연히 경제도 활성화한다. 제국 전역에 퍼진 도로망은 로마 제국을 하나의 대경제권으로 바꾸어놓았다. 이 로마 경제권은 현대의 EU(유럽 연합)와는 비교도 되지 않는다. 유럽과 중동과 북아프리카를 포함하는, 2,000년 뒤인 오늘날에도 실현할 수 없는 규모의 대경제권이었다. 경제권이 기능을 발휘하려면 우선 평화가 지속되어야 한다. '팍스 로마나'가 지속될 수 있었던 요인은 무엇일까. 물론 외적을 막는 데 성공했기 때문이지만, 그것은 정답의 절반에 불과하다. 다민족 국가이기 때문에 일어나기 쉬운 제국 내부의 분쟁을 해소하는 데에도 성공했기 때문에 '팍스 로마나'는 장수를 누릴 수 있었다. 거의 300년에 걸친 평화다. 이 '팍스 로마나'를 유지하는 데 이바지한 것이 바로 로마 가도였다. 사람도 건강을 유지하려면 몸 구석구석까지 피를 보내는 혈관의 기능이 튼튼하고 원활하게 유지되어야 한다. 로마 도로망이 그러했다. 이것이 20만 명도 채 안 되는 군단병만으로 대제국의 안보를 유지할 수 있었던 가장 큰 요인이었다.

이 로마 가도를 이용한 세 번째 부류는 우편배달부였다. 로마인은 우편제도를 '쿠르수스 푸블리쿠스'(cursus publicus)라고 불렀다. 말하자면 국영 우편배달 시스템이다. 로마의 우편배달부는 두 발로 달리는 것이 아니라 말이나 마차를 타고 달리는데, 말을 계속 바꿔 타는 방법으로 속력을 높였다. 게다가 우편물을 보내고 싶을 때만 다니는 것이 아니라, 우편물이 있든 없든 정기적으로 배달부가 왕래하도록 되어 있었다.

이것도 원래는 율리우스 카이사르가 창안한 제도다. 갈리아 원정 당시 수도 로마와 신속하게 연락하기 위해 생각해낸 것이다. 이것을 아우구스투스가 황제가 된 뒤 국영우편제도로 정착시켰다.

갈리아 전쟁 당시 카이사르의 행동은 정복 대상이 된 갈리아나 게르만의 부족들이 모두 놀라고 두려워했을 만큼 신속했는데, 카이사르가 이처럼 신출귀몰하게 행동할 수 있었던 것은 그가 고안해낸 정보 전달 방식 덕분이었다.

우선 정보를 송달하는 일만 전담하는 부대를 조직한다. 그리고 당시 갈리아에는 아직 로마식 가도는 뚫리지 않았지만 길은 뚫려 있었기 때문에, 갈리아에서 본국 이탈리아로 가는 길에 말을 타고 하루를 달리면 닿을 수 있는 거리마다 사람과 말을 바꿀 수 있는 교환소를 배치했다. 꼬박 하루를 달려서 지친 말을 이곳에서 다른 말로 바꿔 타고, 사람도 교대할 수 있도록 한 것이다. 말하자면 역참에서 중계식으로 공문을 주고받는 역체(驛遞)와 비슷하지만, 카이사르는 그것을 2,100년 전에 현실화했다. 갈리아인과 게르만 민족도 정보 전달 방법을 갖지 않았던 것은 아니다. 다만 이들은 전달할 필요가 있는 일이 생겼을 때만 전달한 반면, 카이사르는 언제라도 정보를 전달할 수 있는 시스템을 창설했다는 점이 다르다. 카이사르는 이 방식으로 당시에는 누구보다 빨리 정보를 얻었고, 자신이 행동을 취할 경우에도 이 시스템을 활용했다. 전속력으로 달린 말이 입에서 거품을 내뿜기 시작하면 다른 말로 갈아타고 질주를 계속한 것이다. 카이사르는 급할 때는 하루에 100킬로미터를 달린 것으로 알려져 있지만, 어릴 때부터 말을 잘 탔다는 점을 고려한다 해도 지친 말을 갈아타는 이 방식을 활용하지 않았다면 하루에 100킬로미터씩 달릴 수는 없었을 것이다. 신출귀몰도 지혜의 산물이다. 카이사르가 각지를 전전하며 싸울 때는 항상 몇 마리의 말을 대기시켜두는 '스타티오네스'(stationes)가 선위의 점처럼 배치되었다고 한다. 참고로 말하면 이 '스타티오네스'는 '역'을 뜻하는 영어 낱말 'station'의 어원이다.

아우구스투스는, 독창성에서는 양아버지 카이사르의 발뒤꿈치도 못 따라가지만, 카이사르가 제시한 것을 국가 정책으로 정착시키는 재능은 조금도 뒤떨어지지 않았다. 게다가 이 초대 황제는 무려 40년 동안이나 나라를 통치할 수 있었다. 무엇이든 철저히 마무리하기에 충분한 시간을 얻은 셈이다. 국영 우편제도를 완성한 것도 이 아우구스투스였다.

율리우스 카이사르가 각지를 전전하며 제패해준 덕에 아우구스투스는 방위에—그 자신의 말을 빌리면 '팍스'(평화)를 확립하는 일에—전념할 수 있었지만, 평화로울 때는 정보를 수집하는 방법도 달라진다.

초대 황제 아우구스투스는 40년에 이르는 치세의 대부분을 수도 로마에 눌러앉아 제국 전역을 다스렸다. 지도만 보아도 알 수 있듯이, 수도 로마는 로마 제국의 한복판에 자리 잡고 있다. 이 로마로 모든 정보가 모이고, 그것을 토대로 결정을 내려 제국 각지로 훈령을 신속하게 전달할 수 있는 시스템만 구축하면 수도에서 움직이지 않아도 광대한 영토를 다스릴 수 있었다. 본국 이탈리아의 가도망은 공화정 시대에 거의 완성되어 있었지만, 속주 전역으로 가도망이 확대된 것은 제정 시대에 접어든 뒤였다. 그리고 도로망의 확대와 함께 정보 수집과 명령 전달을 목적으로 하는 국영 우편제도도 확대되었다.

아우구스투스가 이 제도를 확립하는 데 이렇게까지 집착한 데에는 개인적인 사정도 있었다. 그는 양아버지 카이사르와는 달리 어릴 때부터 몸이 허약한데다 오랫동안 말을 타지도 못했다. 요컨대 활발하게 돌아다니는 타입의 지도자는 아니다. 게다가 양아버지와는 정반대로, 전투를 지휘했다 하면 반드시 지는 사람이기도 했다. 그런데 로마 제국은 아직 형성되는 과정에 있었다. 피정복자가 사는 지방을 속주화하는 과정, 즉 정복자 로마와 공동운명체로 만드는 과정도 아직 진행 중에 있었다. 이 과정에서 피할 수 없는 속주민의 반란을 억누르기 위해서라도 로마군 최고사령관인 황제에게는 전략과 전술의 재능이 필요했지만, 아우구스투스에게는 그 재능이 없다. 그래서 이 결함을 보충할 수 있도록 양아버지 카이사르가 붙여준 오른팔 아그리파에게 의지할 수밖에 없었지만, 로마 제국은 워낙 넓어서 아그리파 혼자서는 도저히 감당해낼 수 없었다. 아그리파는 카이사르가 선택했을 정도니까 장군으로서의 재능은 갖고 있었지만, 천재형은 아니다. 상대가 브루투스나 안토니우스였으니까 이길 수 있었지, 한니발과 싸웠다면 여지없이 패했을 것이다. 현실이 이렇다면, 아우구스투스도 아그리파 한 사람이 아니라 여러 명의 장군에게 일을 맡길 수밖에 없었다. 아우구스투스는 군사적 재능을 타고나지는 못했지만, 협력자를 고르는 재능은 갖고 있었다. 결점을 장점으로 바꾸는 데에는 그야말로 천재였다. 아그리파의 조언을 참고로 삼긴 했지만, 아직 속주화가 끝나지 않은 변경 지역에 파견한 총독들을 고른 솜씨는 정말 볼 만하다. 그리고 제국의 전략 요충지에 주재하면서 그 지방의 로마화를 추진하는 장군들과 긴밀한 연락을 주고받는 것은 수도에 앉아서 제국 전역을 다스리는 황제에게는 반드시 필요한 일이었다.

로마 가도를 건설한 애초의 목적이 군단의 신속한 이동에 있었듯이, 로마의 우편제도도 광대한 제국을 통치할 때의 필요에서 생겨난 것이다. 하지만 한 가지 목적을 완벽하게 수행할 수 있도록 만들어진 시스템은 다른 목적에도 전용할 수 있다. 황제와 장군들을 연결하기 위해 만들어진 우편제도를 일반인도 이용하게 되는 것은 자연스러운 추세였다. 로마 가도가 제국의 일체화에 이바지했듯이, 우편제도도 각 지방에 사는 주민들의 일체화에 이바지하게 된다. 정복자와 피정복자 사이에 벽을 쌓아서 격리하지 않고, 플루타르코스의 말대로 '패자를 동화'시켜 로마 제국 전체를 공동운명체로 만드는 것을 목표로 삼은 로마의 위정자가 가장 피해야 할 것은 민족이나 부족의 고립이었기 때문이다.

시스템이란 남보다 뛰어난 능력을 타고난 사람을 위해 있는 것이 아니라, 보통 사람의 능력에 맞추어 그 사람들의 필요까지 충족시켜주는 것이어야 한다. 따라서 시스템을 창안한 사람의 능력과는 무관

카이사르　　　　　아우구스투스　　　　　티베리우스

해야 한다. 실제로 그렇지 않으면 시스템이 기능을 발휘할 수 없고, 시스템으로서 지속성도 가질 수 없다. 로마 제국은 카이사르가 청사진을 그리고, 아우구스투스가 그 청사진을 충실하게 구축하고, 제2대 황제인 티베리우스가 정착시켰다고 나는 생각하지만, 국영 우편제도도 그 가운데 하나다. 티베리우스가 한 일은 역참마다 경비대를 배치해, 로마 가도를 오가는 사람이나 수레나 우편물의 안전을 보장한 것이었다.

카이사르는 말을 타고 하루에 100킬로미터를 달릴 수 있는 체력과 승마술을 지닌 사람이었고, 티베리우스도 밤낮으로 말을 달려 140킬로미터나 되는 거리를 주파한 적이 있다지만, 아우구스투스는 로마 근교에 있는 아내 리비아의 별장까지도 말을 타고 가기를 싫어했다. 별장까지는 10킬로미터도 안되고 게다가 간선도로인 플라미니아 가도만 따라가면 되는데도, 하인이 짊어진 가마를 타고 가기를 더 좋아했다. 사방에 커튼을 둘러친 가마 안에서는 책을 읽거나 누울 수도 있기 때문이다. 하지만 흥미로운 것은, 이렇게 체질이 다른 세 사람이 이룩한 로마 가도의 여러 가지 설비가 보통 사람의 수준에 맞추어져 있었다는 점이다. 지도자는 이런 관점을 잊어서는 안 되는 것인지도 모른다. 로마 제국에서는 '공문'이 든 통을 시급히 전달해야 하는 파발꾼도 하루에 70킬로미터 이상을 달리도록 요구받지는 않았다. 다만 하루 70킬로미터를 기준으로 해, 최소한 그 정도는 달려야 했다. 그리고 그 속도를 유지하는 데 필요한 설비, 즉 말을 갈아타기 위한 설비는 평균 8로마마일(12킬로미터)마다 한 군데씩 배치되어 있었다. 로마 지도자들만큼 '지속은 힘이다'를 실천한 사람들도 드물다. 로마인의 언어인 라틴어에서는 가도 연변에 배치한 말 교환 설비를 '무타티오네스'(mutationes)라고 불렀다. 글자 그대로 교환소라는 뜻이다. 앞에서 말한 '스타티오네스'와는 달리, 순수하게 말만 바꿔 탈 수 있는 시설이라는 의미가 강하다. 오늘날의 고속도로로 치면 주유소가 여기에 해당할 것이다.

공문서는 파피루스 두루마리인데, 그것을 넣은 가죽통을 등에 짊어지고 말을 달리는 것이 파발꾼의 모습이었다. 이들에게는 그 임무를 증명하는 '특허장'이 주어졌다. 아우구스투스가 만든 '우편법'에는 이 증명서를 가진 사람이 요구하는 것은 모두 충족시켜주어야 한다고 규정되어 있었다. 물론 여기에 필요한 비용은 국가가 부담한다.

이처럼 국영 우편제도를 확립한 목적은 공문서를 송달하는 데 있었지만, 로마인은 규제를 만드는 데에는 열심이어도 그것을 실시할 때는 유연하게 대처하는 민족이기도 하다. 어차피 수도 로마에 가는 길이니까, 속주 총독이 아내나 자식이나 친구에게 보내는 편지를 파발꾼이 송달해도 황제나 원로원은 묵인해주었다.

로마 제국의 우편제도가 공문서를 휴대하고 달리는 말과 사람만으로 이루어져 있었던 것은 아니다. 우편마차로 배달하는 편지나 소포도 있었다. 변경에 근무하는 병사들이 고국의 가족에게 보내는 편지나, 가족들이 병사에게 보내는 물건은 우편마차로 운송되었다. 마차

로마 시대의 우편마차를 묘사한 부조

가 사용되면, 말을 교환하기 위한 '무타티오네스' 이외에 마차를 수리할 수 있는 설비도 필요하다. 또한 로마 가도는 우편마차만이 아니라 일반 여행자의 개인용 마차나 여러 사람이 함께 타는 합승마차도 이용했기 때문에, 이들을 위한 숙박 설비도 없어서는 안 된다. 친지나 친구의 별장에 묵을 수 있는 여행자는 소수에 불과했기 때문이다. 그래서 다수파를 위해 하루 노정마다 온갖 설비를 갖춘 '여관'이 설치되었다. 말 교환소 5개에 여관 1개의 비율이었다니까, 여관은 60킬로미터 내지 70킬로미터 간격을 두고 배치되었을 것이다. 이 '여관'을 라틴어로 '만시오네스'(mansiones)라고 하는데, '저택'을 뜻하는 영어 낱말 'mansion'의 어원이다. 로마 시대의 '만시오네스'는 요즘으로 치면 모텔이다.

'만시오네스' 사이의 거리가 일정하지 않은 것은 '무타티오네스' 사이의 거리가 일정하지 않은 것과 같은 이유 때문이다. 평지에서는 같은 시간에 먼 거리를 갈 수 있는 반면, 산악지방에서는 아무리 도로가 포장되어 있다 해도 속도가 떨어지는 것을 피할 수 없다. 오르막길과 내리막길을 가다 보면 사람도 말도 금세 지쳐버리기 때문이다. 아피아 가도에서 일직선으로 뻗어 있는 43킬로미터 구간은 도보 여행자라도 하루에 갈 수 있었겠지만, 알프스산맥을 넘는 가도에서 하루에 43킬로미터를 가는 것은 도저히 바랄 수 없다. 그래도 가도를 건설할 때 지형을 적절히 선택했고 배수 설비가 완비되어 있어서 겨울에도 알프스를 넘을 수 있었다지만, 평야를 지나는 가도보다 훨씬 세심한 시설 정비가 필요했던 것은 당연하다.

여기에 도면이 하나 있다. 오늘날 프랑스의 발랑스에서 알프스를 넘어 이탈리아 토리노에 이르는 로마 가도 연변에 어떤 편의시설이 배치되어 있었는가를 보여주는 도면이다. 이 도면의 토대가 된 사료는 서기 333년에 보르도에서 예루살렘까지 먼 길을 여행한 어느 무명의 순례자가 남긴 기록이다. 『한 보르도인의 예루살렘 여행기』(*Itinerarium Hierosolymitanum Burdigalense*)라고 불리는 이 기행문의 특징은 자기가 지나간 가도의 모든 시설을 기록했다는 점이다. 이렇게 꼼꼼히 기록한 것은 뒤에 올 순례자들에게 도움이 되리라고 생각했기 때문일 것이다. 이것은 4세기 당시의 나그네들에게도 참고가 되었겠지만, 후세의 로마 연구에도 이바지했다. 이 도면을 보면, 로마 가도가 당시의 고속도로였다는 내 말을 쉽게 이해할 수 있을 것이다.

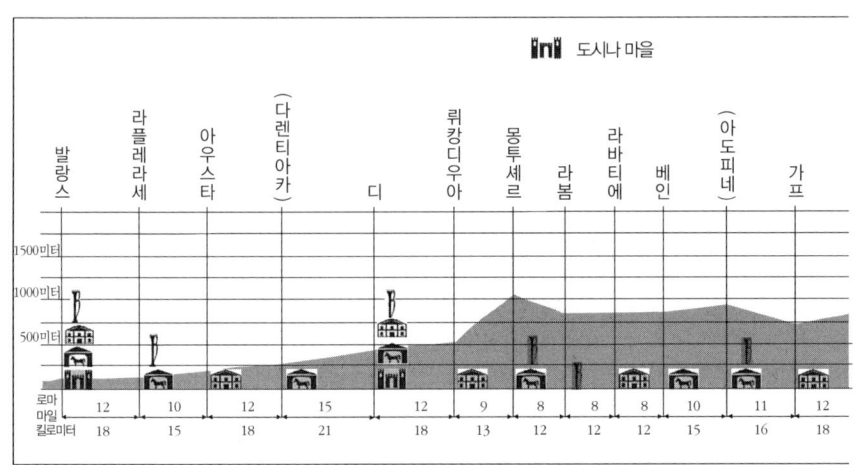

알프스를 넘는 로마 가도 연변의 여러 시설(발랑스에서 토리노까지)

    성문을 본뜬 그림은 도시나 마을을 나타낸다. 마구간 그림은 말을 교환하거나 마차를 수리할 수 있는 시설이 갖추어져 있는 곳을 나타낸다. 현대의 고속도로로 치면 자동차 정비소를 갖춘 주유소겠지만, 로마 시대에는 '스타티오네스'(스테이션의 어원)라고 불렸다. 집 그림은 숙박시설이 있는 곳을 나타낸다. 이곳을 '만시오네스'(맨션의 어원)라고 불렸다. 포도주병 그림은 식사를 할 수 있는 곳을 나타낸다. 오늘날의 고속도로로 치면 휴게소겠지만, 로마 시대에는 '타베르나'라고 불렸다. 탁자에 앉아 간단히 식사를 할 수 있는 곳이니까, 간이식당이나 경양식 레스토랑이라고 불러도 좋다.

    프랑스의 발랑스와 이탈리아의 토리노는 로마 시대에는 중간 규모의 도시였으니까 각종 시설이 갖추어져 있는 것은 당연하지만, 프랑스의 디와 이탈리아의 수사에 같은 수준의 설비가 갖추어진 것은 로마인이 알프스에 로마식 가도를 뚫어 이탈리아와 갈리아 사이의 길을 고속도로화한 뒤였다. 도면을 보아도 알 수 있듯이, 여기서부터 드디

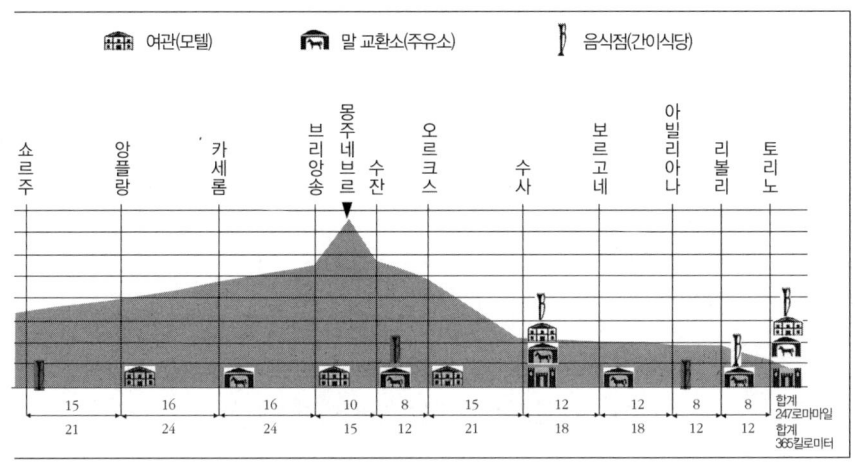

어 알프스산맥으로 접어들기 때문이다.

어느 정도의 거리를 두고 어떤 시설이 갖추어져 있었는가를 보여주는 도면은 발랑스와 토리노 사이의 이 구간뿐이다. 연구자들도 다른 구간에 대한 도면은 만들지 않았다. 하지만 알프스를 넘는 로마 가도는 이것만이 아니었다. 가도를 복선화하고 네트워크화하는 것이 로마인의 특징이었다는 점을 상기해주기 바란다. 따라서 알프스를 넘는 다른 로마 가도에도 대충 이런 식으로 각종 편의시설이 완비되어 있었다고 생각해도 좋다.

알프스산맥은 로마 제국의 본국인 이탈리아반도의 북쪽을 빙 둘러싸고 있다. 오늘날에는 서쪽에서 동쪽으로 프랑스·스위스·오스트리아·슬로베니아와 이탈리아의 국경이 되어 있지만, 고대에는 이 나라들이 모두 로마 제국 영토였기 때문에 로마의 간선도로는 당연히 알프스산맥을 넘어 서쪽이나 북쪽이나 동쪽으로 뻗어 있었다. 이 가도들을 서쪽부터 차례로 더듬어가면 다음과 같다.

제노바에서 해안을 따라 알프스산맥을 넘어 남프랑스로 빠지는 가도. 이 길은 계속 뻗어나가 피레네산맥을 넘어 에스파냐로 들어간다.

토리노에서 알프스산맥을 넘어 론강 연안의 발랑스에 이른 다음, 거기서 북상해 리옹으로 가는 가도.

토리노 북쪽의 아오스타에서 서쪽으로 알프스산맥을 넘은 다음, 그르노블을 지나 갈리아 중부로 빠지는 가도.

아오스타에서 북쪽으로 알프스산맥을 넘어 레만호에 이른 다음, 제네바를 거쳐 갈리아로 가는 가도.

알프스를 넘어 서쪽으로 가는 간선도로만 해도 이렇게 네 개나 된다.

라인강과 도나우강의 최전선으로 이어지는 간선도로는 여섯 개나 되는데, 그 가운데 무려 네 개가 알프스산맥을 넘는 길이었다.

레만호에 이른 뒤 계속 북상해 라인강 상류로 가서 스트라스부르를 지나 마인츠 · 본 · 쾰른 등 국경의 최전선 기지로 가는 가도.

밀라노에서 북상해 코모호에 이른 다음, 북쪽의 보덴호 연안을 지나 아우크스부르크와 레겐스부르크로 가는 가도. 도나우강에 면해 있는 레겐스부르크는 로마 시대에는 카스트라 레기나라고 불렸고, 이곳과 라인강 연안의 군단기지 마인츠는 '게르마니아 방벽'(Limes Germanicus)으로 이어져 있었기 때문에 전략적으로 중요한 지점이었다.

베로나를 기점으로 알프스를 넘는 가도는 베로나에서 북상해 트렌토에 이른 다음 거기서 알프스산맥으로 들어간다. 그리고 인스부르크와 잘츠부르크를 지나 도나우강 연변의 전선 기지에 이르렀다.

바다 위의 도시 베네치아는 로마 제국 말기에 야만족의 침입을 피

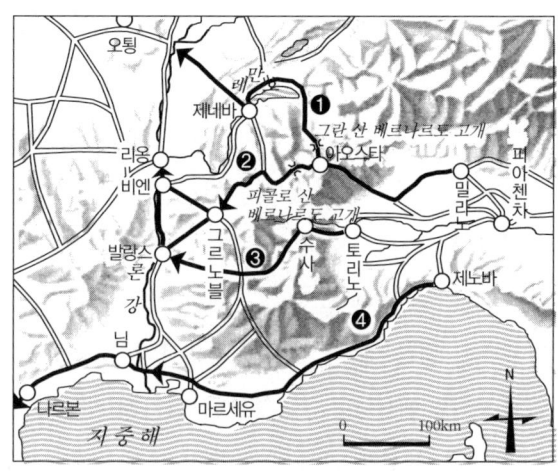

알프스를 넘어 갈리아 방면으로 가는 4개의 루트

해 생겨난 도시이기 때문에, 고대 로마 시대에는 존재하지 않았다. 로마 시대의 이탈리아 북동부의 주요 도시는 나중에 베네치아가 탄생한 석호 안쪽의 육지에 있었던 아퀼레이아다. 제국의 최전선인 도나우강을 향해 알프스를 넘는 가도는 이 아퀼레이아를 기점으로 삼았다. 이탈리아를 떠나 알프스를 넘으면, 빈과 부다페스트 등 로마 제국의 가장 중요한 방위선을 지키는 군단기지는 모두 도나우강 연변에 자리 잡고 있었다. 라인강과 마찬가지로 도나우강도 항상 군함대가 순찰을 돌고 있었다.

위에서 말한 현대 유럽 각국의 도시들은 모두 알프스를 넘는 '고속도로'를 내기로 결정하고 실행한 로마인에 의해 도시화되어 오늘에 이르렀다.

언젠가 나는 휴양을 위해 코모호반의 호텔에서 며칠을 보낸 적이 있다. 휴양이니까 원고는 물론 일과 관련된 책도 가져가지 않았다. 코

가도를 이용한 사람들 111

모호는 풍광이 아름다운 휴양지로, 남쪽의 카프리섬과 더불어 국제적으로도 유명한 곳이다. 나는 사람들이 즐겨 찾는 곳이나 호텔을 피해, 눈앞에 호수만 보이는 한적한 곳에 머물고 있었다.

하지만 몸은 쉬고 있어도 머리는 계속 움직이는 것이 내 직업의 불행한 점이어서, 저녁 안개로 부옇게 흐려진 알프스의 산들을 배경으로 잔물결 하나 일지 않는 호수를 바라보고 있는 동안, 로마인이 알프스를 넘을 때 이 호수를 이용하지 않았을 리가 없다는 생각이 들었다. 당장 배를 타고 코모로 건너가서 도서관에 들렀다. 그리고 다음과 같은 사실을 알아냈다. 촌락에 불과했던 코모가 도시화된 것은 고대 로마 시대였다는 것. 로마인은 코모호를 둘러싼 가파른 비탈을 깎아서 가도를 놓기보다 호수에 항상 배를 준비해놓고 그것으로 현대의 이탈리아와 스위스를 연결했다는 것. 선단을 상비하도록 결정한 최초의 로마인은 율리우스 카이사르였다는 것. 코모호에서 선단이 사라진 것은 제국 말기에 침입한 야만족이 불태워버렸기 때문이라는 것.

코모호를 이런 식으로 활용했다면, 레만호나 그 밖의 호수도 활용되었을 게 분명하다. 알프스산맥이라는 말을 들으면 우리는 알피니스트가 기어오르는 깎아지른 암벽과 높은 봉우리를 떠올리지만, 알프스산맥에는 인간에게 열려 있는 곳이 많다. 골짜기나 호수를 지나는 길을 따라가면, 사람이나 자동차도 의외로 쉽게 다닐 수 있다. 한니발은 코끼리를 데리고 넘었을 정도다. 다만 로마인은 계절이나 날씨 같은 자연 조건에 좌우되지 않고 언제든지 사용할 수 있는 길을 놓으려고 했다. 그들이 이런 길을 놓으려 한 이유를 이해하려면 '합리성'이라는 문제를 생각하면 된다. 무엇을 어떻게 하는 게 합리적인가. 자기가 가진 힘을 최대한으로 활용하기 위해 기능성과 효율성을 향상시키려고 애쓴 민족은 고대에는 오직 로마인뿐이었다. 기능성과 효율성을 높이려면 무엇보다 우선 합리적이어야 한다. 그것이 기본 조건이다. 발랑스와 토리노 사이를 잇는 로마 시대의 '고속도로'에도 모든 설비가 정말 합리적으로 배치되어 있었다.

현명한 사람은 역사에서 배우고 어리석은 자는 경험에서 배운다는 격언이 있다지만, 나는 역사와 경험 양쪽에서 배우지 않으면 정말로 배우는 게 아니라고 생각한다. 역사는 지식이지만, 그것을 피가 통하는 산지식으로 만들어주는 것은 경험이라고 생각하기 때문이다.

3년 전에 도나우강 연안을 답사했을 때의 일이다. 로마에서 불가리아의 수도 소피아까지는 비행기를 이용했다. 거기서부터는 운전사가 딸린 차를 빌려 북쪽의 도나우강으로 갔다. 이 대하의 흐름을 거슬러 빈까지 답사하는 것이 목적이었다. 베오그라드와 부다페스트를 거쳐 빈으로 이어지는 이 일대야말로 로마 제국의 가장 중요한 전선이었기 때문이다.

현지답사는 순조롭게 진행되었지만, 원래는 빈에서 차를 돌려보내고 로마까지 비행기로 돌아올 작정이었는데, 공항에서 기다리는 동안 마음이 바뀌었다. 빈에서 로마까지 직행열차가 다닌다는 것을 생각해냈기 때문이다. 그래서 하늘 여행을 땅 여행으로 바꾸었는데, 오스트리아의 수도 빈에서 이탈리아 북동부 끝에 자리잡고 있는 트리에스테까지 오는 시간과 트리에스테에서 이탈리아 수도 로마까지 오는 시간이 거의 같았다. 이 경험을 통해 나는 도나우강 방위선이 로마 제국에 얼마나 중요했는가를 절실히 느꼈다. 최전선에서 본국 이탈리아까지의 거리가 이렇게 가까운가. 야만족이 도나우강 방위선을 돌파했다는 소식을 들은 황제가 직접 군대를 지휘해 야만족을 물리치기 위해 로마를 떠나 빈으로 달려간 것도 당연하다는 생각이 들었다. 당시에는 철도가 존재하지 않았다. 하지만 로마식으로 완전히 포장된 간선도로가 도나우강에서 알프스산맥을 넘어 로마까지 뚫려 있었다. 이 고대의 '고속도로'는 로마군이 북상하는 데에도 편리했지만, 야만족이 남하하는 데에도 편리했다. 이때의 황제인 마르쿠스 아우렐리우스는 야만족을 맞아 싸우다가 빈에서 죽는다. 비행기를 타고 빈에서 로마까지 단번에 휙 날아갔다면, 그 시대 로마인의 생각에 바싹 다가가지는 못했을 것이다.

알프스산맥을 넘어 뻗어 있는 제국의 동맥인 가도망에 대해 이야기할 경우, 잊어서는 안 될 것이 또 하나 있다. 산속을 지나는 길인데도 여행길에 산적의 습격을 받을 걱정은 하지 않아도 되었다는 점이다. 로마 제국이 쇠퇴의 내리막길을 걸은 서기 4세기 이후에는 어땠는지 단언할 수 없지만, 로마 제국이 충분히 기능을 발휘하고 있었던 2세기까지는 가도의 치안이 완벽하게 유지되었기 때문이다.

'팍스 로마나'는 로마인이 실현한 가장 중요한 인프라였다고 나는 생각한다. '팍스 로마나'는 결코 적국이나 야만족의 습격에서 로마 제국을 지키는 것만은 아니었다. '로마에 의한 평화'는 세 종류로 나누어 생각할 수 있다.

첫째, 국경 밖의 적으로부터 로마 제국과 거기에 사는 사람들을 지키는 것. 이 책의 면지에 특별히 인쇄한 로마 제국 전도(全圖)를 봐주기 바란다. 로마의 안전보장을 담당하는 로마 군단의 기지는 국경선에 배치되어 있거나 아니면 국경선으로 쉽게 달려갈 수 있는 곳에 자리 잡고 있다. 변경에 근무하는 병사들이 로마군의 주력이었다고 말할 수 있을 정도다.

둘째, 제국의 내분을 수습하는 것. 국내 분쟁도 수습할 수 있어야만 비로소 '팍스 로마나'가 확립된다고 로마인 자신이 생각하고 있었다. 로마는 제정으로 바뀌기 오래전부터 이미 다민족·다종교·다문화 국가였다. 로마 제국의 백성 중에는 터번을 두른 동양 사람도 있었고, 장발을 세 가닥으로 땋아 늘인 갈리아인도 있었다. 이렇게 다양한 민족과 문화의 복합체를, 로마의 위정자들은 안전보장, 가도망, 우편제도, 수도와 공중 목욕장 정비, 위생 중시, 로마법 등의 '문명'을 보급하는 동시에 각 민족의 고유한 '문화'를 용인하는 방식으로 통치했다. 민족 간 분쟁을 막는 것은 '팍스 로마나'의 중요한 요건이었다. 옛날의 로마 제국 영토에서 21세기인 오늘날 분쟁이 끊이지 않는 지역으로는 팔레스타인과 코소보, 마케도니아 등을 들 수 있다. 민족자결을 외치고 있는 오늘날, 민족 간 분쟁 해결은 점점 멀어지고 있는지도 모른다.

'팍스 로마나'의 세 번째 요소는 치안이었다. 이것은 로마인의 현실적 성향을 무엇보다 잘 나타내고 있다. 국경 방위는 군단의 임무고 국내를 안정시키는 것이 정부의 임무라면, 치안은 경찰의 임무다. 공공의 안전을 보장하는 경찰제도를 창설한 것은 초대 황제인 아우구스투스지만, 이것을 제국 규모로 확대하고 더욱 철저히 보강한 것은 제2대 황제인 티베리우스였다. 이 사람은 질서가 없는 곳에는 자유도 없다고 확신한 것 같다. 치안은 외적을 막는 것 못지않게 중요한 인프라임을 알고 있었던 게 분명하다.

실제로 각종 시설이 완비된 도로나 다리를 아무리 많이 만들어도 산적이 두려우면, 여행을 떠나고 싶어도 떠날 수가 없다. 시내에서도 혼자 돌아다니기가 불안하면 경제가 활력을 잃어버린다. 우편제도도 도중에 우편물이 도둑맞지 않는다는 믿음이 있어야만 활용된다. 로마 제국의 사형수는 원형경기장으로 끌려나가 기둥에 묶인 채, 산 채로 맹수의 먹이가 되었다. 네로 황제 시대를 제외하면, 서기 3세기 후반까지 로마 제국에서 이런 극형에 처해진 것은 기독교도가 아니라 산적이나 해적의 두목이었다. 내가 『로마인 이야기』 제9권에서 하드리아누스 황제의 순행에 대해 쓸 때 진심으로 감탄한 것은 그 순행의 규모만이 아니었다. 최고권력자인 황제가 군대도 거느리지 않고, 아무리 제국 영내라고는 하지만 이렇게 여기저기를 여행하고 다닐 수 있었다는 게 더욱 놀랍고 감탄스러웠다.

사료를 읽을 때는 거기에 기록되어 있는 것만이 아니라 그 이상의 것까지 간파해야 한다. 그렇지 않으면 정말로 사료를 읽었다고 말할 수 없다. 하드리아누스 황제의 순행을 기술한 연대기 작가는 황제가 여행하는 동안의 안전에 대해서는 한마디도 하지 않았다. 하지만 군대의 보호를 받으며 여행하지 않은 것은 분명하다. 또한 안토니누스 피우스 황제의 치세에 대해, 이 황제의 동시대인은 특기할 만한 게 없다고 기록했다. 특기할 만한 일이 없다는 것은 만사가 만족스러울 만큼 잘 돌아가고 있었다는 증거가 아닐까. 연대기 작가는 당시의 '신문기자'였고, 개가 사람을 물면 기삿거리가 안되지만 사람이 개를 물면 기삿거리가 된다고 생각하는 게 신문기자다. 치안이 보장되지 않아도, 보디가드를 고용할 수 있는 사람이라면 피해를 볼 염려가 없다. 하지만 보디가드를 고용할 수 있는 사람은 권력이나 돈을 가진 사람뿐이다. 치안은 스스로 신변 안전을 확보할 수단이 없는 일반 시민의 안전까지 보장해주는 것이다. 경비원을 고용하거나 주민들끼리 자경단을 조직하는 사태는 국가가 제대로 기능을 발휘하지 못하게 되었음을 보여주는 바로미터다.

로마 제국이 멸망한 이후를 암흑의 중세라고 부르는 것은 '팍스 로마나'가 사라졌기 때문이다. 중세는 외적에 대한 방위, 종교와 민족의 분쟁 방지, 그리고 치안 보장이 모두 와해되어버린 시대였다. 팍스 로마나라는 한마디로 총칭되던 질서가 무너진 시대였다. 무너진 국가를 대신해 안정을 보장해줄 테니까 해마다 공물을 바치라면서 민중을 끌어모아 그들의 두목으로 군림한 것이 중세 초기의 주인공인 봉건 영주다. 이 시대에는 가도나 다리를 지날 때도 영주에게 통행료를 바쳐야 했다. 군웅이 할거하는 시대는 각지에 터를 잡고 서로 싸우는 권력자들에게는 재미있는 시대일지 모르나, 일반 사람들에게는 문명의 붕괴일 뿐이다. 로마 시대에 존재했던 인적·물적 교류의 규모와 번영을 회복하기 위해서 인류는 중세가 다 끝나가던 14세기를 기다리지 않으면 안 되었다고 말할 정도다.

이제 다시 국가가 제대로 기능을 발휘하고 있던 시대의 로마로 돌아가자.

그 시대의 여행자에 대해 이야기한 김에 오늘날 우리가 여행의 필수품으로 생각하는 지도로 화제를 바꾸어보고 싶다. 고대 로마에는 지도라는 게 존재했을까. 존재했다면 어떤 것이었을까.

지도는 정보의 집적이다. 패권국은 예외 없이 정보의 중요성을 알고 있었다. 따라서 정보를 모은 결과가 지도로 나타나든 다른 형태로 나타나든 정보 수집에 열을 올린 것은 어느 패권국가나 마찬가지지만, 그래도 역시 차이는 있다. 취합한 정보를 통치자가 독점하느냐 아니면 공개하느냐의 차이다. 고대 로마는 공화정 시대에도 제정 시대에도 이런 정보를 일관되게 공개했다. 황제가 지은 공공 건축물에 반드시 딸려 있는 회랑 벽면에는 색깔 대리석을 이용해 각 속주를 색깔로 구분한 제국 지도가 그려져 있고, 시내 서점에서도 온갖 종류의 지도가 팔리고 있었다고 한다.

지도를 라틴어로 '이티네라리움'(itinerarium)이라고 불렀다. 로마 시대의 지도에는 크게 두 가지 종류가 있었다.

하나는 'itineraria adnotata'이고, 또 하나는 'itineraria picta'다. 첫 번째 것은 '말로 설명한 지도', 두 번째 것은 '그림으로 나타낸 지도'라고 번역할 수 있다. 하지만 대다수 사람들은 두 종류 가운데 하나만 있으면 충분하다고 생각지 않았다. 지도의 목적이 서로 달랐기 때문이다. 로마인은 이 두 가지 지도의 중요성에 대해 이렇게 말하고 있다.

"군단 사령관은 방위를 담당하는 지역 전체의 정확한 지도가 없으면 군무와 공무 양쪽에 걸쳐 있는 직책을 제대로 수행할 수 없다. 군단기지, 보조부대 기지, 전선을 따라 배치된 감시용 요새 사이의 거리를 아는 것만으로는 충분치 않고, 그것들이 산재해 있는 일대의 지형까지도 잘 알고 있어야 한다. 따라서 그런 정보를 자세히 기록한 지도가 필수불가결하다.

또한 자신이 책임지고 있는 지역만이 아니라 인접한 속주, 나아가 제국 전역에 걸친 지도까지 갖추어져 있으면 가장 바람직할 것이다. 제국의 어디에서 무슨 일이 일어났는가를 보고받으면 그 일이 얼마나 중요한가를 당장 판단할 수 있고, 황제로부터 군단 이동 명령이 떨어지면 재빨리 대책을 세워 명령을 실행에 옮길 수 있기 때문이다. 그러기 위해서는 '이티네라리아 아드노타타'(말로 설명한 지도)만으로는 충분치 않고, '이티네라리아 픽타'(그림으로 나타낸 지도)까지 갖추어 둘 필요가 있다. 많은 인명을 책임지고 있는 사람에게 필수불가결한 이런 모든 정보를 머리만이 아니라 눈으로도 파악하기 위해서."

이것은 1만 명이 넘는 병력을 거느린 군단 사령관에게 지도가 갖는 중요성이지만, 일반 여행자에게도 지도가 중요한 것은 마찬가지였다.

여행자용으로 만들어진 지도 몇 가지가 2,000년 뒤인 지금까지도 남아 있다. 그 가운데 우리의 흥미를 끄는 것은 다음 두 가지다.

이것을 지도라고 불러도 좋을지는 모르겠지만, 이 은컵 4개는 여행에 가져가기 위해 제작된 것이 확실하다. 그 이유는 우선 컵의 모양이 원통형이라는 점이다. 로마 가도에는 1로마 마일(약 1.5킬로미터)마다 '이정표' 역할을 하는 돌기둥이 세워져 있었는데, 이 컵은 그 '이정표'와 같은 모양을 하고 있다. 라틴어에서는 이정표를 '밀리아리움'(Miliarium)이라고 불렀다.

두 번째 이유는 컵의 표면을 빙 둘러서 문자와 숫자가 새겨져 있다는 것이다. 라틴어 문자는 숙박시설, 말을 교환하고 마차를 수리하는

로마 시대의 여행용 은컵(도시 이름과 각 도시 사이의 거리가 새겨져 있다)

시설, 식사와 음료수를 제공하는 시설, 그리고 이 모든 서비스를 기대할 수 있는 도시를 보여주고, 로마 숫자는 그 시설들 사이의 거리를 로마 마일로 표시하고 있다. 현대의 고속도로로 치면 모텔, 자동차 정비소가 있는 주유소, 간이식당, 고속도로 연변의 도시 이름, 그리고 그 도시들 사이의 거리가 새겨져 있는 컵이라고 생각하면 된다.

땅속에서 발굴되어 오늘날까지 남아 있는 여행용 은컵에는 에스파냐 남단의 중요한 항구도시 카데스(오늘날의 카디스)에서 제국의 수도인 로마까지 가는 길에 만나는 모든 도시와 그 도시들 사이의 거리가 새겨져 있다. 이베리아반도를 북상해 피레네산맥을 넘고 남프랑스를 가로지른 다음 알프스산맥을 넘어 이탈리아로 들어간 뒤 '플라미니아 가도'를 따라 남하해 로마에 이르는 길이다. 로마 제국의 서방을 관통하는 대동맥인 이 길의 총길이는 1,850로마 마일. 킬로미터로 환산하면 2,750킬로미터가 조금 넘는다. 넘어야 할 산맥은 피레네와 알프스와 아펜니노. 건너야 할 큰 강은 에브로와 론과 포. 결코 쉽지 않은 이 길에 평균 26킬로미터마다 다양한 편의시설이 배치되어 여행자가 필요로 하는 각종 서비스를 제공했다는 사실을 이 여행용 컵은 증명해

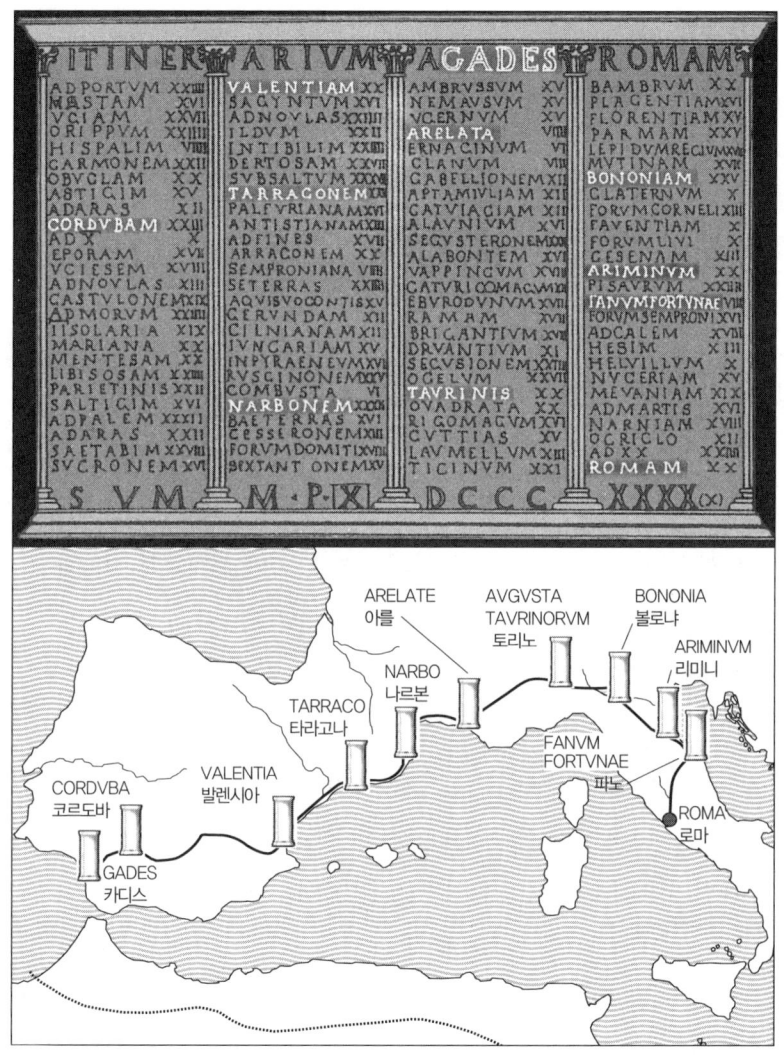

은컵 표면을 펼친 그림(위)과 카디스에서 로마까지의 가도

주고 있는 것이다.

그리고 이 컵은 에스파냐의 카데스에서 로마까지 여행하는 사람만 사용하지는 않았을 것이다. 컵에 새겨져 있는 다른 도시, 예를 들면 남프랑스의 나르본이나 북이탈리아의 토리노에서 로마로 여행하는 사람도 편리하게 이용했을 게 분명하다. 가도를 따라 늘어서 있는 '이정표'에는 그 가도의 기점에서 몇 번째 '이정표'인지가 명기되어 있었기 때문에 기점에서의 거리는 쉽게 알 수 있다. 그러나 각종 편의시설들 사이의 거리까지는 적혀 있지 않다. 그런데 이 컵에는 그런 유익한 정보가 모두 새겨져 있다. 여행자도 계획을 세우기가 쉬웠을 것이다. 얼마나 가면 무엇이 있는지를 알 수 있었기 때문이다. '만시오네스'의 매점에서 구입한 이 컵으로 물을 마시면서, 표면에 새겨진 지명과 거리를 눈으로 더듬고 있는 로마 시대 나그네의 모습을 상상하면, 절로 웃음이 나온다.

로마에서 카데스까지는 국가가 책임지고 관리하는 '공도'(viae publicae), 즉 전체가 마름돌로 완전히 포장되어 있는 간선도로를 마치 배턴 터치하듯 차례로 따라가면 된다. 하지만 무려 2,750킬로미터에 이르는 이 길도 제국 전역에 깔려 있는 8만 킬로미터의 가도에 비하면 극히 일부에 불과하다. 따라서 다른 주요 가도에 대해서도 이런 종류의 은컵이 만들어져 팔리고 있었을 거라고 추측할 수 있다. 예를 들면 로마에서 리옹을 지나 도버해협을 건너 브리타니아의 런던까지 가는 길, 로마에서 스위스를 지나 라인강 연안의 쾰른까지 가는 길, 또는 로마에서 아피아 가도를 따라 브린디시로 가서 이틀 동안 배를 타고 그리스에 상륙한 다음 그리스를 가로질러 오늘날의 이스탄불로 가는 길 등등. 로마의 '공도'에 여행자를 위한 각종 편의시설이 갖추어져 있었다는 것은 당시의 많은 사람들이 남긴 글로 입증된 사실이다. 또한 로마 시대에는 각지에서 명소와 유적을 묘사한 기념품까지 만들어져 팔리고 있었다. 지명과 거리가 새겨진 여행용 컵은 기념품보다 훨씬 유용하니까 수요도 많았을 것이다.

이런 은컵 이외에 『미슐랭 가이드』(프랑스에서 해마다 발행되는, 100년 전통의 여행·식당 안내서)의 '고대판'이 아닐까 여겨지는 지도도 있었다. 이것은 '그림으로 나타낸 지도'에 속한다.

'타불라 페우팅게리아나'(Tabula Peutingeriana)라고 불리는 지도인데, 4세기 중엽에 제작된 것을 11세기에 모사해 빈 국립도서관 소장품으로 오늘에 이르렀다. 양피지 11장을 길게 이어 맞춘 두루마리로 되어 있고, 길이가 6.75미터에 너비는 34센티미터다. 하지만 고대 지도를 모사한 중세의 복제품에서는 두루마리를 펼치면 왼쪽 끝에 있어야 할 브리타니아(오늘날의 영국)가 빠져 있다. 따라서 원작은 12장의 양피지로 이루어졌을 테고, 너비 34센티미터에 길이가 7.4미터인 두루마리 모양의 지도였을 게 분명하다. 여기에 서쪽으로는 브리타니아에서 동쪽으로는 인더스강, 북쪽으로는 발트해에서 남쪽으로는 사하라 사막에 이르는 '세계'의 정보가 그려져 있다.

로마 제국의 동쪽 경계는 유프라테스강이었으니까, 이것은 로마 세계 지도가 아니다. 하지만 페르시아를 거쳐 인더스강까지는 로마의 엘리트가 자신들의 선구자로 생각한 알렉산드로스 대왕이 답파한 땅이다. 또한 로마 제국의 거의 유일한 가상적국이었던 파르티아, 그리고 파르티아 대신 들어선 페르시아가 자리 잡고 있는 중동은 로마인이 항상 의식하지 않으면 안 될 지방이었다.

로마인이 인더스강 동쪽의 세계를 몰랐던 것은 아니다. 2세기에 이집트 알렉산드리아에서 연구 활동을 한 클라우디우스 프톨레마이오스라는 지리학자는 로마 시대의 그리스 사람인데, 그때 이미 현대인이 생각하는 것과 같은 유형의 세계 지도를 만들었다. 세계에서 가장 오래된 이 지도에는 라틴어로 지명이 적혀 있고, 브리타니아에서 중국까지의 세계가 그려져 있다. 로마인이 몰랐던 것은 아프리카 대륙 중부와 남부, 오스트레일리아, 극동의 한국과 일본, 동남아시아, 아메리카 대륙이었다.

이야기를 '타불라 페우팅게리아나'로 다시 돌리면, 이 지도가 프톨레마이오스의 지도와 가장 다른 점은, 정확성을 희생하고 실제 모양을 '데포르메'(déformer)해서라도 여행자에게 유용한 정보를 되도록 많이 집어넣으려 했다는 점이다. 교통량이 많은 이탈리아반도에 넓은 지면을 할애한 반면, 지중해는 초록색 띠로만 그려져 있을 뿐이다. 위도와 경도에 충실하려 한 프톨레마이오스의 지도는 그런 유형의 지도에 익숙한 우리가 이해하는 데 별 어려움이 없지만, '페우팅게리아나' 지도를 이해하려면 어느 정도 익숙해지는 과정이 필요하다. 이런 유형의 지도는 정확한 지리를 가르치는 것이 아니라 여행에 유용한 정보를 제공하는 것이 목적이었다.

로마 시대에는 아마 프톨레마이오스식 지도와 '페우팅게리아나'식 지도, 앞에서 말한 여행용 은컵, 그리고 문자만 적힌 '이티네라리아 아드노타타'식 지도가 함께 이용되었을 것이다. 누구나 볼 수 있는 회랑 벽면에 색깔 대리석을 이용해 그려진 로마 제국 전도는 프톨레마이오

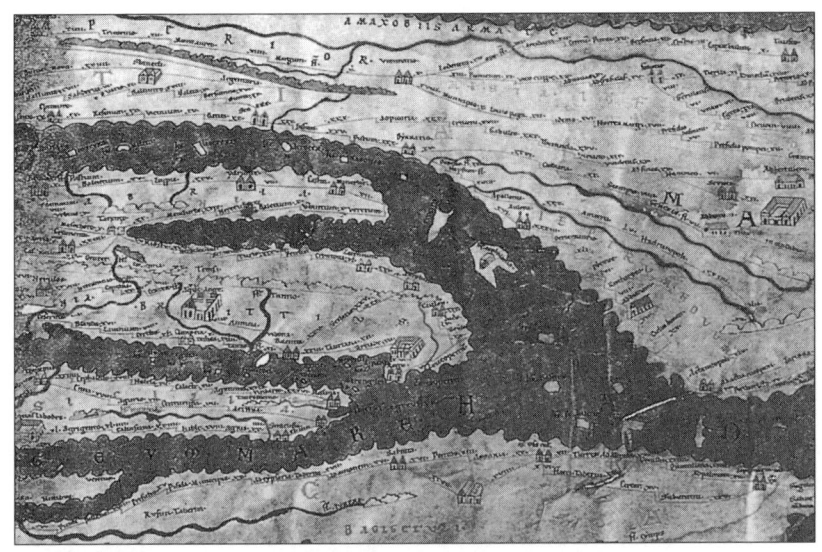
'타불라 페우팅게리아나'의 부분(왼쪽에 보이는 것이 이탈리아반도의 남부)

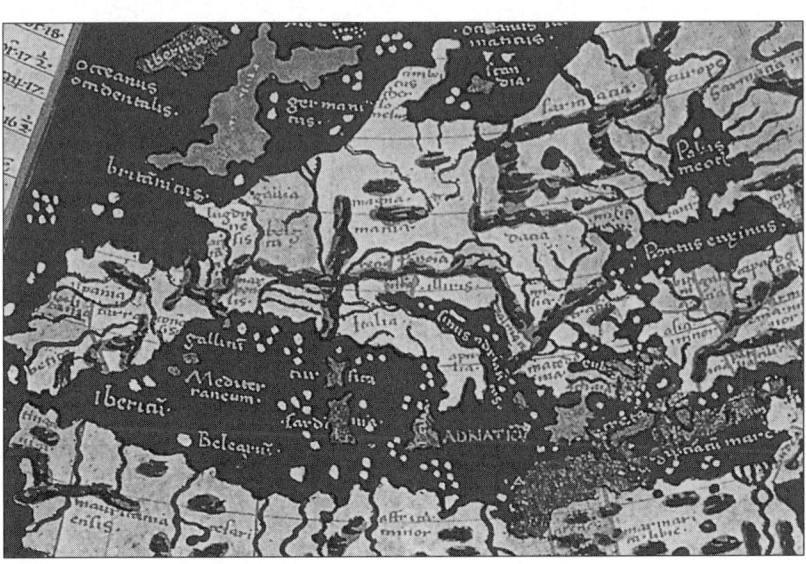
프톨레마이오스 지도의 한 예(유럽과 그 주변)

스식 지도였을 것이다. 군단 사령관이 갖고 있었던 지도는 프톨레마이오스식 지도와 문자만 적힌 지도, 일반 여행자는 컵 모양의 지도와 '페우팅게리아나'식 지도를 이용했을 것이다. 그리고 이런 지도들은 시내 서점만이 아니라 가도 연변의 '만시오네스'나 '스타티오네스'에서도 누구나 언제든지 살 수 있었다.

내가 그리스나 카르타고나 로마의 화폐(금화·은화·동전)를 구입하는 것은 화폐 수집을 취미로 삼고 있기 때문이 아니다. 앞면과 뒷면을 찬찬히 바라보고 손으로 만지면서, 이게 몇 닢이면 병사의 연봉이 될까, 또는 이것 한 닢으로 밀을 몇 되나 살 수 있을까, 그런 것을 생각하려고 산다. 그리고 화폐의 만듦새에서 그리스인이나 카르타고인이나 로마인의 성향을 생각하기도 한다. 그리스나 카르타고의 화폐에는 문자가 거의 새겨져 있지 않지만, 로마 화폐는 황제의 선전물로도 활용되었기 때문에 황제의 옆얼굴을 문자가 빙 둘러싸고 있다. 화폐는 제1급 사료다.

따라서 로마 시대의 여행용 컵 모조품이라도 판매된다면 주저없이 샀을 것이다. 하지만 아무도 모조해주지 않으니까, 로마국립미술관에 가서 전시용 케이스의 유리 너머로 바라볼 수밖에 없다. 하지만 로마 시대의 지도 모조품은 살 수 있었다.

'타불라 페우팅게리아나' 자체가 로마 시대 지도를 모사한 것이니까, 내가 갖고 있는 것은 모조품의 모조품이다. 그래도 빈 국립도서

관에 소장되어 있는 모조품 제1세대와 별 차이가 없다. 용지가 양피지에서 보통 종이로 바뀌었을 뿐, 길이도 너비도 원래 작품과 똑같다. 게다가 로마 시대의 여행자가 실제로 사용한 것처럼 송아지 가죽을 바른 상자에 담겨 있고, 지도 양쪽 끝은 두 개의 둥근 막대기로 고정되어 있어서 그 막대기를 두 손으로 굴려 필요한 부분을 보도록 되어 있다. 지도만 모사한 것이라면 별로 비싸지 않았겠지만, 이것을 구입한 20년 전에 당시 환율로 10만 엔이 넘는 돈을 치른 것은 고급 송아지 가죽을 바른 상자에 담겨 있었기 때문일 것이다. 상자 안에는 지도 내용을 설명한 책도 들어 있는데, 그 책의 표지도 가죽으로 장정되어 있다. 모조품에 이렇게까지 공을 들인 것은 우선 그것을 살 사람이 별로 없을 거라고 예상했기 때문일 것이다. 이런 물건은 유별난 것을 어지간히 좋아하는 사람이 아니면 사지 않는다. 두 번째는 좀더 훌륭한 이유인데, 고대 로마의 유복한 여행자가 실제로 사용한 상태를 재현하기 위해서다. 사실 20년 동안 자주 꺼내서 둥근 막대기를 굴리고 있으면, 나도 로마 시대의 상류층 여행자가 된 기분이 들곤 했다.

그러면 지도는 이 책에 실린 사진으로 봐주시고, 거기에 대한 내 생각을 몇 가지 적어보겠다.

서쪽으로는 브리타니아에서 동쪽으로는 인도까지를 포괄한 지도라고 하지만(어쨌든 오늘날의 스리랑카인 실론섬까지 그려져 있다), 자세히 그려져 있는 것은 역시 브리타니아에서 유프라테스강까지였다는 점을 염두에 둘 필요가 있다. 정확하고 상세한 정보는 로마 제국의 영역에 한정되어 있었다는 뜻이다. 지도에서 동쪽 끝에 있는 인더스강 부근에는 이런 글이 적혀 있어서 웃음을 자아낸다.

"이곳은 알렉산드로스가, 알렉산드로스야 어디까지 가느냐, 하는 신탁을 들은 땅"

동방을 원정하고 있던 알렉산드로스 대왕이 이 신탁 때문인지 아닌지는 모르지만, 어쨌든 원정을 중단하고 서쪽으로 발길을 돌린 지점이 인더스강이었기 때문이다. 이 유명한 고사도 이런 식으로 표현하면 익살스러워진다.

로마 시대의 지도 제작자는 유명한 고사라면 뭐든지 지도에 적어넣어야 한다고 생각했는지, 구약성서에 나오는 고사도 다루어져 있다. 시나이반도 부분에는 이런 글이 적혀 있다.

"이 일대는 이스라엘 자손들이 모세에게 이끌려 40년 동안이나 헤매 다닌 사막"

시나이산에는 "이 산꼭대기에서 모세가 신으로부터 십계명을 받았다"는 글이 적혀 있다.

이런 설명은 읽기만 해도 유쾌해지지만, 로마 제국 변경에서 중심으로 다가갈수록 이런 기록은 차츰 모습을 감춘다. 역사상의 유명한 고사가 적어서가 아니라, 실제로 여행할 때 필요한 정보가 많아져서 그것을 써넣기 위해 고사를 기입할 여백이 없어졌기 때문이다. 이런 지도의 구입자가 로마 제국을 여행하는 사람이었기 때문일 것이다.

'타불라 페우팅게리아나' 지도의 특색은 필요한 정보가 대부분 기호화되어 있다는 점이다.

바다는 초록색 면, 하천은 초록색 곡선, 산맥은 연속된 갈색 산 모양, 숲은 연속된 나무 모양으로 표현되어 있다. 여기까지는 평범하지만, 다른 것은 완전히 만화 같아서 유쾌하다.

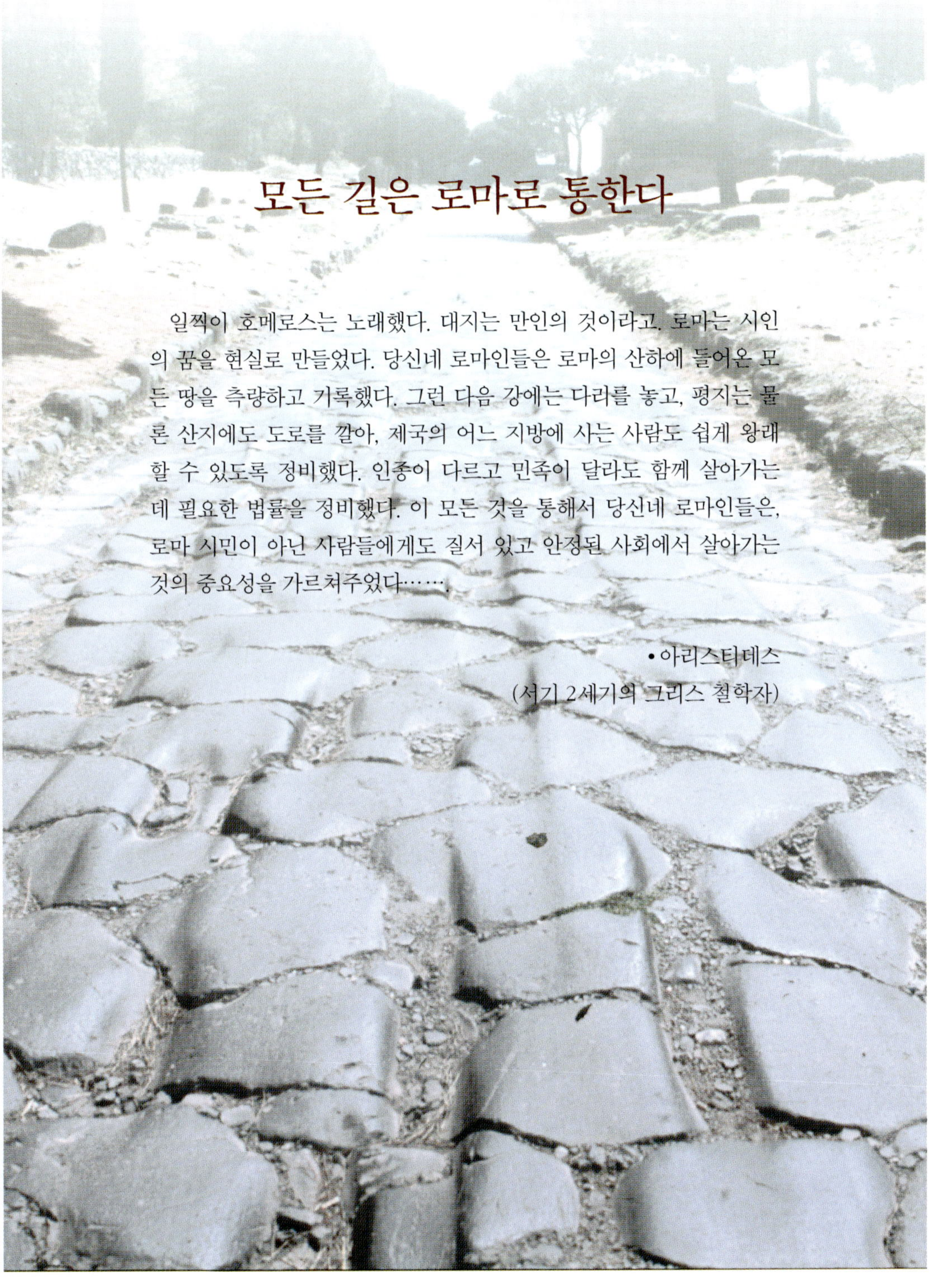

모든 길은 로마로 통한다

　일찍이 호메로스는 노래했다. 대지는 만인의 것이라고. 로마는 시인의 꿈을 현실로 만들었다. 당신네 로마인들은 로마의 산하에 들어온 모든 땅을 측량하고 기록했다. 그런 다음 강에는 다리를 놓고, 평지는 물론 산지에도 도로를 깔아, 제국의 어느 지방에 사는 사람도 쉽게 왕래할 수 있도록 정비했다. 인종이 다르고 민족이 달라도 함께 살아가는 데 필요한 법률을 정비했다. 이 모든 것을 통해서 당신네 로마인들은, 로마 시민이 아닌 사람들에게도 질서 있고 안정된 사회에서 살아가는 것의 중요성을 가르쳐주었다……

　　　　　　　　　　　　　　　　　　　　　•아리스티데스
　　　　　　　　　　　　　　　　　　(서기 2세기의 그리스 철학자)

각지에 건설된 '로마 가도'

아피아 가도

폼페이 유적의 도로들

사이로 수레바퀴가 지나갈 수 있도록 설계되어 있다.

비가 올 때 발이 진창에 빠지지 않도록 하기 위해 만들어진 디딤돌

세베리아누스 가도(오스티아 부근)

안티오키아(시리아)

로마 가도 건설 상상도

폼페이 유적의 도로

각지에 건설된 '수도'

클라우디아 새 아니오 수도

카르타고 수도의 수원지 가운데 하나인
자구앙(튀니지)

튀니스의 수도교(튀니지)

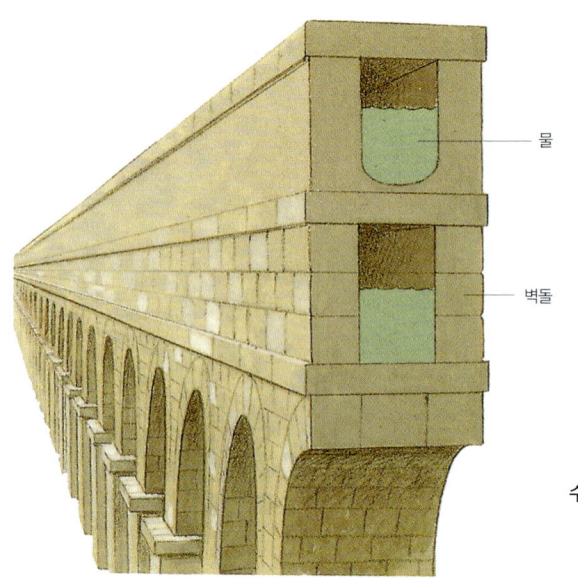

— 물

— 벽돌

수도교 단면도

클라우디아 수도교

토마르의 수도교(포르투갈)

'타불라 페우팅게리아나'의 일부.
발칸반도에서 오늘날의
리비아 부근까지 묘사되어 있다.

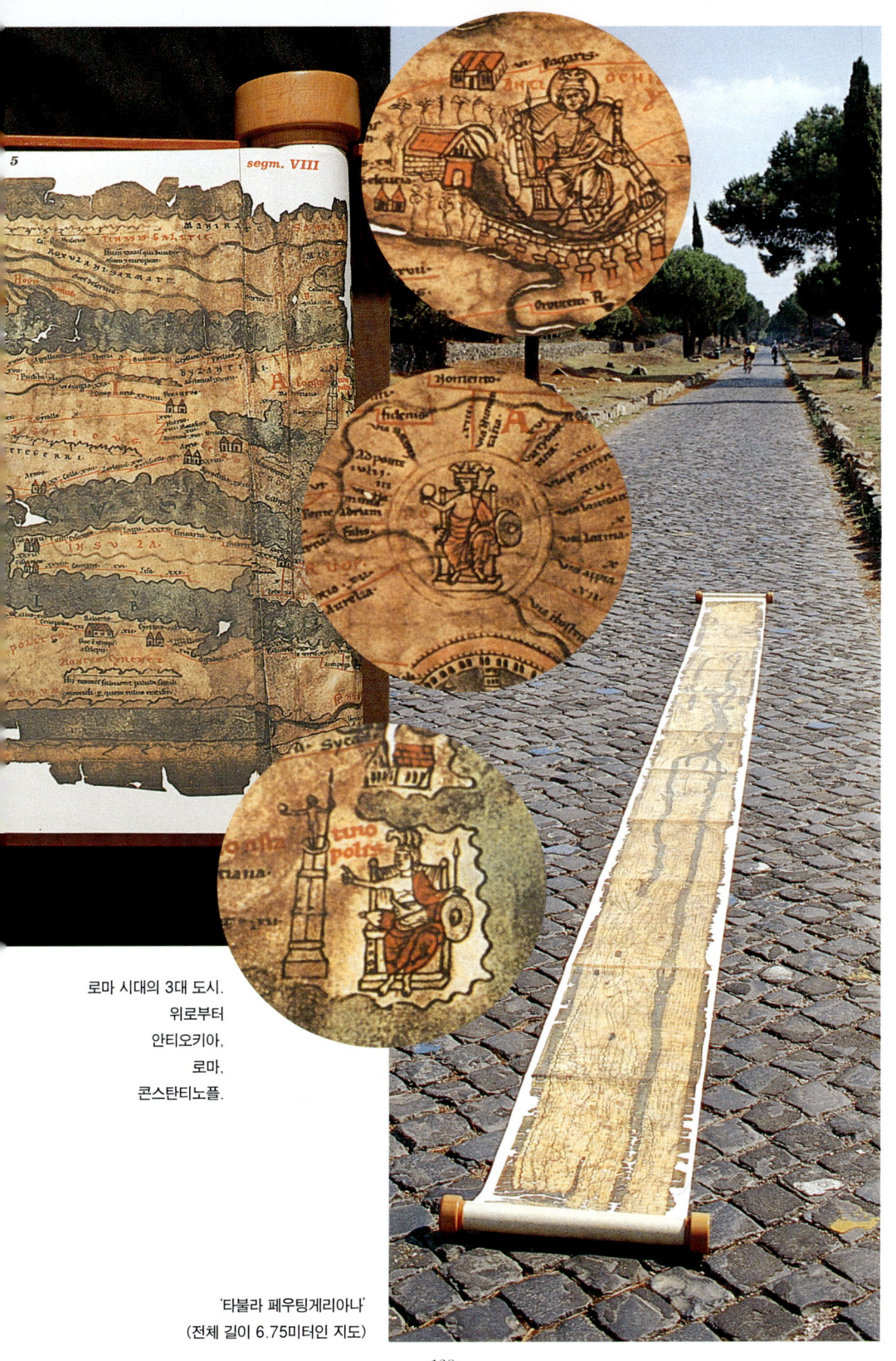

로마 시대의 3대 도시.
위로부터
안티오키아,
로마,
콘스탄티노플.

'타불라 페우팅게리아나'
(전체 길이 6.75미터인 지도)

로마 시대의 본국 이탈리아 가도망(제정 시대)

오늘날의 이탈리아(2000년)

이탈리아의 유적

하드리아누스 황제의 별장(티볼리)

원형투기장(포추올리)

극장 유적(구비오)

트라야누스의 개선문(베네벤토)

로마 시대의 로마 근교 가도망(제정 시대)

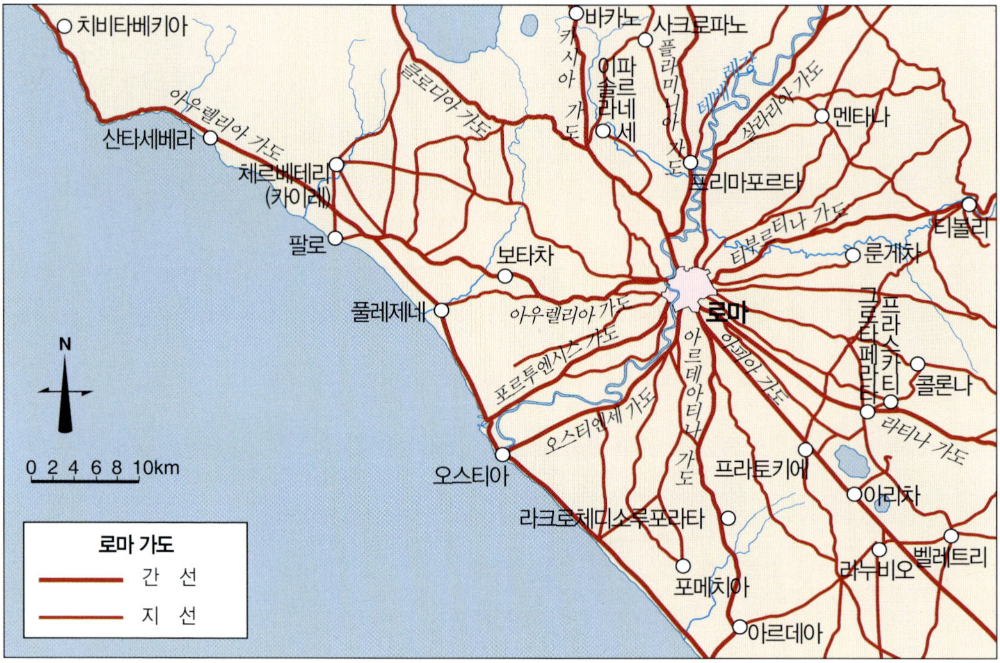

오늘날의 로마 근교(2000년)

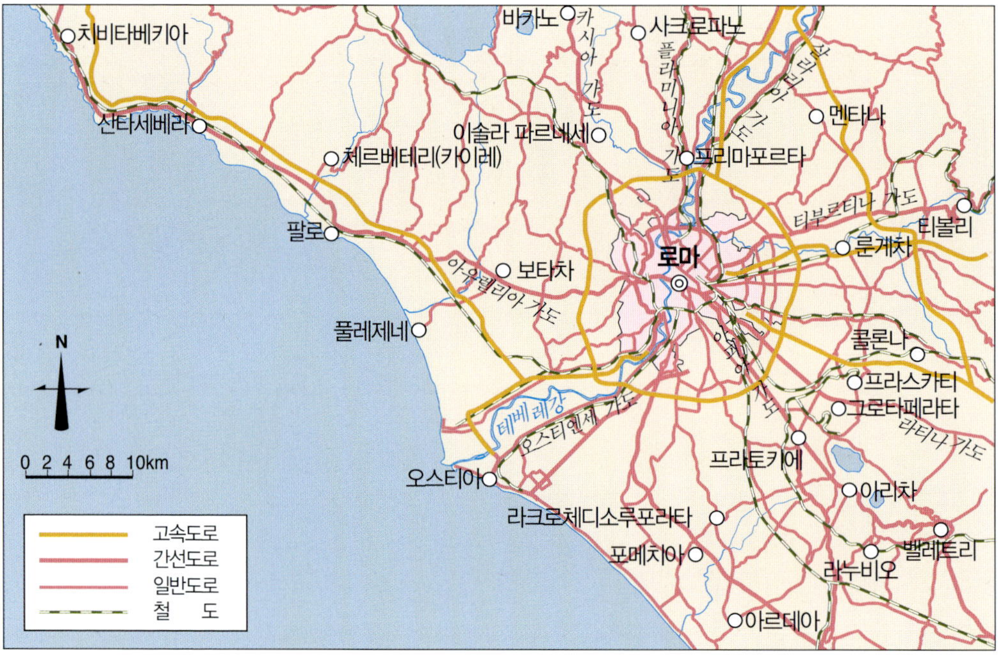

로마 시내의 유적

트레비 분수

판테온

카라칼라 목욕장 출입구

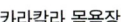
카라칼라 목욕장

카라칼라 목욕장 안의
모자이크 바닥 장식

기원전 6세기의 로마와
콘스탄티누스 황제 시대의 로마
(복원모형 · 로마문명박물관)

1. 클라우디아 수도교
2. 트라야누스 목욕장
3. 티투스 목욕장
4. 콜로세움
5. 클라우디우스 신전
6. 카라칼라 목욕장
7. 키르쿠스 막시무스
8. 이솔라 티베리나

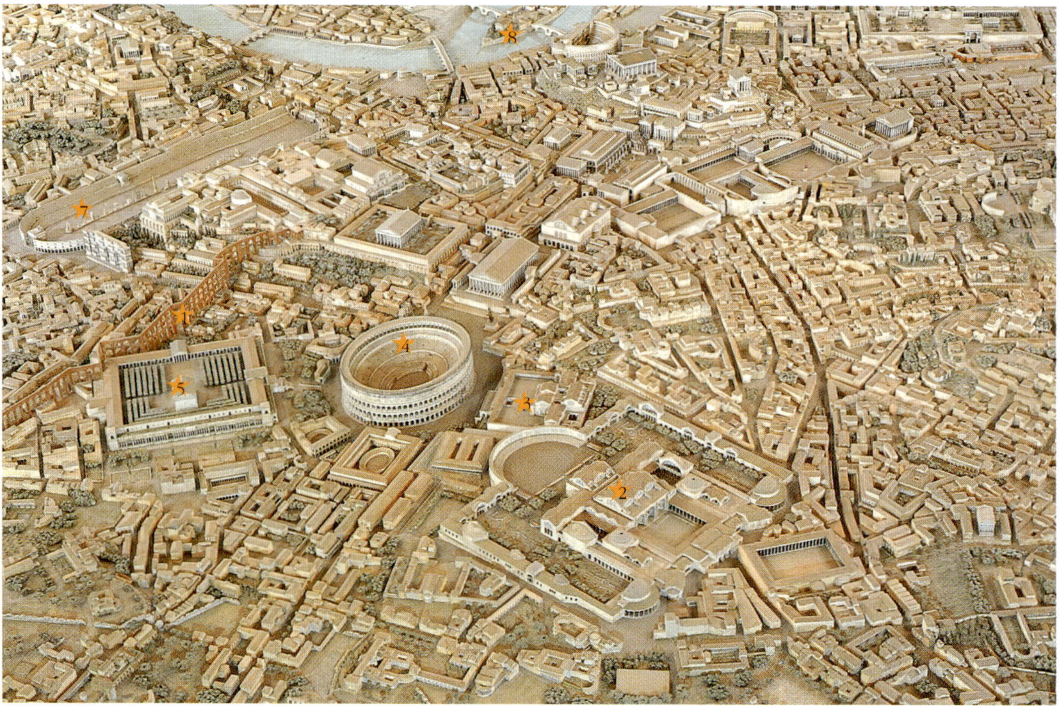

149

로마 시내의 유적과 복원모형

키르쿠스 막시무스(대경기장)의 오늘날 모습과 복원모형(아래)

포로 로마노

트라야누스 시장

콜로세움(오른쪽 위)과 클라우디아 수도교(복원모형)

마르켈루스 극장

후대의 이름은 시스토 다리.
마르쿠스 아우렐리우스 황제가 이곳에
놓은 다리는 서기 794년에 붕괴.
현재의 다리는 15세기에 건설.

테베레강

카스텔로 산탄젤로

파브리초 다리. 기원전 62년에 완공. 여러 번 복원되기는 했지만
지금도 사용되고 있는 로마 시대 다리 가운데 하나.

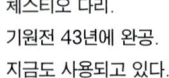

콘스탄티누스 황제 시대의 '이솔라 티베리나'(복원모형). 앞에 보이는 것은 아이밀리우스 다리(지금은 허물어진 일부만 남아 있다).

체스티오 다리.
기원전 43년에 완공.
지금도 사용되고 있다.

로마 시내의 '다리'

밀비오 다리. 기원전 109년에 완공.
지금도 사용되고 있다.

아일리우스 다리. 르네상스 시대부터는
산탄젤로 다리로 이름이 바뀌었다.
하드리아누스 황제가 착공.
안토니누스 피우스 황제가
서기 139년에 완공. 1892년에 복원.

아이밀리우스 다리 유적.
기원전 142년에 완공.
16세기 말에 붕괴해 폰테 로토
(무 진 다리)라고 불리게 되었다.

로마 시대의 나폴리 근교 가도망(제정 시대)

오늘날의 나폴리 근교(2000년)

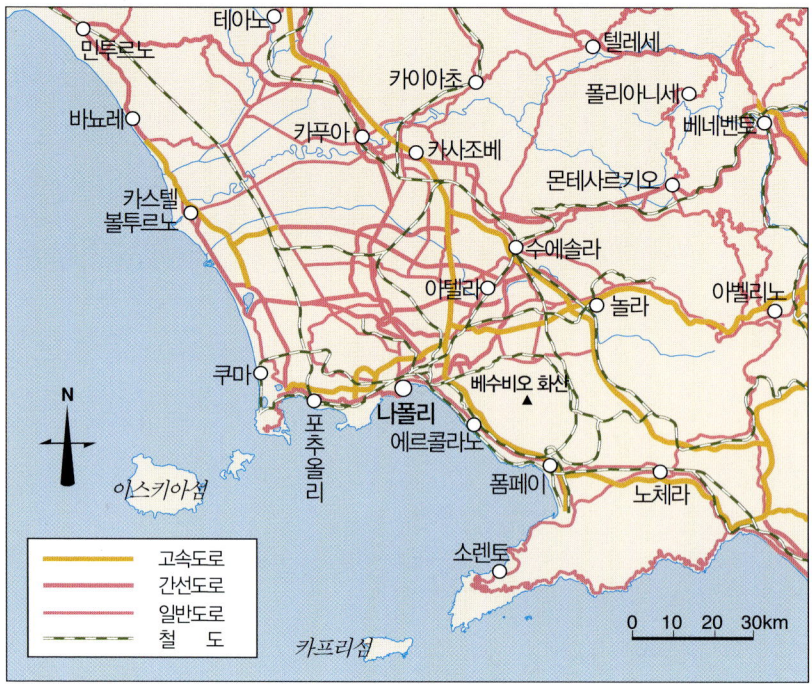

폼페이의 유적

로마 시대의 에스파냐 · 포르투갈 가도망(제정 시대)

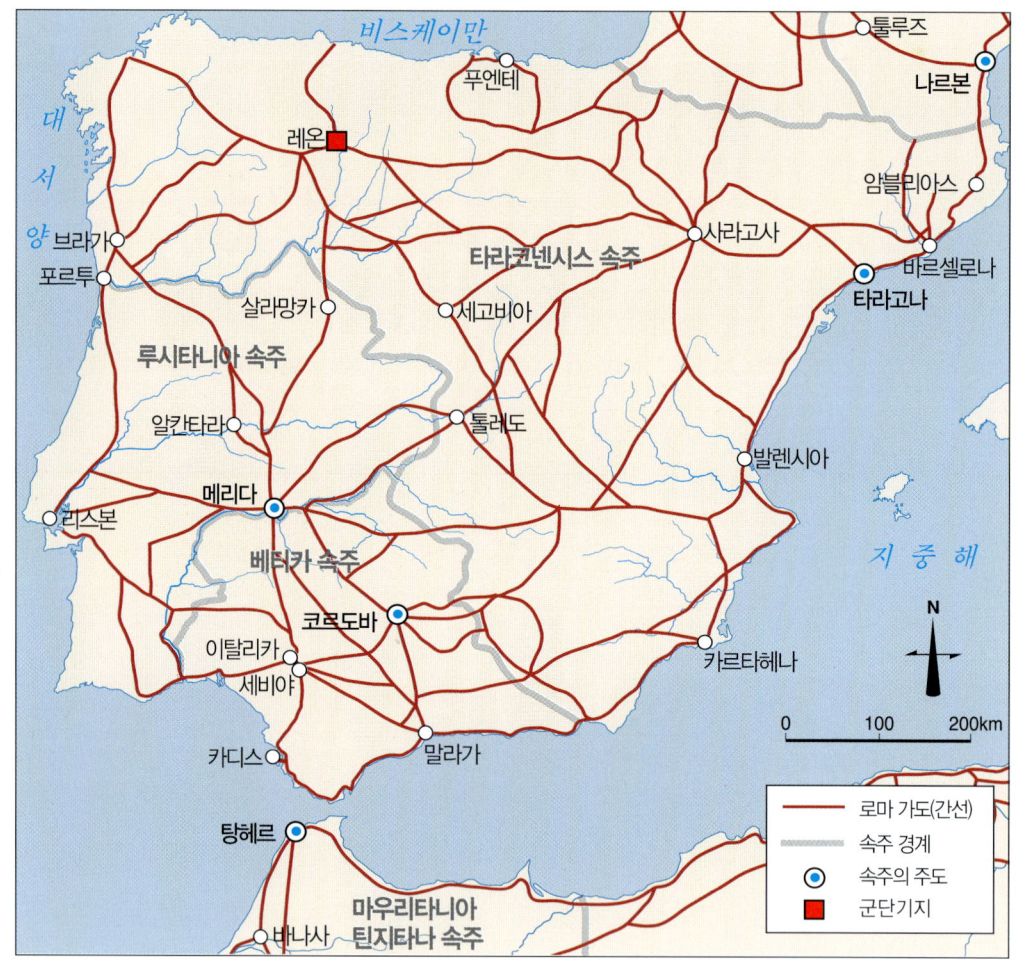

오늘날의 에스파냐·포르투갈(2000년)

에스파냐 · 포르투갈의 유적

메리다의 극장 유적(에스파냐)

이탈리카의 원형투기장(에스파냐)

에부라의 디아나 신전(포르투갈)

세고비아의 수도교(에스파냐)

로마 시대의 북아프리카 가도망(제정 시대)

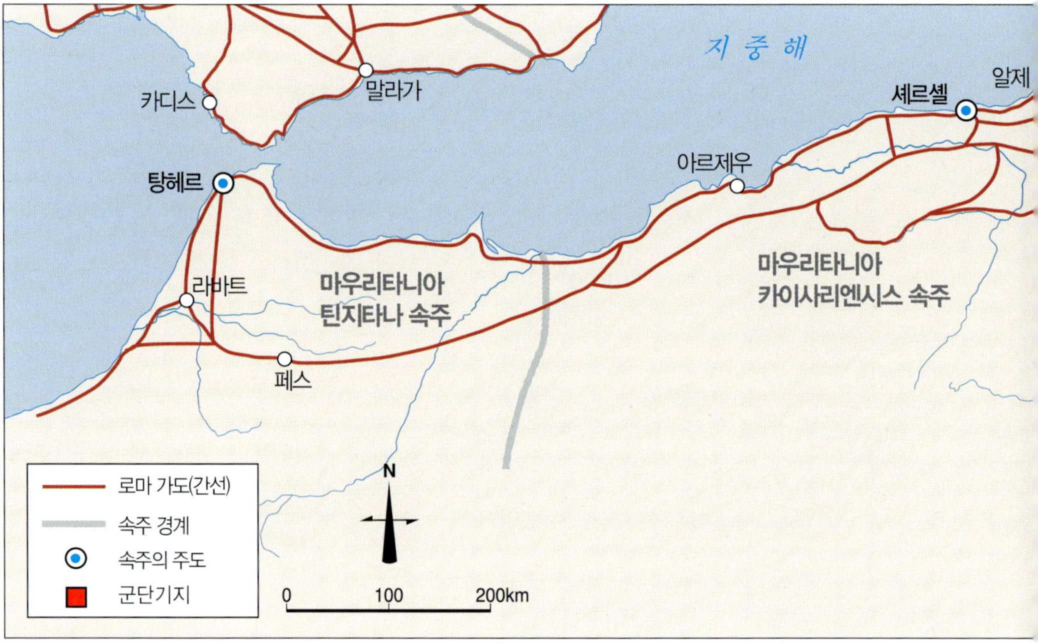

- 로마 가도(간선)
- 속주 경계
- 속주의 주도
- 군단기지

오늘날의 북아프리카(2000년)

- 고속도로
- 간선도로
- 철　　도
- 국　　경
- 수　　도

지도 1 (고대 로마 시대)

- 비제르테
- 안나바
- 라스제베르
- 부살렘
- 카르타고
- **아프리카 속주**
- 콩스탕틴
- 두가
- 스카라스
- 엘케브
- 랑베즈
- 팀가드
- **누미디아 속주**
- 엘젬
- 가프사
- 가베스
- 트리폴리
- 렙티스 마그나

지도 2 (현대)

- 베자이아
- 안나바
- 카르타고
- 튀니스
- 콩스탕틴
- 수사
- 팀가드
- 테베사
- 스팍스
- 가프사
- 가베스
- **튀니지**
- 트리폴리
- **리비아**

북아프리카의 유적

렙티스 마그나의 극장 유적

렙티스 마그나의 유적

렙티스 마그나의 세베루스 황제의 회당

카르타고의 온탕 유적

엘젬의 극장 유적(튀니지, 왼쪽)과 사브라타의 극장
유적(리비아, 오른쪽)

로마 시대의 갈리아 가도망(제정 시대)

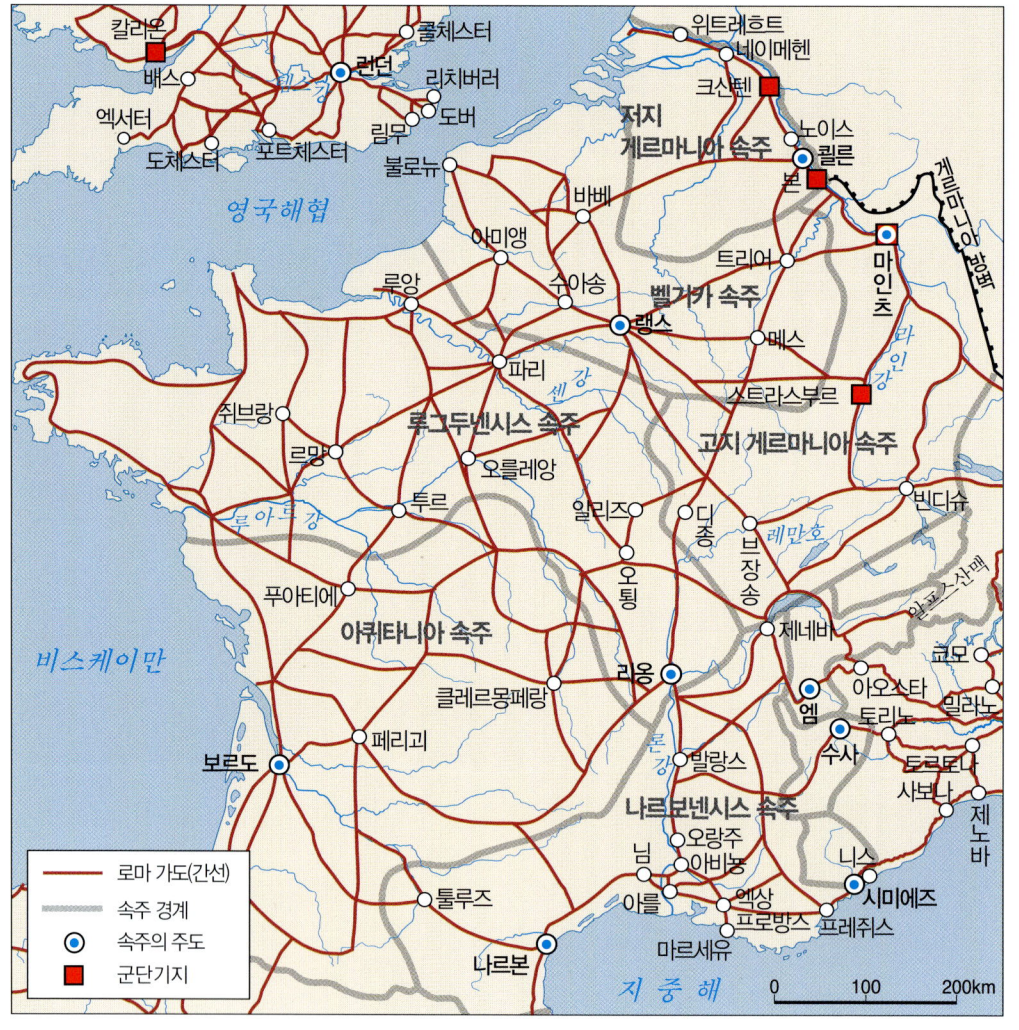

오늘날의 프랑스 주변(2000년)

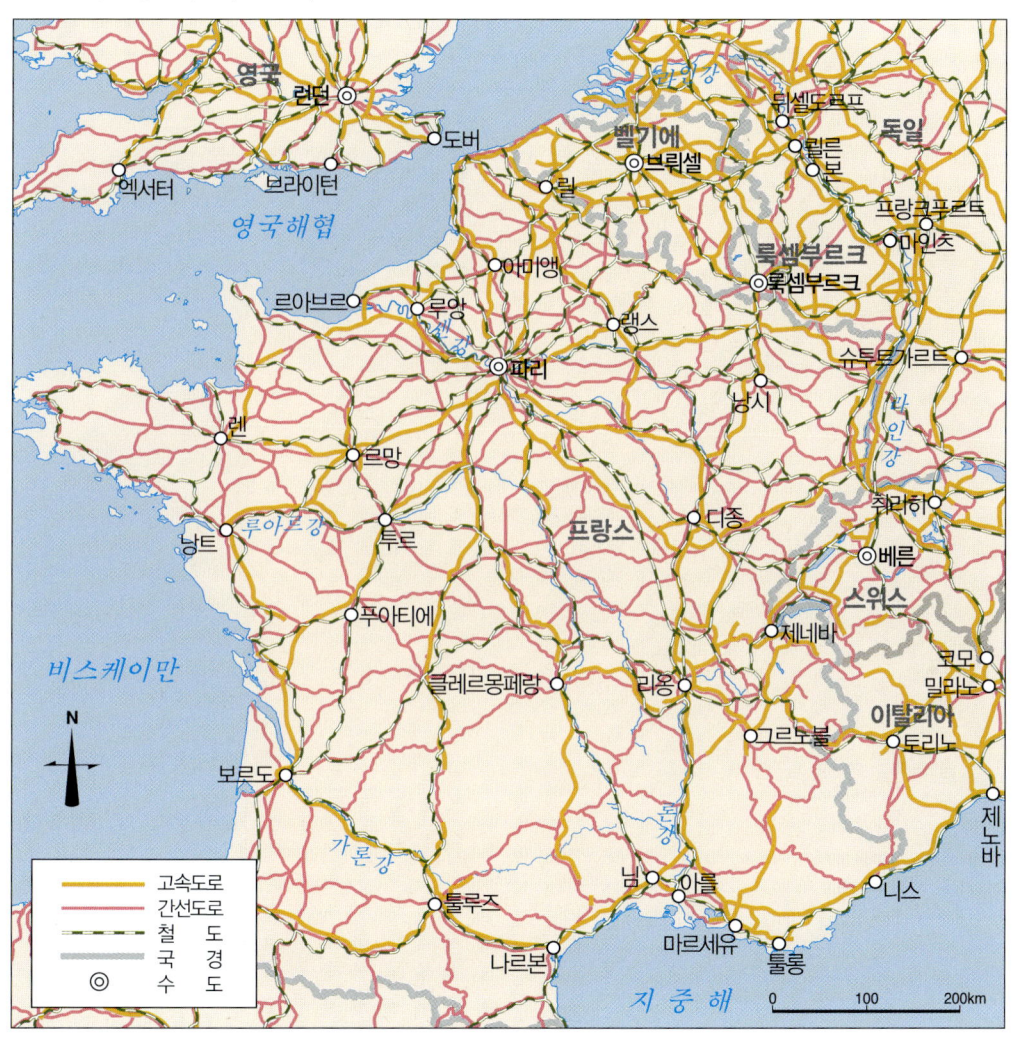

갈리아(프랑스, 독일)의 유적

님의 신전 '메종 카레'(프랑스)

님의 수도교 '퐁 뒤 가르'
(프랑스)

트리어의 공중 목욕장
유적(독일)

로마 시대의 영국 가도망(제정 시대)

오늘날의 영국(2000년)

영국의 유적

하드리아누스 방벽

로마 시대의 목욕장(배스)

공중 목욕장 유적(록서터)

하드리아누스 방벽 부근의 요새 유적(체스터스)

하드리아누스 방벽 부근의 미트라 신전 유적
(노섬벌랜드)

로마 시대의 도나우강 유역 가도망(제정 시대)

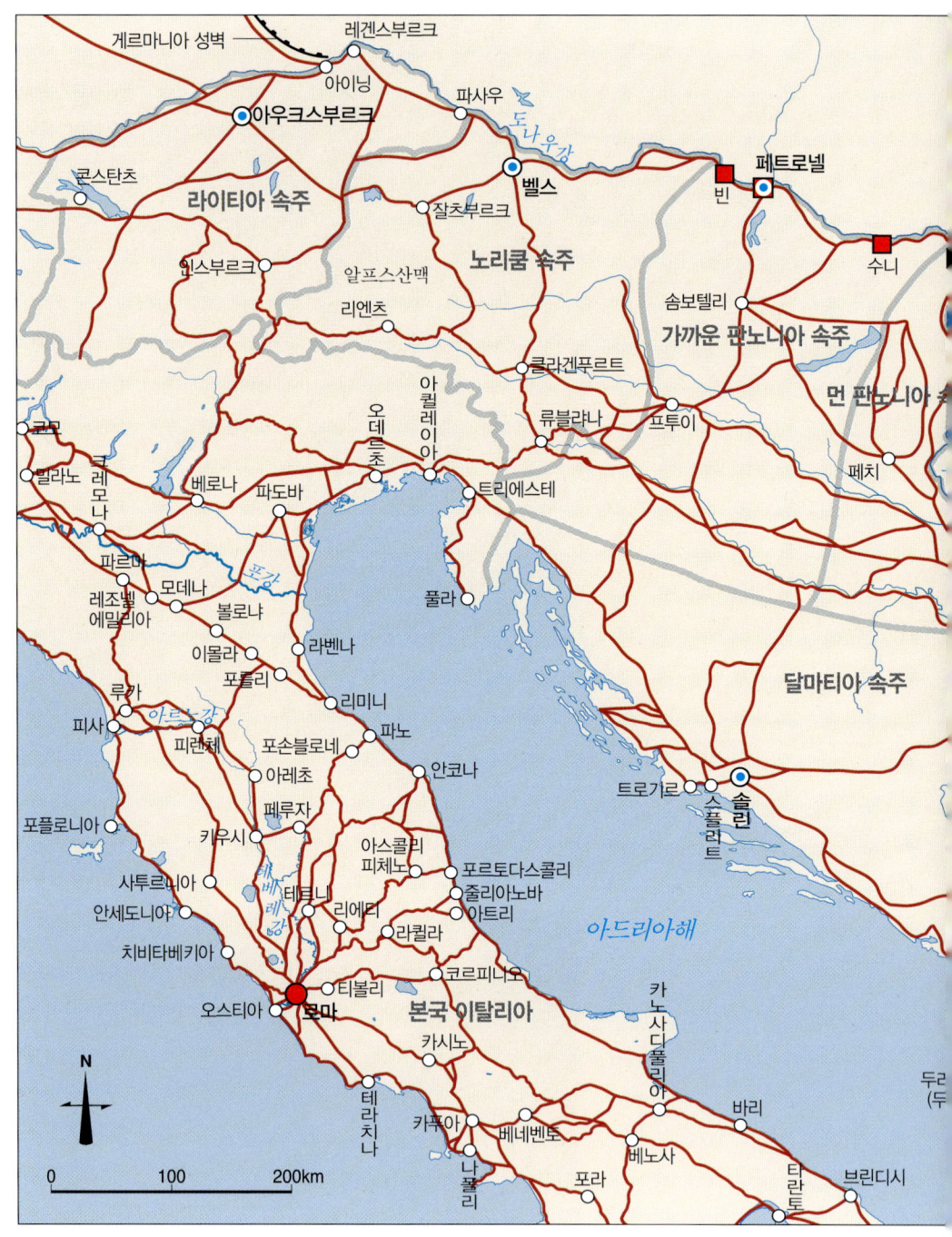

오늘날의 도나우강 유역(2000년)

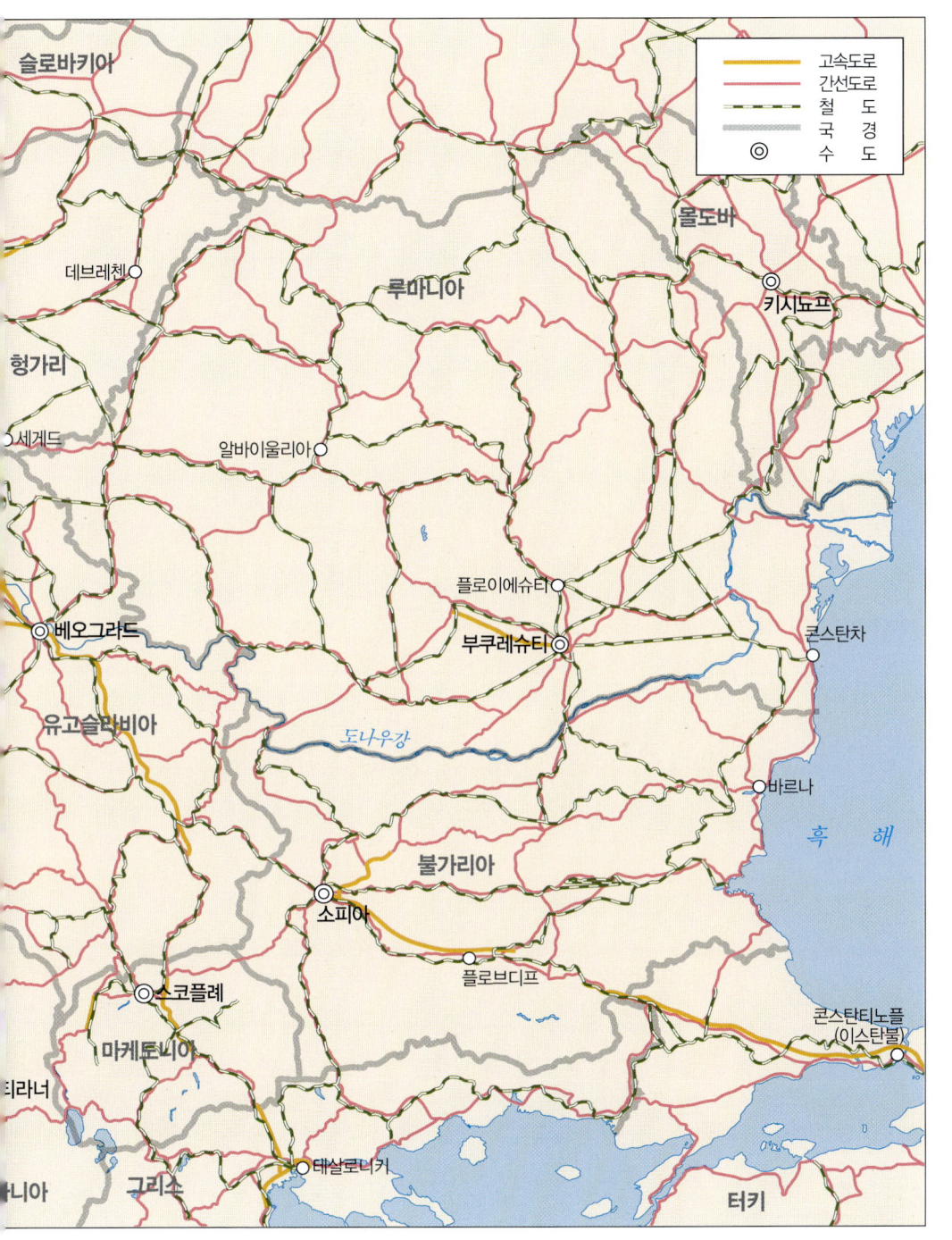

로마 시대의 그리스 가도망(제정 시대)

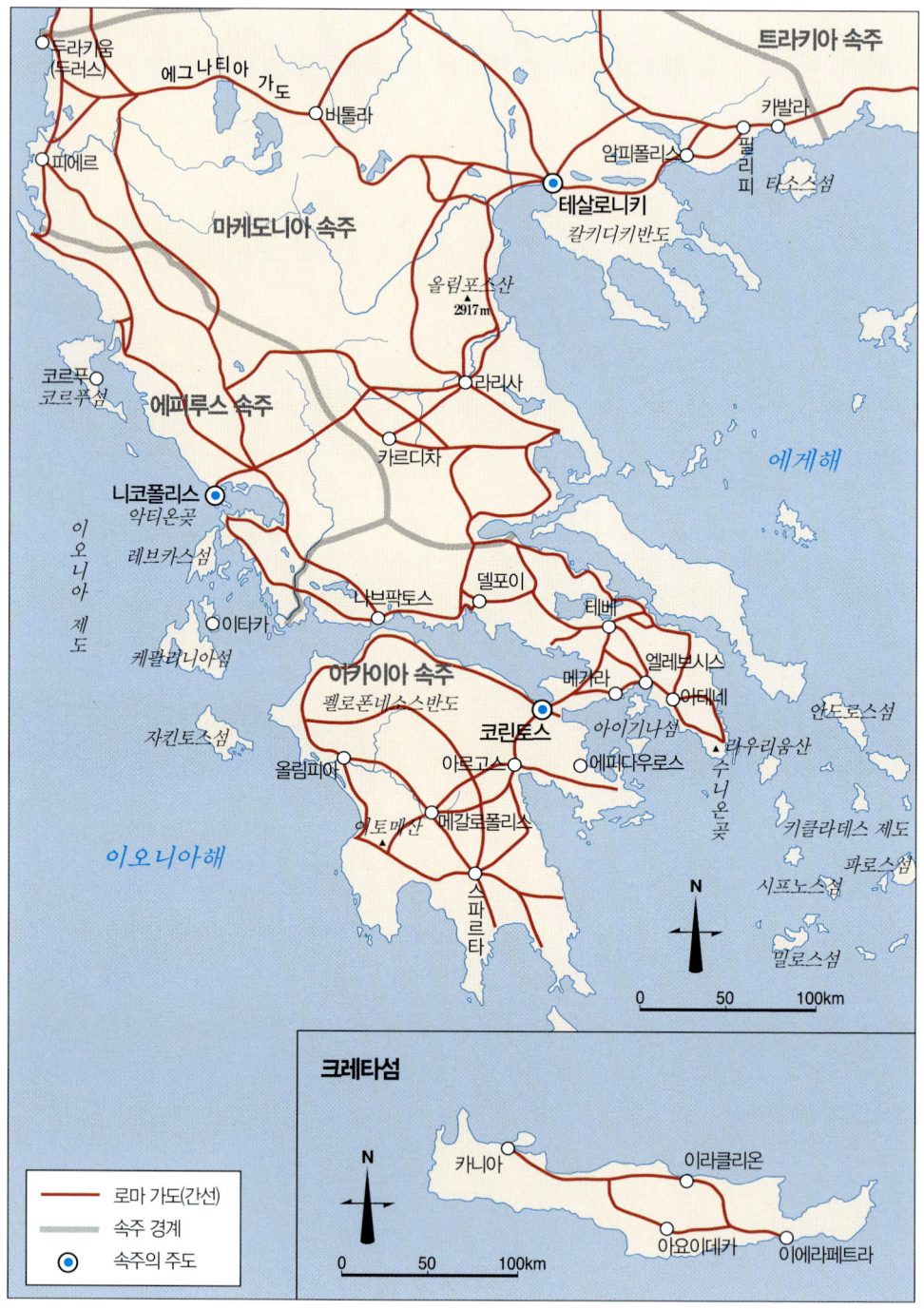

오늘날의 그리스(2000년)

터키의 유적

에페소스의 유적

1만 5,000명을 수용할 수 있었던 극장 유적(아스펜두스)

하드리아누스 신전(에페소스)

2만 5,000명을 수용할 수 있었던 극장 유적(에페소스)

아고라(이즈미르)

수도교(아스펜두스)

목욕장 유적(히에라폴리스)

도서관 유적(에페소스)

로마 시대의 중동 가도망(제정 시대)

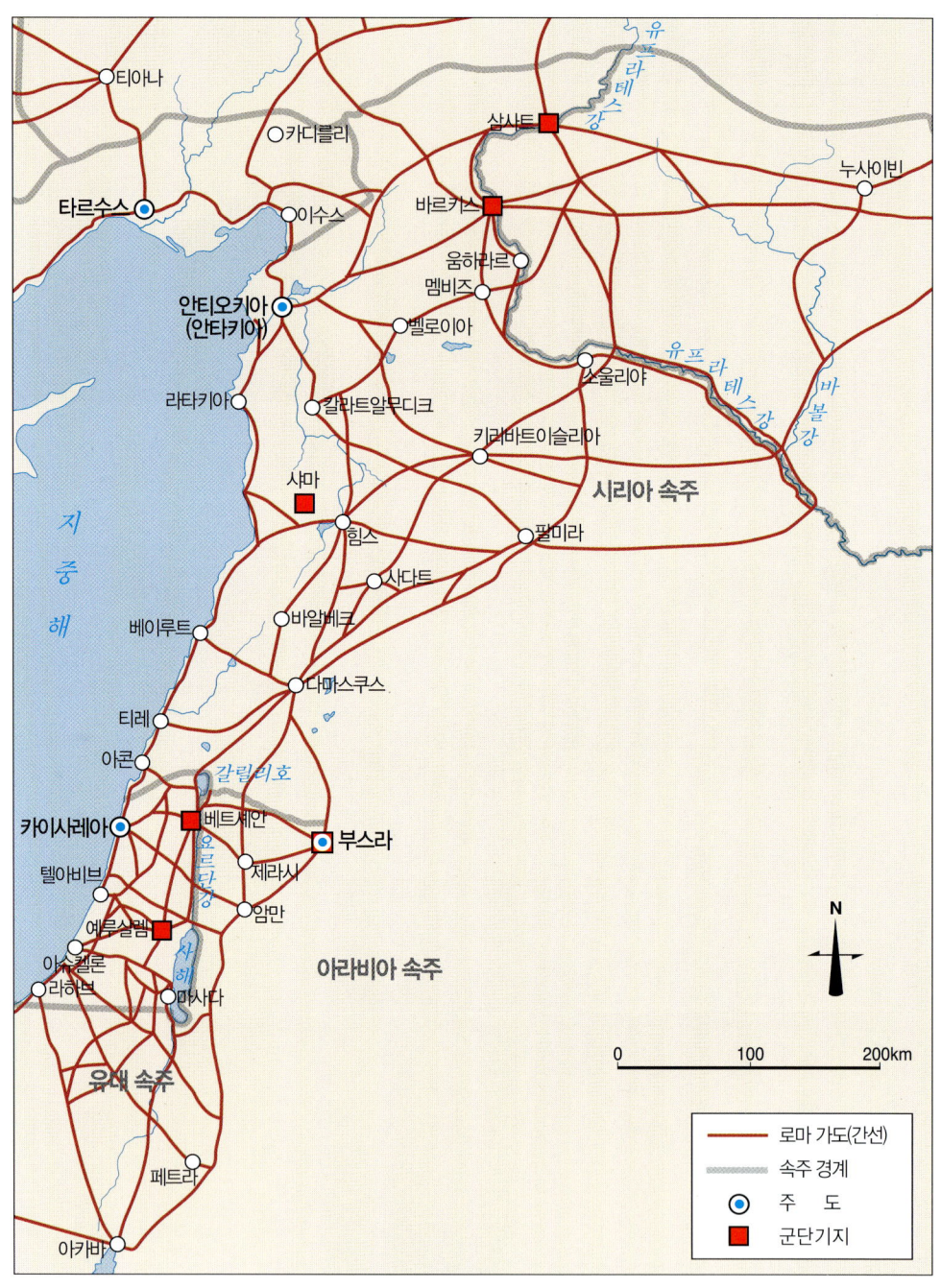

오늘날의 중동(2000년)

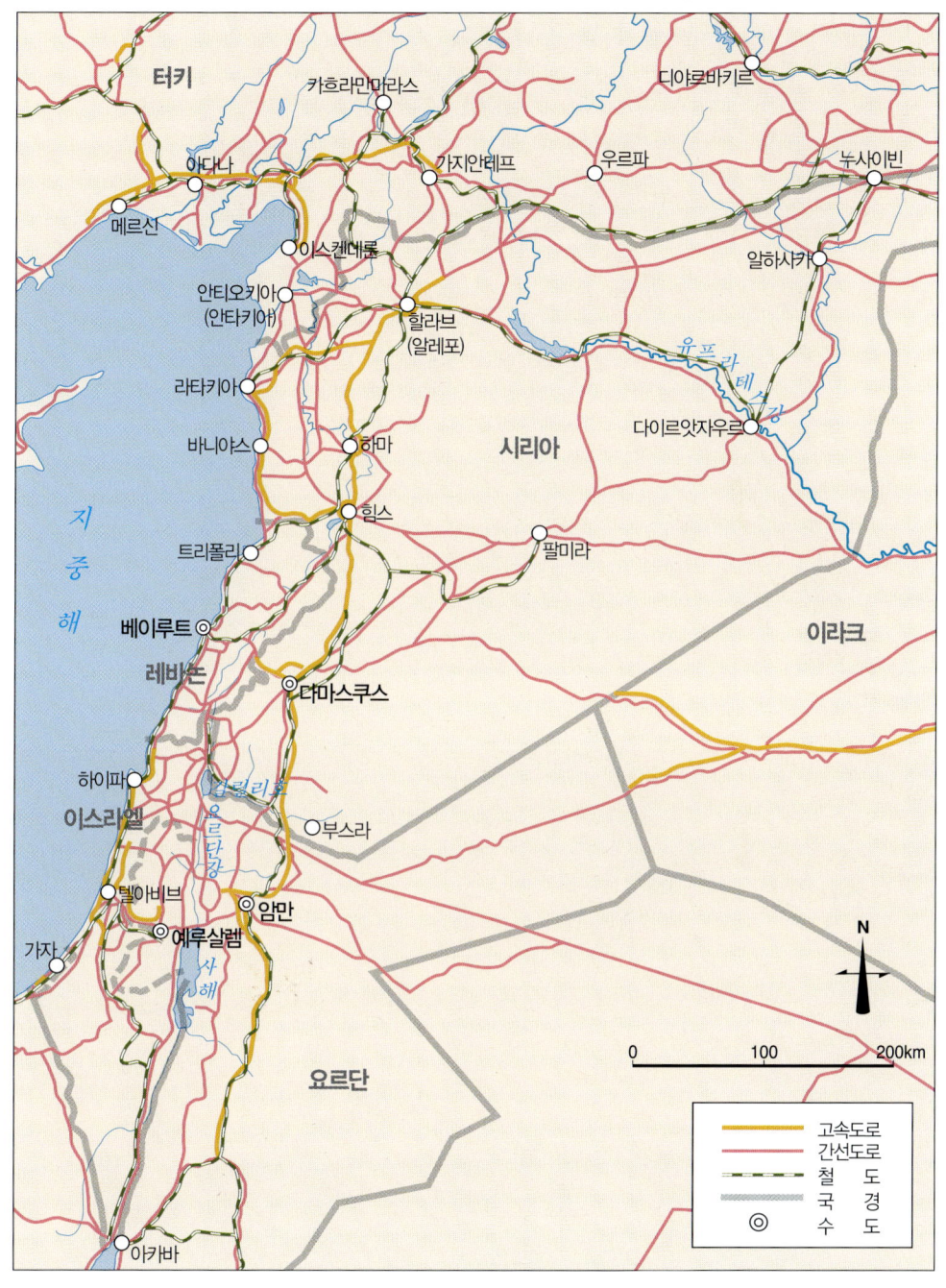

중동의 유적

팔미라의 원형투기장 입구의 아치(시리아)

팔미라의 유적

유대인들이 로마군에게
마지막으로 항전했던
마사다 요새(이스라엘)

팔미라의 극장

팔미라의 벨 신전

로마 시대의 이집트와 키레나이카 가도망(제정 시대)

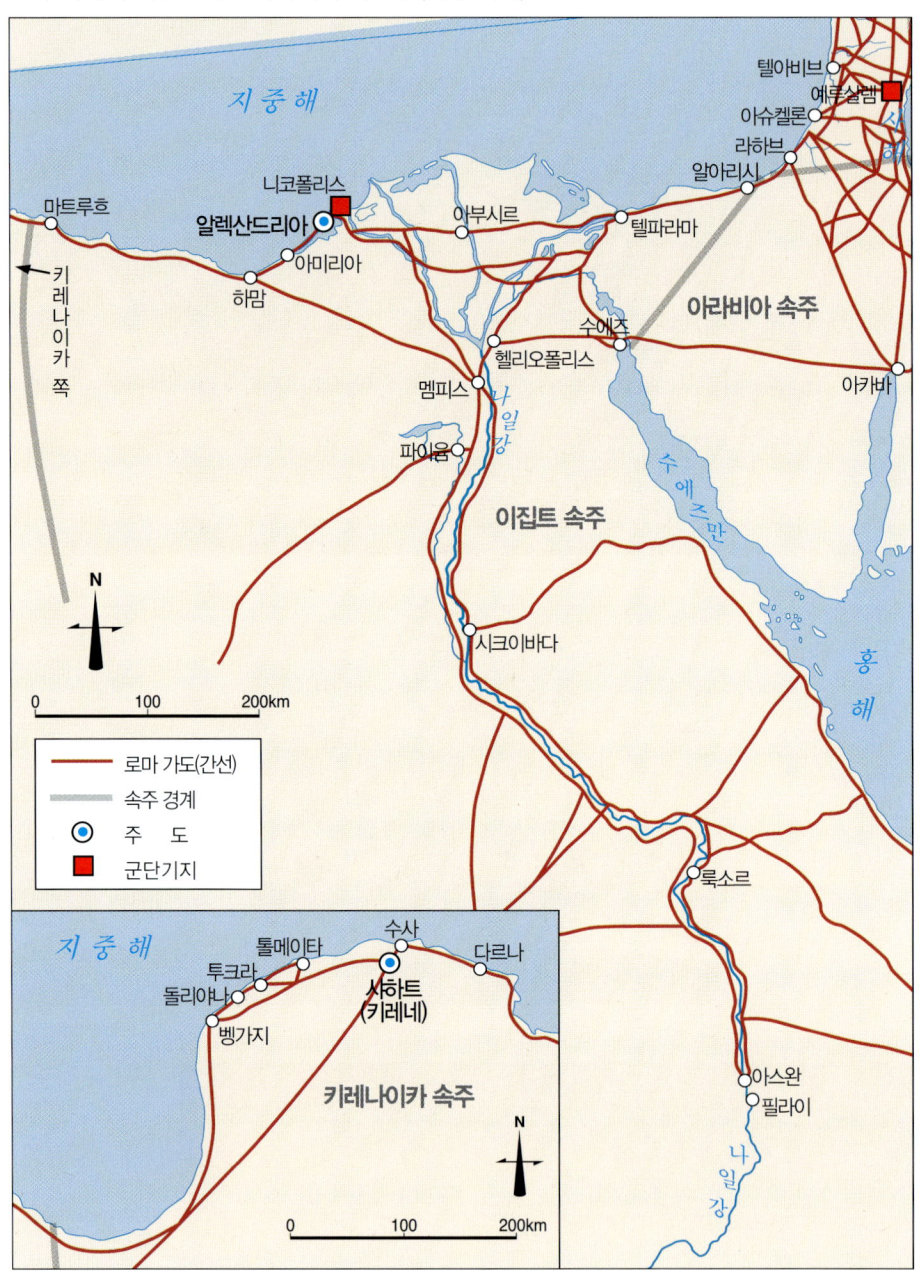

오늘날의 이집트와 키레나이카(2000년)

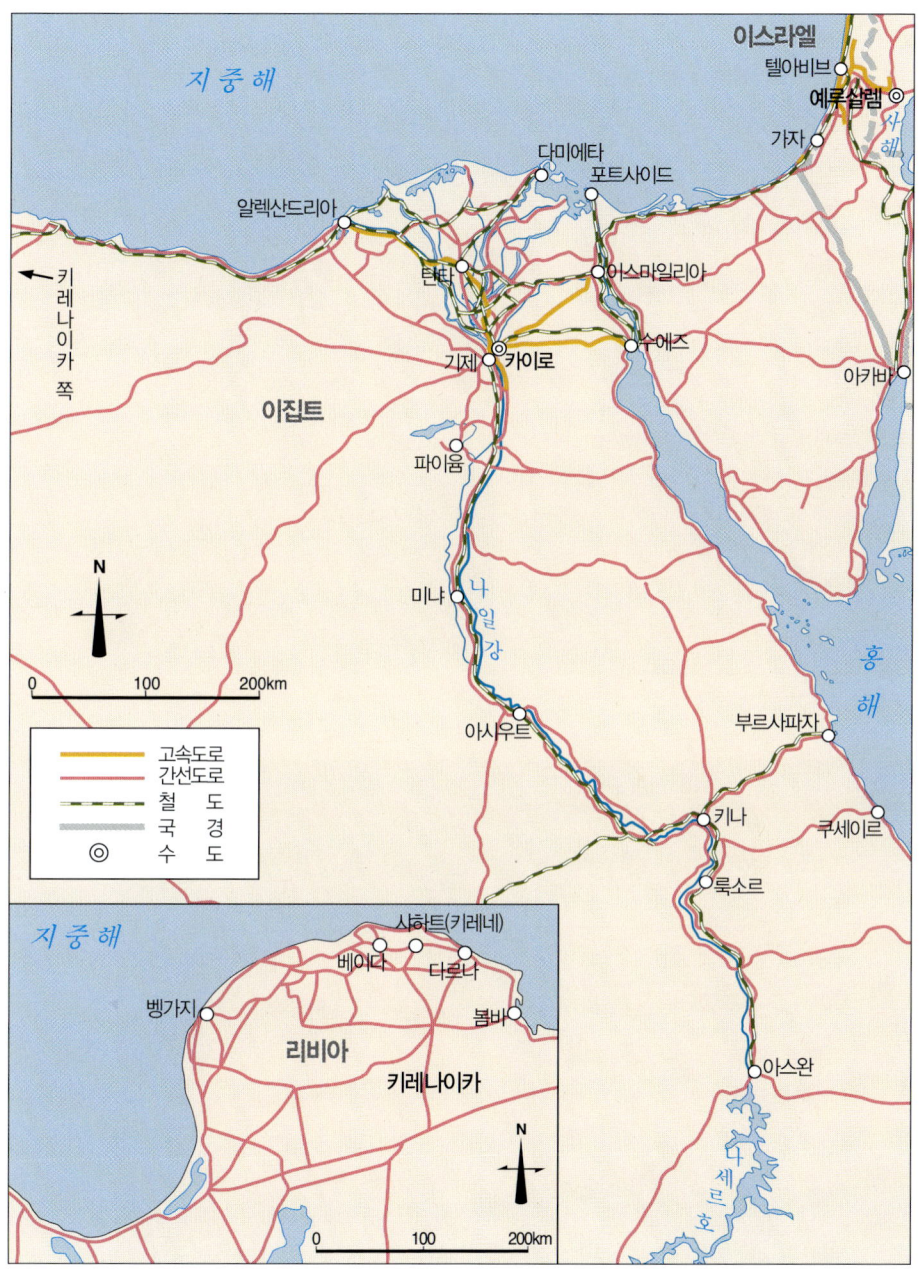

이집트의 유적

트라야누스 황제의 기념물(필라이)

극장 유적(알렉산드리아)

스핑크스 옆에 우뚝 솟아 있는 폼페이우스 기둥(알렉산드리아)

로마의 상징적 건물인 콜로세움과 그 내부(아래)

"이곳은 알렉산드로스가, 알렉산드로스야 어디까지 가느냐, 하는 신탁을 들은 땅"

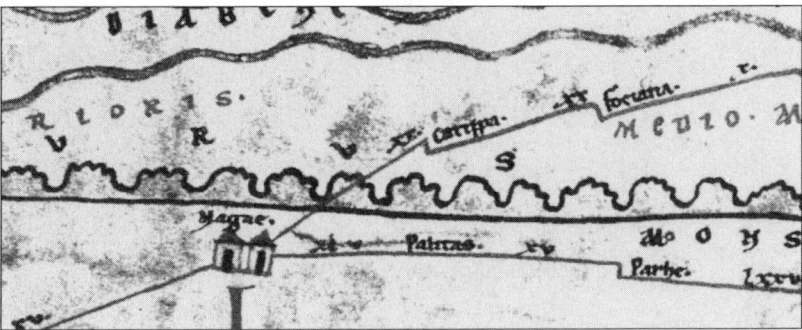

산맥(페르시아 부근)

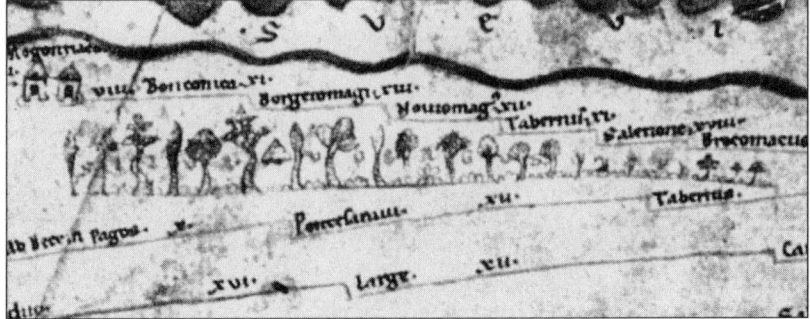

숲(게르마니아 부근)

'타불라 페우팅게리아나'의 부분

이 지도가 제작된 시기가 서기 4세기 중엽이라는 데에는 연구자들의 의견이 일치해 있다. 당시 로마 제국의 3대 도시는 이탈리아의 로마, 그리스의 콘스탄티노폴리스(영어로는 콘스탄티노플), 시리아의 안티오키아였고, 이 지도에서도 이 3대 도시는 특별한 기호로 표시되어 있다.

3대 도시 이외에 성벽을 둘러친 기호로 표시되어 있는 6개 도시는 이탈리아의 라벤나와 아퀼레이아, 그리스의 테살로니키, 터키의 앙카라와 니케아와 니코메디아다. 이 여섯 도시 가운데 네 개가 제국의 동방에 있는 것은, 대제라고 불린 콘스탄티누스 1세가 서기 330년에 제국의 수도를 로마에서 비잔티움으로 옮긴 결과일 것이다. 로마 제국의 중심은 이렇게 서방에서 동방으로 옮아갔다. 비잔티움은 콘스탄티누스의 수도라는 의미에서 콘스탄티노폴리스라고 불리게 되었다. 그러다가 1453년에 비잔틴 제국이 멸망한 뒤에는 다시 이스탄불로 이름이 바뀌었다. 그리 중요한 도시도 아니었던 니케아가 여섯 도시에 들어간 것은 서기 325년에 유명한 니케아 공의회가 열린 곳이었기 때문으로 여겨진다. 4세기의 기독교도에게는 중요한 곳이었던 셈이다. 기독교는 서기 313년에 콘스탄티누스 대제의 공인을 받아, 로마 제국의 국교가 되어 있었다.

'타불라 페우팅게리아나'의 제작 시기가 4세기 중엽으로 여겨지는 것은 이 지도에 이미 로마의 성 베드로 대성당이 그려져 있기 때문이다. 그런데 한편으로는 그리스와 로마의 신들을 모신 신전도 수없이 그려져 있다. 콘스탄티누스 대제는 기독교를 공인하고 국교로 인정했지만 다른 종교를 금지하지는 않은 반면, 테오도시우스 황제는 서기 392년에 기독교 이외의 모든 종교를 사교(邪敎)로 규정하고 그런 이교를

아퀼레이아

라벤나

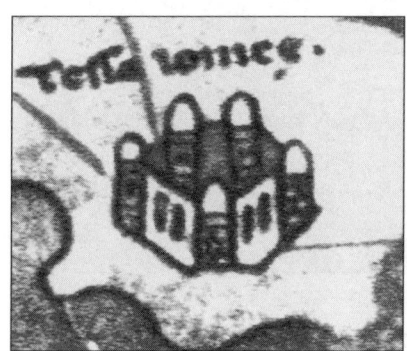
테살로니키

니코메디아

니케아

앙카라

'타불라 페우팅게리아나'의 부분(로마 시대의 6개 주요 도시)

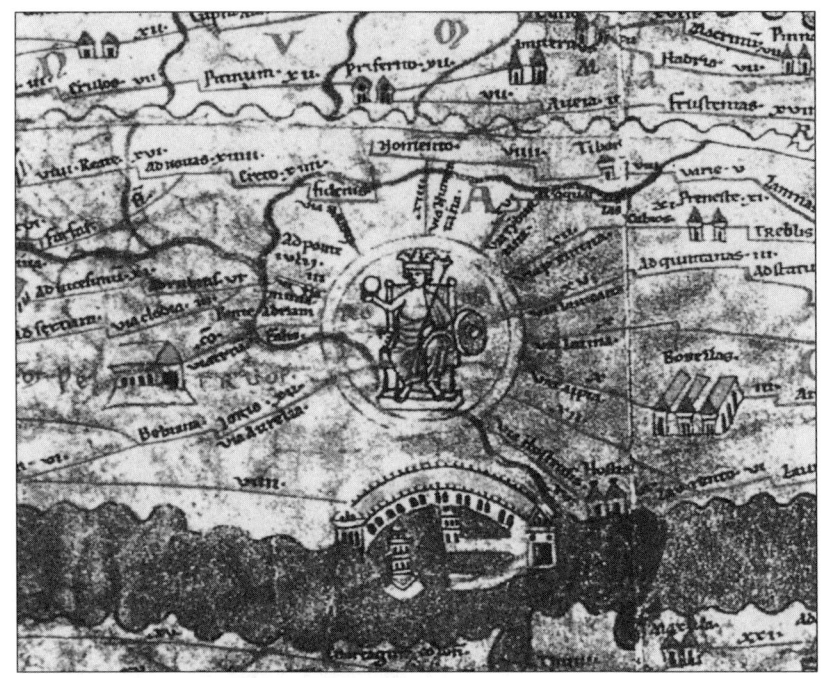

로마 주변(아래쪽에 보이는 것은 오스티아항)

나폴리 주변(맨 오른쪽에 있는 도시가 나폴리, 그 왼쪽은 터널 기호)

'타블라 페우팅게리아나'의 부분

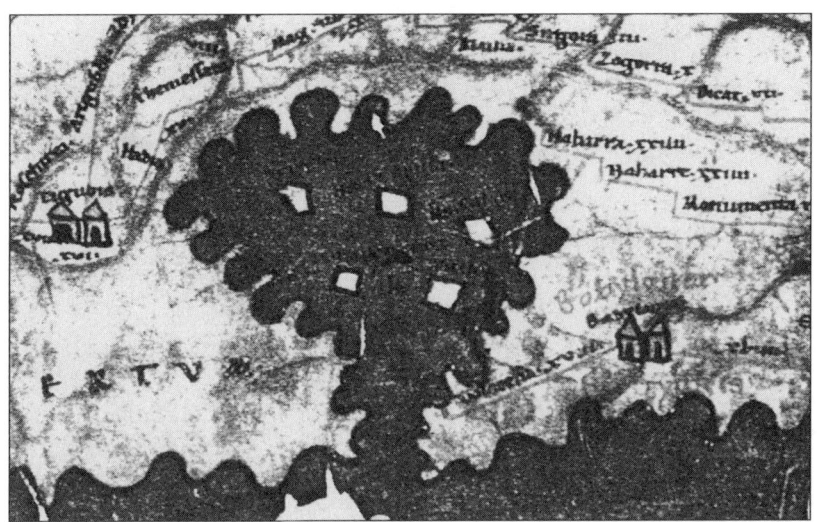
페르시아만

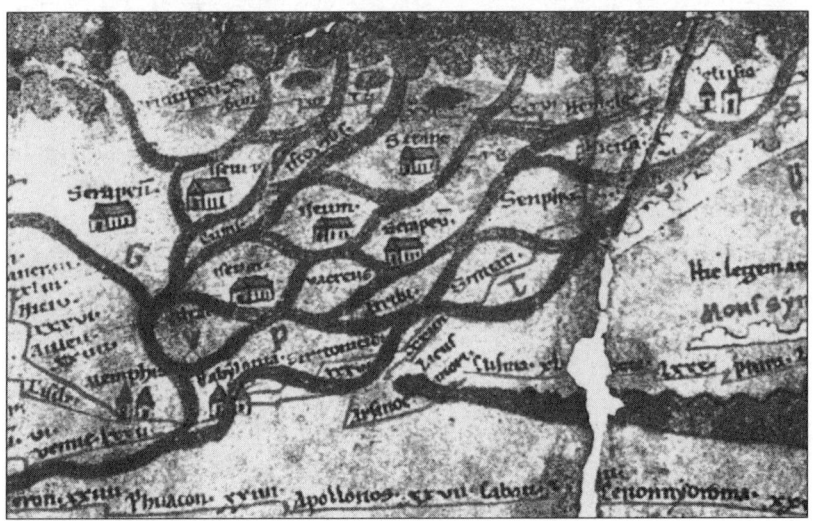
나일강 어귀의 삼각주 지대

'타블라 페우팅게리아나'의 부분

철저히 배제했다. 4세기 중엽에 만들어진 지도에 기독교 대성당과 이교의 신전이 함께 그려져 있는 것은 그런 역사적 사정이 배경에 깔려 있기 때문이다. 313년부터 392년까지 80년 동안 로마 제국에는 그리스와 로마의 신들, 시리아와 이집트의 신들, 일신교인 유대교나 기독교의 신들이 지위가 역전되기는 했지만 모두 공존하고 있었다. 신전이 교회와 함께 그려져 있는 것이 보여주듯, '타불라 페우팅게리아나'는 다양한 신들이 공존하고 있었던, 다시 말해서 다른 신앙을 가진 사람들도 공존할 수 있었던 고대의 마지막 시기를 반영한 지도이기도 하다.

그리고 육지를 여행하는 사람에게는 가도나 숙박시설, 바다를 여행하는 사람에게는 항구나 등대 같은 설비는, 어떤 종교를 믿든 간에 꼭 필요한 인프라다. 따라서 '타불라'에서도 붉은 직선으로 표시된 가도, 그 가도를 따라 로마 숫자로 기입된 구간 거리, 숙박시설을 나타내는 집 모양의 기호가 주역을 맡고 있다.

가도는 붉은 직선으로 그려져 있는데, 고대에는 보라색 다음으로 값이 비쌌던 붉은색을 가도에 사용한 것은 '타불라' 지도가 오늘날의 자동차 여행자에게 필수품인 도로 지도였다는 것을 보여준다. 이런 종류의 지도에서 가장 중요한 표시 사항은 역시 가도였다는 뜻이다.

또한 모든 가도는 직선으로 그려져 있는데, 이것은 결코 길 자체가 똑바로 뻗어 있었다는 뜻은 아니다. '타불라' 지도의 목적은 정확한 지형을 보여주는 것이 아니라, 어디에서 어디까지는 어떤 가도가 뻗어 있고 그 사이의 거리는 어느 정도인가를 지도 사용자에게 알려주는 것이다. 이 주된 목적 외에는 모두 간략화하는 것도 지도 제작자가 가져야 할 지혜였다.

다양한 바실리카(공회당, 신전, 교회 등)

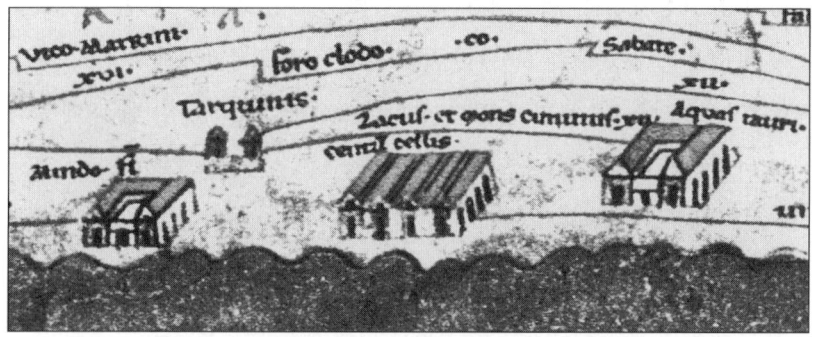

창고가 늘어서 있는 치비타베키아항(중앙)

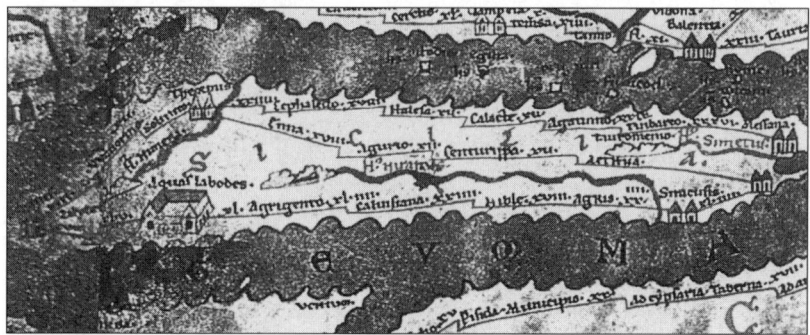

시칠리아섬

'타불라 페우팅게리아나'의 부분

간략화가 기호화로 이어지는 것은 당연한 귀결이다. 로마 시대에는 신전도 교회도 모두 '바실리카'(Basilica)라고 불린 건물 모양의 기호로 표시되었다. 로마 시대의 '바실리카'는 재판이나 상거래에 이용되는 공회당이었지만, '타불라 페우팅게리아나'가 제작된 4세기 중엽은 로마 제국의 정치적·경제적 파워가 내리막길을 걸은 것과는 반대로 기독교 세력은 오르막길을 걸은 시대다. 두 세력이 반비례 관계가 된 시대이고, 두 개의 선이 교차한 시기라고 해도 좋다. 법치국가와 자유 경제의 상징이었던 '바실리카'가 기독교도들이 모이는 '바실리카'로 바뀐 경우도 많았을지 모른다. 중세 이후부터 오늘날까지 교회의 별명은 '바실리카'다. 로마에 있는 성 베드로 대성당도 통칭 '산 피에트로 바실리카'다.

하지만 이 '타불라'가 제작된 시대에는 아직 로마다운 로마가 건재했다는 증거도 적지 않다. 그 가운데 하나는 '바실리카'보다 대대적으로 그려져 있는 온천장이다. 요컨대 온천을 바실리카보다 중요하게 생각한 셈이다. 로마인은 많은 인구를 거느린 도시만이 아니라 변경의 군단기지에도 목욕 설비만은 반드시 갖추어야 한다고 생각했다. 그 목욕탕이 천연 온천을 사용한다면, 게다가 간선도로와 가까운 곳에 자리 잡고 있다면, 유별난 목욕 습관을 가진 로마인이 이용하지 않을 리가 없다. 현대의 어느 역사가는 로마인에게 온천은 자석이었다고 말했다. 온천에 몸을 담그기만 하면 몸에 묻은 더러움과 여행의 피로를 단번에 씻어낼 수 있다. '타불라'에서 온천이 도시보다 더 우대받고 있는 것도 이 지도가 여행자용으로 제작되었다는 점을 생각하면 납득이 간다. '타불라'에 그려진 기호는 모두 합해서 555개인데, 그 가운데 52개가 온천을 나타내는 기호다.

555개에 이르는 기호 가운데 429개가 집이나 탑 모양의 기호다. 그곳에서는 숙박이 가능하다는 것을 그렇게 간략화한 기호로 알려주고 있다. 429개의 숙박시설이 모두 동일한 기호로 표시되어 있는 것은 아니고, 기호에는 네 종류가 있다. 나는 그것을 '별 둘' '별 셋' '별 넷' '별 다섯'으로 이름 지었지만, 이것은 그 기호로 표시된 도시의 크기를 토대로 한 가설일 뿐이다. '별 둘'이라면 오늘날의 모텔이고, '별 다섯'으로 표시된 도시는 '별 둘'에서 '별 다섯'까지의 숙박시설을 여행자의 주머니 사정에 따라 선택할 수 있다는 뜻이다. 제국의 수도 로마에도 작은 방들이 빽빽이 들어찬 여인숙이 있었다. 그곳을 발굴하던 고고학자는 저도 모르게 "이건 비즈니스 호텔이군" 하고 외쳤다고 한다.

그리고 이런 숙박시설을 나타내는 기호 밑에는 마을이나 도시의 이름이 라틴어로 적혀 있다. 그것을 눈으로 따라가기만 해도, 현대의 유럽과 중동과 북아프리카의 주요 도시가 거의 다 로마 시대에 '숙박이 가능한 곳'에서 발전했다는 사실을 알 수 있다.

이처럼 로마 시대에도 은컵이나 '타불라' 같은 여행자용 '지도'가 많이 존재했는데, 그런 지도에 반드시 명기되어 있었던 것이 거리를 나타내는 숫자다. 물론 1로마 마일마다 서 있었던 '이정표'에도 거리가 새겨져 있었다.

여기서 먼저 떠오르는 의문은 여행자가 어떻게 거리를 계산했을까 하는 것이다. '이정표'를 세면 자기가 온 거리는 알 수 있다. 하지만 1.5킬로

별 둘 별 셋

별 넷 별 다섯

숙박시설이 있는 도시(그 도시에서 가장 등급이 높은 숙박시설의 등급이 표시되어 있다)

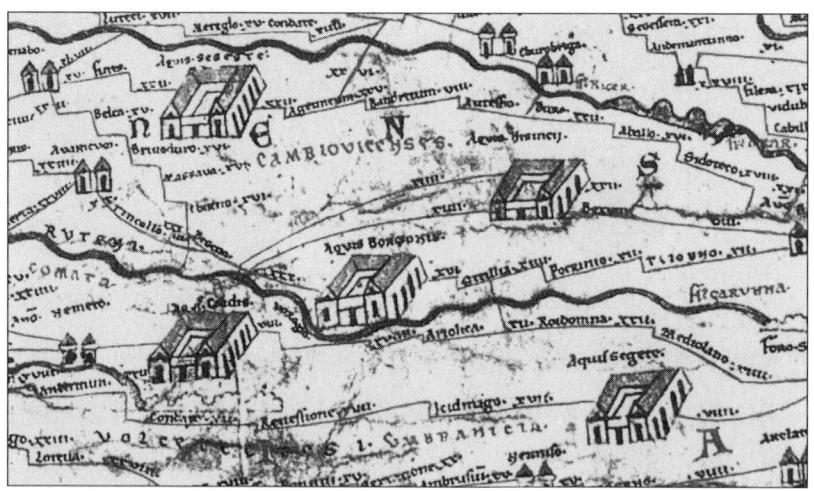

온천장(갈리아 동부)

'타불라 페우팅게리아나'의 부분

미터마다 나타나는 '이정표'를 하나씩 헤아리는 것은 별로 영리한 방법이 아니다. 아침에 출발해서 지금까지 어느 정도의 거리를 주파했는지, 앞으로 얼마나 더 가면 마차 정비소가 있는 '스타티오네스'(역)에 도착할 수 있는지는 어떻게 알 수 있었을까. 현대의 자동차라면 미터기에 나타난 숫자를 보고 알 수 있지만, 고대에는 이런 종류의 편리함은 바랄 수 없다. 하지만 주행거리를 아는 것은 고대에나 현대에나 여행자에게는 중요한 문제다. 로마인은 이 문제를 어떻게 해결했을까.

현대의 자동차에 달려 있는 미터기와는 다르지만, 주행거리를 알려주는 계기는 로마 시대에도 존재했다. 톱니바퀴는 아직 발명되지 않았지만, 톱니바퀴의 원리는 알고 있었기 때문에 그것을 활용했다. 그 장치는 다음과 같은 구조로 되어 있었다고 한다.

장거리 여행에는 사륜마차를 이용하는 것이 보통이었고, 바퀴 하나의 원둘레도 대개 정해져 있었다. 마차가 움직이는 것은 바퀴가 굴러가기 때문인데, 바퀴가 한 번 돌면 작은 쇠구슬이 하나 떨어진다. 작은 쇠구슬이 10개가 되면, 이번에는 그보다 조금 큰 쇠구슬이 하나 떨어진다. 이것을 되풀이해 1로마 마일에 이르면, 마지막 쇠구슬이 툭 떨어지도록 되어 있었다. 따라서 1로마 마일에 이르지 않아도 언제든지 쇠구슬의 개수를 헤아리면 주행거리를 계산할 수 있었다. 가는 도중에도 쇠구슬의 개수를 헤아릴 수 있도록, 장치를 밀폐된 상자에 넣지 않고 마차 뒷부분의 바깥쪽에 설치했다고 한다. 고대인은 현대인과는 달리 정확성이나 정밀성에 그렇게 신경을 쓸 필요는 없었으니까, 이 정도의 간단한 장치로도 충분했을지 모른다. 물론 이런 종류의 미터기는 여행용 마차에 설치된 것이고, 가도 건설 공사를 비롯한 여러 가지 목적으로 토지를 측량할 때는 그 목적에 맞는 전문적인 계기

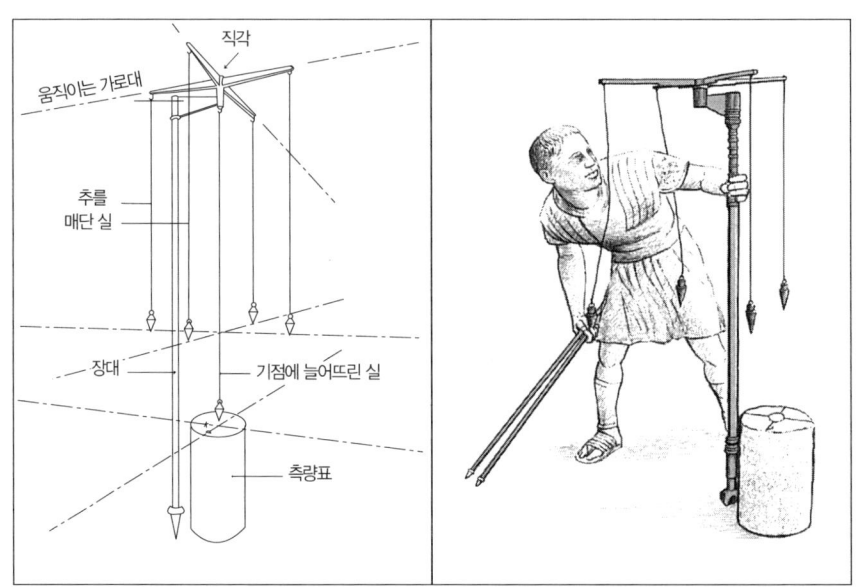

그로마(Groma, 직각을 재기 위한 기구. 오른쪽은 그 사용법)

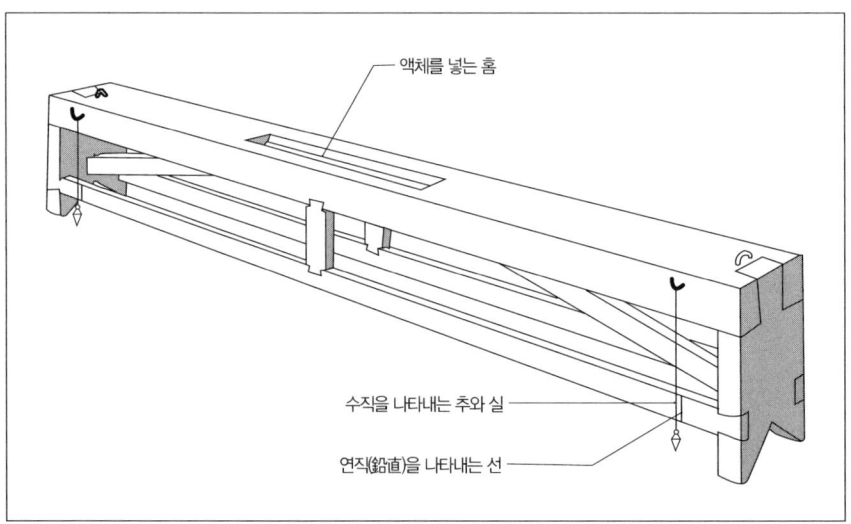

수준기(수평인지 아닌지를 측정하는 기구)

가 사용되었다.

포장도로가 뚫리고, 현대의 고속도로 못지않은 각종 편의시설이 완비되고, 게다가 여행자용 지도까지 갖추어져 있었던 로마 시대에 여행자가 이용한 교통 수단에는 어떤 것이 있었을까. 그것은 철도나 자동차가 등장하기 전, 다시 말해서 20세기 이전과 별로 다르지 않기 때문에 구태여 이야기할 마음도 나지 않을 정도다.

우선 두 발이다. 완전 포장이 의무화되어 있었던 간선도로, 로마인이 '공도'라고 부른 가도가 2차선 차도와 좌우의 인도로 엄격하게 구분되어 있었던 것이 보여주듯, 당시에는 도보 여행자가 차지하는 비율이 적지 않았다. 특히 가까운 거리는 걸어다니는 사람이 많았다. 로마 가도와 현대 고속도로의 차이점은 도로 포장 수준도 아니고, 도로 연변에 갖추어진 각종 편의시설도 아니다. 로마 가도는 사람이 걸어다닐 수 있었고 통행료가 없었다는 것이 가장 큰 차이점이다.

두 번째 교통 수단은 말이나 소, 당나귀 같은 가축이다. 전선의 사령관이 수도의 황제(황제는 로마군 최고사령관이기도 했다)에게 보내는 '공문서'를 가지고 달리는 경우에는 파발마를 이용하고, '스타티오네스'마다 새 말로 갈아탔다.

또한 로마의 국영 우편제도에서 많이 사용된 것은 우편마차다. 여기에는 사륜마차가 사용되었고, 이 경우에는 속도보다 안전이 중시되었기 때문에 밤에는 '만시오네스'에서 묵고 이튿날 아침 일찍 떠나곤 했다. 우편물만 실어 나르는 것이 아니라 새로 부임하는 행정관을 임지까지 태워다 주는 경우도 적지 않았다. 사륜마차는 네 개의 바퀴 위에 상자를 얹어놓은 듯한 구조였기 때문에, 비바람은 충분히 피할 수 있었다.

같은 네 바퀴 수레라도 말 네 마리가 아닌 두 마리, 또는 네 마리의 소가 끄는 수레도 있었다. 이 우차는 대부분 지붕이 없는 달구지 같은 구조인데, 군단용인 경우에는 무거운 공성기를 비롯한 병기와 군량을 운반했고, 민간인이 사용하는 경우에는 농산물이나 공산물을 실어 날랐다. 물론 물자를 수송할 때는 소만이 아니라 당나귀와 말도 많이 이용되었다. 로마 제국의 주요 도시에는 수도 로마만이 아니라 속주의 도시에도 시내에 경작지가 전혀 없었다. 이것은 많은 사람이 필요로 하는 식량과 각종 물자가 도시 밖에서 공급되는 시스템이 원활하게 기능을 발휘하고 있었다는 것을 보여준다.

사륜마차 이외에 경쾌한 이륜마차도 있었다. 이륜마차를 끄는 말은 한 마리나 두 마리였다. 타는 사람도 한두 명이 고작이고, 짐도 조금밖에 싣지 못했다. 오늘날의 근거리용 경차나 스포츠카 같은 느낌이었을 것이다.

'카루카'(carruca)라고 불린 침대차도 있었다. 이것은 가죽 포장으로 덮여 있어서, 잠을 자거나 마차 안에 설치된 침대에 앉아 장기를 즐기면서 여행할 수도 있었다. 가죽 포장 좌우에 창이 뚫려 있었기 때문에, 햇빛도 충분히 들어온다. 이동 시간을 이용해 일을 처리하는 사람도 있었고, 혼자 조용히 독서에 열중하는 사람도 있었다. 하루에 달리는 거리는 평균 25-30킬로미터였다.

마차 같은 자가용 교통 수단이 없는 사람은 걸어 다닐 수밖에 없었

여행자를 묘사한 부조

위 : 길가에서 쉬고 있는 사람
가운데 : 쌍두마차를 타고 여행하는 가족
아래 : 이륜마차

을 거라고 생각하겠지만, 실제로는 전혀 그렇지 않았다.

우선 운전사가 딸린 렌트카 제도가 활용되고 있었다. 로마 시대니까, 자동차가 아니라 마부가 딸린 마차를 빌리는 것이다. 요즘으로 치면 렌트카나 택시다. 이런 업자들의 조합도 있었고, 로마 가도의 시발점 근처에는 임대 마차 가게가 즐비했기 때문에 값을 흥정해서 합의가 이루어지면 누구나 탈 수 있었다.

주머니 사정이 허락하지 않는 여행자를 위해서는 훨씬 싸게 여행할 수 있는 수단도 있었다. 바로 합승 마차다. 서부영화에서 흔히 볼 수 있는 역마차를 떠올리면 이해하기 쉬울 것이다. 역마차는 고대의 모텔이었던 '만시오네스', 고대의 주유소였던 '스타티오네스', 고대의 간이식당이었던 '타베르나'마다 정차하니까, 목적지와 가까운 정류장에서 내려서 목적지까지 걸어가면 된다. 팁을 좀더 얹어주면 목적지 근처에서 내려주었을지도 모른다. 합승 마차의 규칙을 엄격하게 지키는 마부라 해도, 걸어가야 하는 거리는 기껏해야 10킬로미터도 채 안 된다. 오늘날의 버스 여행이라고 생각하면 될 것이다.

로마 가도는 이처럼 다양한 사람과 교통 수단이 오가고 있었기 때문에, 교통량이 많은 대도시 부근에서는 소음이 심했을 게 분명하다. 오늘날과 달리 배기가스나 엔진 소음은 없었지만, 고무가 존재하지 않았던 시대다. 다시 말해서 타이어가 없었다. 수레바퀴의 바깥쪽을 싸고 있는 것은 쇠다. 가도가 아무리 평탄해도, 쇠바퀴가 돌바닥에 닿을 때 나는 소음은 굉장했을 것이다. 하지만 이것도 습관 들이기 나름이다. 고대 로마인들은 쇠바퀴에서 나는 소음보다 자동차 소음이 더 견디기 어렵다고 말했을지도 모른다.

소음에 대한 면역성은 생활 습관에 달려 있다고 말할 수 있지만, 도시의 교통 체증은 고대에도 골칫거리였다.

제정으로 바뀌기 직전인 기원전 1세기 중엽에 로마 인구는 100만 명 돌파를 눈앞에 두고 있는 상태였다. 사람들을 피해 지나가는 것만도 큰일이다. 정치·경제·문화 등 모든 면에서 '세계의 수도'가 되어 가고 있던 로마에 사람들이 모이는 것은 자연스러운 추세니까 막을 도리가 없다. 그래서 자비로 포룸을 지어 국가에 기증한 카이사르는 도심 중의 도심인 포로 로마노를 확장했을 뿐 아니라, 공화정 시대의 성벽을 허물어 마르스 광장까지 이르는 지역을 도심에 편입시켰다.

하지만 카이사르는 도심을 확대하면 교통 체증이 해결되리라고는 생각지 않았던 모양이다. 로마에는 앞으로도 계속 사람들이 모여들 거라고 예측했는지도 모른다. 그래서 도심을 확대하기 위한 공공 건설 사업(마르스 광장 쪽에는 판테온 옆에 거대한 '사이프타 율리아'를 지어 국가에 기증했다)을 벌이는 동시에 교통 체증에 대한 대책도 실시했다. '율리우스 교통 체증 대책법'이라고 불러도 좋은 이 법률의 핵심은 일출부터 일몰까지 마차의 로마 시내 진입을 엄금한 조항이었다. 예외는 국가의 제사 의식에 쓰이는 마차와 공공 건설 공사에 필요한 자재를 운반하는 수레뿐이다. 마차를 이용해 로마에 도착한 사람이나 물자는 낮에 도착했어도 해가 질 때까지는 시내에 들어오는 것이 일절 허용되지 않는다. 기다릴 수 없으면 사람은 걸어서, 물자는 짐꾼이 등에 짊어지고 시내로 들어갈 수밖에 없었다. 하지만 해가 진 뒤에는 진입금지 조치가 해제되니까, 그때까지 성문 밖에서 대기하고 있던 마차들이 일제히 시내로 몰려 들어온다. 도로변에 사는 사람들은 수레의 쇠바퀴와 돌바닥이 맞부딪쳐 내는 소음 때문에 잠 못 이루는 밤을 보내게 되었다.

도시 생활은 일에서도 오락에서도 많은 이익을 베풀어준다. 하지만 결점도 적지 않다. 그래서 로마인은 교외 별장을 소유하는 데 열심이었지만, 이 '율리우스 법'은 아무도 고치려 하지 않았기 때문에 제국이 붕괴할 때까지 계속 유지되었다. 뿐만 아니라 율리우스 카이사르가 법제화했을 당시에는 수도 로마에서만 시행되었는데, 제정 시대에 접어들자 본국 이탈리아의 다른 도시에도 적용되었고, 나중에는 속주의 주요 도시까지 확대되었다. 서기 2세기의 오현제 시대에는 도시라고 부를 만한 곳에서는 거의 다 이 법이 시행되었다고 한다.

이렇게 되면, 여행자는 마차로 로마에 도착했어도 시내에 들어가기 전에 마차에서 내려야 한다. 아피아 가도를 따라서 왔다면, 아피아 가도의 종착점인 카페나 성문 앞에서 내리게 된다. 하지만 몹시 피곤하거나 병약한 사람은 다른 탈것을 이용할 수 있었다. 두 사람이 메는 가마다. 가마는 낮에도 시내에 들어오는 것이 허용되었기 때문이다. 자기 집 하인이 가마를 갖고 마중 나오기를 기대할 수 없는 사람은 임대 가마를 빌릴 수 있었다. 어쨌든 시내의 주요한 이동 수단은 인간의 발이었다. 종신 독재관에 취임해 사실상의 황제가 된 카이사르도 포로 로마노에 있는 관저에서 브루투스 일당의 칼날이 기다리는 폼페이우스 극장의 회랑까지 걸어서 갔다. 트라야누스 황제도 도나우강 전선에서 수도 로마로 돌아올 때, 가도 종착점에 이르자 말에서 내려 걸어서 시내로 들어왔다.

그로부터 2,000년 세월이 지난 오늘날의 로마에는 옛날 아피아 가도의 기점이자 종점인 카페나 성문은 흔적조차 남아 있지 않다. 하지만 지금도 그곳은 많은 도로가 엇갈리는 교차점이다. 현재 이름은 '카페나 성문 광장'(피아차 포르타 카페나). 카라칼라 황제의 목욕장 유적을 왼쪽으로 바라보면서 시내로 다가가면 정면에는 옛날의 대경기장이 펼쳐져 있고, 그 오른쪽에는 팔라티노 언덕을 가득 메우고 있는 황궁터 유적, 콘스탄티누스 황제의 개선문과 콜로세움 등 로마 시대의 대표적인 건조물의 유적들이 차례로 시야에 들어온다. 옛날에는 여기서 마차를 버리고 걸어서 시내로 들어갈 수밖에 없었지만, 지금은 승용차도 버스도 태연히 시내로 들어간다. 덕분에 오늘날 로마 도심은 교통 체증과 그 결과인 배기가스로 가득 차 있다. 16세기에 미켈란젤로가 캄피돌리오 광장을 설계했을 때, 고대 로마와 르네상스의 연대를 상징하는 것으로서 마르쿠스 아우렐리우스 황제의 기마상을 광장이 있는 카피톨리노 언덕으로 옮겨 세웠지만, 이 기마상도 복원된 후에는 배기가스로 손상되는 것을 막기 위해 가까운 미술관의 유리장 안에 넣어버렸다. 카페나 성문 광장을 지날 때마다 여기서부터의 로마는 자동차를 위해 만들어진 게 아니라는 점을 통감한다. 하지만 걸어가거나 인력거를 타라고 말하면 요즘 사람들은 가만있지 않을 것이다. 옛날 사람들이 다리가 더 튼튼했던 걸까.

인류가 로마 가도에서의 이동 속도를 넘어설 수 있었던 것은 철도가 발달하기 시작한 19세기 중엽부터 자동차가 보급되기 시작한 20세기 이후라는 것이 연구자들의 지배적인 의견이다. 로마 제국이 붕괴한 뒤 1400년 동안, 주요한 교통 수단은 여전히 인간의 발과 말과 마차였기 때문이다. 하지만 가도의 상태는 계속 악화되었다.

　서로마 제국이 이미 붕괴한 6세기에 이탈리아를 방문한 동로마 제국의 고관이 경탄했을 만큼, 아피아 가도는 그 무렵에도 충분히 기능을 발휘하고 있었다. 아피아 가도가 착공된 기원전 312년부터 헤아리면 무려 800여 년이 지난 뒤의 증언이다. 하지만 무거운 수레도 지나다닌 아피아 가도가 800년이나 되는 세월 동안 견뎌낼 수 있었던 것은 보수를 게을리하지 않았기 때문이다. 로마의 토목기사들은 100년 동안은 길을 보수할 필요가 없을 거라고 호언했지만, 그들도 800년 동안 길이 견뎌낼 거라고 장담하지는 않았다. '쿠라토르 비아룸'(curator viarum, 직역하면 '가도를 시중드는 사람')은 오늘날의 건설부 도로국장 같은 직책인데, 이들이 각 가도를 유지·관리하는 책임자였다. 아피아 가도의 '쿠라토르'는 누구이고, 플라미니아 가도의 '쿠라토르'는 누구라는 식으로 가도마다 책임자가 정해져 있었다. 이런 고급 공무원이 책임지고 관리한 덕분에 총길이 8만 킬로미터에 이르는 간선도로는 제국의 동맥 역할을 해낼 수 있었다. 로마인은 이런 간선도로를 '비아이 푸블리카이'(viae publicae, 공도)라고 불렀다. '푸블리카이'라는 낱말이 붙으면 국가가 책임지고 하는 일을 의미한다. 하지만 재정 면에서 개인의 협력을 거부했다는 뜻은 아니다. 거부하기는커녕 황제가 사재를 터는 솔선수범을 보여 개인의 협력을 장려했다. 아무개가 어디서 어디까지의 보수비를 기부했다는 내용이 새겨진 비석이 제국 전역에서 발견되고 있다. 중앙정부·지방자치단체·개인의 삼자 협력 체제는 로마 가도망을 유지하는 면에서도 그 진가를 발휘하고 있었다.

하지만 이 로마 제국에도 종말이 찾아온다. 그 조짐이 특히 두드러지게 나타난 것은 역사에서 '3세기의 위기'라고 불리는 서기 235년부터 50년 동안이다. 1년도 지나기 전에 황제가 차례로 바뀌는 불안정한 반세기였다. 정치의 불안정은 경제에 영향을 미칠 수밖에 없다. 이때를 기점으로 로마 가도는 자연에 맡겨지게 된다. 이 '3세기의 위기'는 강력한 디오클레티아누스 황제와 콘스탄티누스 황제의 등장으로 일단 넘길 수 있었지만, 그래도 인프라를 유지·관리하는 데까지는 힘이 미치지 않았다. 서기 6세기에 비잔틴 제국의 고관이 지나간 아피아 가도는 그때 이미 300년 동안이나 방치되어 있던 상태였다. 그런데도 그 사람이 경탄할 만큼 도로 상태가 양호했던 것은, 애초에 건설할 때 기술 수준이 높았고 그 후 500여 년 동안 도로 기능을 유지하는 데 공을 들인 결과였을 것이다.

현대의 연구자 가운데 한 사람은 이렇게 말하고 있다. 일관된 정치가 이루어지는 나라에서만 도로 행정이 충분히 기능을 발휘할 수 있다고.

오늘날 우리가 보는 로마 가도는, 일관된 정치가 이루어진 나라가 소멸한 뒤 오랫동안 방치되어 포장된 마름돌의 가장자리는 둥글게 닳아버리고 그 사이사이에 흙이나 돌멩이가 쌓여 잡초까지 돋아나고 아무리 쾌적한 자동차를 타고 있어도 창자가 뒤틀릴 것 같은 상태의 로마 가도다. 그것을 보고, 로마 가도가 이런 것인가 하고 오해하지 말기 바란다. 로마 시대와 똑같은 상태로 남아 있는 폼페이의 도로도 포장된 돌의 가장자리가 둥글게 닳아버렸지만, 폼페이는 남부 이탈리아에 수없이 많았던 중소 도시의 하나에 불과했고, 게다가 그것은 시내 도로다. 시내 도로는 지방자치단체의 관할이고, 오늘날에도 시내에서는 자동차의 속도가 제한되어 있다. 로마 시대에는 낮 동안 마차나 수레의 시내 통행이 금지되어 있었다. 따라서 시내 도로는 '공도'라고 불린 간선도로처럼 유지·관리에 신경을 쓸 필요가 없었다.

이집트인들은, 교통로로도 적합한 나일강이 있었기 때문에, 가도라고 부를 만한 도로는 만들지 않았다. 이집트로 이어지는 가도는 로마 시대에 만들어진 것이다.

그리스도 해상 교통이 발달했고 도시 국가들 사이의 다툼이 격렬했기 때문에, 각 폴리스를 연결하는 도로망은 만들 생각조차 하지 않았다. 이 그리스에 놓인 가도는 모두 로마의 패권 아래 들어간 이후에 만들어진 것이다.

페르시아제국에는 기원전 5세기에 이미 그리스인 역사가 헤로도토스를 경탄시킨 '왕도'라는 가도가 놓여 있었다. 페르시아만과 가까운 페르세폴리스와 지중해 쪽의 사르데스(사르디스)를 잇는 2,500킬로미터의 도로다. 길가에는 일정한 거리마다 역참도 정비되어 있었다지만, 전체가 돌로 포장되어 있었는지는 알 수 없다. 헤로도토스보다 100년 뒤에 이곳을 찾은 크세노폰은 진흙탕 속을 행군했다니까, 그로부터 반세기 뒤에 알렉산드로스 대왕이 지나갈 무렵에는 '왕도'도 이미 옛날 이야기가 되어 있었을지 모른다. 이 도로는 아피아 가도의 5배인 2,500킬로미터나 되지만, 페르시아제국에 있었던 가도는 이것 하나뿐이다. 왕의 권력과 재력을 이용하면, 이 정도의 가도를 한두 개 놓는 것은 그리 어려운 일이 아니다. 하지만 로마 가도는 그물처럼 얽

힌 8만 킬로미터의 '네트워크'다. 로마 가도의 가장 큰 특징은 가도의 길이가 아니라 '네트워크화'되어 있었다는 점이다.

말로 장황하게 설명하기보다 지도를 보는 편이 이해하기 쉬울 것이다. 현대의 도로·열차노선의 도면을 로마 가도망의 도면과 함께 실은 것은 2,000년 전과 현대의 인프라를 비교해보고 싶었기 때문이다. 그래서 로마 시대의 가도망을 나타낸 지도지만 현재의 지명을 사용해서, 론디니움이 아니라 런던, 루테티아가 아니라 파리, 콜로니아 아그리피넨시스가 아니라 쾰른, 빈도보나가 아니라 빈으로 표기했다.

이것을 보면 로마 제국 전역에 깔린 가도망이 로마 제국의 혈관이었다는 점을 이해할 수 있을 것이다. 그리고 그것이 로마 제국을 승자와 패자의 공동운명체로 만드는 데 가장 효과적인 수단이었다는 것도 이해할 수 있을 것이다.

여기서 일찍이 패자였던 쪽의 증언을 소개하고자 한다. 소아시아 태생의 그리스인 철학자 아리스티데스가 서기 143년에 로마에서 강연한 내용의 일부다. 당시 그는 20대 후반의 젊은이였다. 이 강연은 『로마인 이야기』 제9권 「현제의 세기」에서 이미 소개했지만, 여기서 다시 한번 언급하고 싶다.

〈이제는 나 같은 그리스인도, 아니 다른 어느 민족도, 가고 싶은 곳은 어디든 마음대로 갈 수 있는 세상이 되었다. 신분증명서를 신청할 필요도 없이, 자유롭고 안전하게 원하는 곳으로 여행할 수 있다. 로마 시민권 소유자라는 것만으로 충분해졌다. 아니, 구태여 로마 시민일 필요도 없다. 로마의 패권 아래서 함께 사는 사람이라는 것만으로도 자유와 안전이 보장된다.

일찍이 호메로스는 노래했다. 지상은 만인의 것이라고. 로마는 시인의 이 꿈을 구현했다. 당신들 로마인은 산하에 들어온 모든 땅을 측량하고 기록했다. 그리고 그 후에도 하천에는 다리를 놓고, 평지는 물론 산지에도 가도를 건설해, 제국의 어느 지방에 살든 쉽게 왕래할 수 있도록 정비했다. 게다가 제국 전역의 안정을 위한 방위체제를 확립하고, 인종과 민족이 달라도 함께 살아가기 위한 법률을 정비했다. 이런 모든 일을 통해 당신들 로마인은 로마 시민이 아닌 자에게도 질서 있고 안정된 사회에 사는 것이 얼마나 중요한 것인가를 가르쳐주었다.〉

잊고 있었지만, 법률도 어엿한 인프라다.
그리고 이 로마 제국의 동맥을 통해 흐른 것은 사람과 물자와 정보인데, 아리스티데스는 정보전달체계에 대한 언급도 잊지 않았다.

〈속주 통치를 책임지는 총독이라도 정책을 결정하거나 속주민의 청원을 받아들일 경우 조금이라도 의문을 느끼면 당장 황제에게 편지를 보내 지시를 청하도록 되어 있는 것이 로마 제국이다. 총독은 황제의 지시가 올 때까지 기다린다. 마치 지휘자의 신호를 기다리는 합창단(코러스)처럼.
황제도 정보 전달만 보장되면 어디에 있든 통치할 수 있다. 제국의 변경도 그곳으로 편지만 보내면 통치할 수 있다. 황제의 편지는 씌어지자마자 마치 날개 달린 전령(메르쿠리우스)이 나르듯 신속하고 안전하게 목적지에 배달된다.〉

로마 시대는 현대와 달리 순식간에 정보가 전달되는 시대는 아니었다. 하지만 정보전달체계 확립의 중요성은 알고 있었다.

나는 로마인의 이런 생활방식을 설명하기 위해 '공동운명체'라는 말을 사용했지만, 이 표현은 로마 시대에는 존재하지 않았다. 그들은 아주 간단하게 '파밀리아'(familia)라는 말로 표현했다. 굳이 설명할 필요도 없겠지만, '파밀리아'는 '가족'이라는 뜻이다. 로마 제국은 그들에게 대가족이었다. 이렇게 생각했기 때문에 본국과 속주의 구별 없이 가도망을 깔았을 테고, 인간 생활에 가장 중요한 요소인 물도 어디서나 누구든 편리하게 사용할 수 있게끔 시스템을 확립하려고 애쓴 게 아닐까.

로마인이 구축한 인프라, 로마인 자신의 말을 빌리면 '사람이 사람다운 생활을 하기 위해 필요한 대사업'의 주역 가운데 하나는 지금까지 기술한 로마 가도다. 그리고 또 하나의 주역은 지금부터 이야기할 로마의 수도(水道)였다.

4 수도

 그렇게 높은 석조 고가교(高架橋)까지 만들면서 물을 끌어오기 위해 애쓴 것을 보면, 로마에는 물이 부족했던 게 아니냐는 의문이 들지도 모른다. 그러나 대답은 '아니다'이다. 우선 여름철에도 수량이 조금밖에 줄어들지 않는 테베레강이 바로 옆을 도도하게 흐르고 있다. 게다가 일곱 언덕이 산재해 있는 지형이라, 이런 언덕들에서 흘러내리는 시냇물도 많아서, 세찬 비라도 내리면 언덕 사이에 펼쳐져 있는 저지대는 온통 습지대로 변한다. 로마에 상수도보다 '클로아카'(cloaca)라고 불린 하수도가 먼저 만들어진 것도 남는 물을 모아 테베레강으로 흘려보낼 필요가 있었기 때문이다. 습지대를 방치해두면 모기가 생긴다. 당시에는 말라리아가 맹위를 떨쳐, 사람이 가까이 가지 않게 된 동네가 드물지 않았다.

 이처럼 로마에는 결코 물이 부족하지 않았기 때문에, 로마가 세워진 기원전 753년부터 기원전 312년까지 440년 동안은 로마인도 고대의 다른 민족과 마찬가지로 샘이나 우물이나 시내에서 물을 길어 사용했다. 그런데 기원전 4세기부터 기원전 3세기까지 살았던 한 로마 정치가가 이런 상황을 바꿔버린다.

그 사람의 이름은 아피우스 클라우디우스. 최초의 로마식 가도인 '아피아 가도'를 입안하고 건설한 바로 그 사람이다. 아피우스는 사람이나 수레가 지나다녀서 자연스럽게 생긴 길이 있는데도 인공으로 로마식 가도를 뚫었듯이, 물도 자연에만 의존하지 않고 인공적으로 안정된 공급체제를 확립할 필요가 있다고 생각했는지 모른다. 아피아 가도와 함께 기원전 312년에 착공된 로마 최초의 수도는 가도와 마찬가지로 입안자 겸 공사 책임자인 사람의 성을 따서 '아피아 수도'(Aqua Appia)라고 명명되었다.

당시 아피우스는 재무관이었다. 공화정 시대 로마의 최고 관직은 집정관이었는데, 집정관을 몇 번 경험한 사람이 재무관으로 선출된다. 애당초 이 관직을 설치한 이유가 인구를 조사하기 위해서였기 때문이다. 인구조사의 목적은 병역 해당자 수를 조사하는 것이었다. 그 일을 책임진 사람은 공정해야 하고, 그래서 신망 있는 원로원 유력자가 선출되는 것이 보통이었다. 또한 당시의 로마는 주변 부족들과 줄곧 전쟁만 했기 때문에, 집정관은 군단을 이끌고 밖에 나가 있을 때가 많다. 자연히 집정관 대신 재무관이 내정을 담당하는 경우가 많았고, 따라서 재무관의 임무가 많아졌다. 게다가 집정관의 임기는 1년인데, 재무관의 임기는 5년이나 된다. 이것이 아피우스가 1년으로는 끝나지 않는 대규모 공공사업을 벌일 수 있는 환경을 조성해주었을 것이다. 하지만 이 입장을 활용한 것은 아피우스가 처음이었다. 그 이전의 재무관들은 그런 일을 시도한 흔적이 없다. 아피우스 이후에는 전시가 아닐 때는 집정관이나 재무관, 전시일 때는 재무관이 공공사업을 담당하는 것이 관례가 되었다. 제정으로 바뀐 뒤에도 대규모 공공사업을 벌이고 싶은 황제는 그 공사가 진행되는 동안만 재무관을 겸임할 정도였다. 아피우스는 재무관이 공공사업의 책임자가 되는 전통의 '이정표'를 세운 사람이기도 했다.

하지만 가도와 수도라는 양대 인프라 공사가 착공된 기원전 312년 당시, 로마는 겨우 이탈리아반도의 중부를 제패하는 데 성공하기 시작했을 뿐이었다. 마치 자동차도 없는데 훌륭한 자동차 도로를 개설하고, 욕실도 없는 집에 본격적인 수도를 끌어들인 것이나 마찬가지다. 그래도 얼마 후에는 자동차를 갖게 되고 목욕도 날마다 할 수 있게 되었으니, 인프라는 수요가 있어서 하는 게 아니라 수요를 창출하기 위해 하는 것인지도 모른다.

그렇다 해도 이탈리아반도만이 아니라 유럽과 중동과 북아프리카를 합한 대제국이 된 뒤에도 완벽하게 적용할 수 있을 정도의 인프라를 어떻게 그 시기에 벌써 생각해내고 실행에 옮겼는지, 그저 감탄스러울 뿐이다. 아피우스는 인프라를 단순한 토목 공사가 아니라 국정의 일환으로 생각했던 게 분명하다. 그렇지 않다면 '국가 백년대계'가 아니라 결과적으로 '국가 천년대계'가 된 로마 가도와 로마 수도를 둘 다 입안하고 실행에 옮길 수는 없었을 것이다.

기원전 312년이라는 해는 로마에는 '인프라 원년'이었다. '아피아 가도'가 나중에 건설된 모든 로마 가도의 모델이 되었듯이, '아피아 수도'도 나중에 건설된 모든 로마 수도의 기본형이 되었기 때문이다.

총길이는 16,617킬로미터

그 가운데 지하에 뚫린 길이는 16,528킬로미터

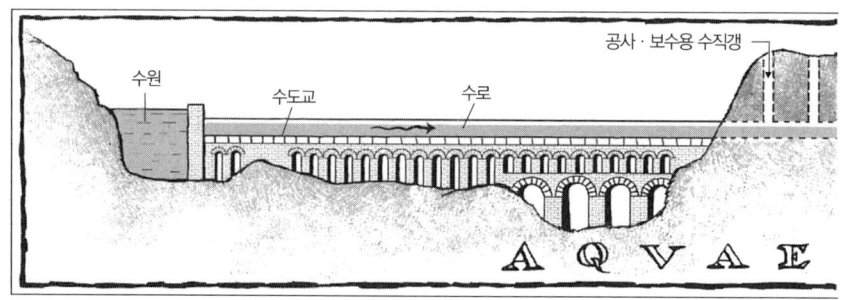

로마 수도의 도면(수원에서 저수조까지)

지상에 있는 길이는 89미터

지하 수도인 경우에는 갱도를 파고, 지상 수도인 경우에는 육교나 고가교를 만들어 그 위를 물이 흐르게 했다. '아피아 수도'의 지하 수도와 지상 수도의 비율은 185 대 1로, 나중에 건설된 로마 수도에 비해 지하 수도가 훨씬 길다. 쳐들어온 적이 파괴하지 못하게 하기 위해서였다고 연구자들은 말한다. 로마 최초의 수도는 안전 지역이 로마 주변의 20-30킬로미터에 불과했던 시대에 만들어졌다. 하지만 로마가 대제국이 된 뒤에 만들어진 수도도 지상과 지하의 비율은 2 대 4나 2 대 5 정도로 지하 수도가 훨씬 길다. 그 이유는 두 가지다. 첫째는 물의 온도가 상승하는 것을 막기 위해서였고, 둘째는 물의 증발을 막기 위해서였다. 로마는 남쪽 나라다. 그리고 물은 수온이 올라가면 썩는다. 멀리 떨어진 산속에서 일부러 물을 끌어오는 것이므로, 수도를 건설하는 최대 목적은 항상 양질의 물을 확실하게 시민에게 제공하는 것이었다.

'아피아 수도'의 수원(水源)은 로마 동쪽에 있는 산지에서 솟아나는 물이다. 그런데 로마 시대의 수도 공사 관계자는 수원을 어떻게 결정

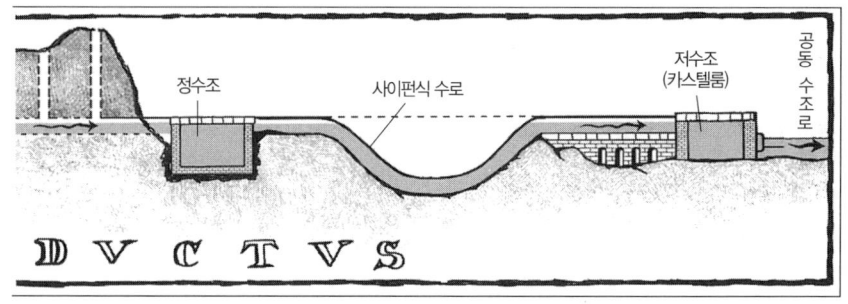

했을까. 수질 검사에 필요한 화학 지식이나 수단도 없었던 시대다.

우선 산지에 많은 샘이나 호수에서 물을 길어다가 육안으로 검사한다. 이 단계에서는 물이 맑고 색깔도 없고 불순물도 없으면 합격이다.

두 번째 단계에서는 수원 주변 지역을 조사한다. 초목의 생장 상태는 어떤지, 토양 색깔은 어떤지. 주변에 사는 사람들까지 조사한다. 안색은 좋은지, 눈빛은 맑은지, 골격은 어떤지, 병자나 불구자가 눈에 띄게 많지는 않은지 등등. 그와 동시에, 길어온 물을 청동 항아리에 넣어 며칠 동안 방치해둔다. 썩기 쉬운 물은 아닌지를 조사하기 위해서다. 그밖에 물을 끓이면 거품이 나지는 않는지, 불순물이 표면으로 떠오르지는 않는지도 조사했다. 어쨌든 소독약이 없었던 시대다. 수원을 결정할 때까지 조사나 검사에 상당히 공을 들였다. 로마인은 수원을 결정해도 그 호수나 샘의 수면 근처에서 물을 끌어올리기를 꺼렸다. 수면이 아니라 수면보다 훨씬 밑에 있는 맑은 물을 끌어내려고 호수나 샘 옆에 닿는 갱도를 팠을 정도다.

수원을 결정한 뒤에는 그곳에서 도시까지 어떻게 물을 끌어올 것인가 하는 과제가 기다리고 있다. 가도는 되도록 평탄하게 길을 뚫고 포

수도 223

장만 해놓으면 사람이나 수레가 스스로 그 위를 이동해준다. 하지만 물은 인위적으로 흐르게 하지 않으면 스스로 흐르지 않는다. 로마인은 지구에 인력이 있다는 것까지는 몰랐던 모양이지만, 물이 낮은 데로 흐른다는 것은 알고 있었다.

  소독약이 없던 시대에 물의 청결을 유지하기 위해 그들이 생각해낸 방법이 '계속 흐르게 하는 것'이었다. 물은 고이면 썩으니까, 계속 흐르게 내버려두면 수질을 유지할 수 있다고 생각한 것이다.

  하지만 비교적 짧은 '아피아 수도'도 16킬로미터가 넘는다. 게다가 산지에 있는 수원에서 평지에 있는 로마까지는 언덕도 있고 골짜기도 있고 하천도 있다. 이 복잡한 지형에서 경사를 어느 정도로 하면 물이 계속 흘러줄 것인가 하는 문제를 해결하지 않으면 안 되었다. 경사가 너무 완만하면 물이 흐르지 않는다. 반대로 너무 가파르면, 그로 말미암아 생겨나는 수압 때문에 지하든 지상이든 갱도가 터져버릴 게 뻔하다. 구리관도 없는 시대에 물은 시멘트로 방수 처리한 갱도 안을 흘렀기 때문이다. 적절한 경사도를 계산하는 것은 수도 공사에서 특히 필수였다. 『건축론』의 저자인 비트루비우스와 『수도론』의 저자인 프론티누스가 계산한 경사도 수치는 일치하지 않지만, 지하든 지상이든 평탄한 경우에는 0.2퍼센트 안팎이었던 모양이다. 하지만 이것은 복잡한 지형을 어떻게 처리했는가 하는 문제와 맞물려 있었을 테니까, 일정한 수치는 나올 수 없었을 것이다. 비트루비우스는 0.5퍼센트로 계산했고, 경우에 따라서는 16.5퍼센트나 된다고 한다.

  언덕이 그리 넓지도 크지도 않으면, 옆으로 갱도를 파 들어가서 관통하는 방법을 택했다. 언덕 위에서도 일정한 거리를 두고 여러 개의 굴을 밑으로 파 내려간다. 갱도를 팔 때 나오는 토사나 암석을 밖으로 운반해내는 것뿐이라면, 공사가 끝나는 동시에 이 수직갱도 쓸모가 없어졌겠지만, 실제로는 나중에도 유지·관리를 맡은 사람이 수도관을 조사하거나 보수 공사를 하러 내려가는 통로로 유용하게 쓰였다.

골짜기가 너무 깊지도 넓지도 않은 경우, 로마의 토목기사들은 물을 높은 곳에서 떨어뜨려 그 힘으로 물을 밀어 올리는 사이펀의 원리를 활용했다. 내려갔다 올라가는 골짜기의 능선을 따라 갱도를 파는 것이다. 골짜기 가장자리까지 흘러온 물은 갱도를 따라 낙하한 뒤, 그 힘으로 골짜기 건너편까지 밀어 올려진다.

하지만 골짜기가 너무 넓거나 깊으면 이 사이펀 방식은 쓸 수 없다. 그래서 로마인은 가도 건설 공사와 같은 방식을 채택했다. 골짜기 이쪽에서 저쪽까지 다리를 놓아버리는 것이다. 다만 사람이나 수레가 지나다니는 다리와는 달리 물이 지나는 다리는 조금이라도 경사가 있어야 했다.

물을 보내기 위해 이렇게 거창한 다리를 놓는 것이니까 사람이나 수레도 다닐 수 있으면 좋았을 것 같은데, 로마인은 그것을 용납하지 않았다. 용납했다 해도 사람만 다닐 수 있었고, 수레나 말이나 소는 엄금했다. 유지·관리를 위해서는 갱도 위쪽을 언제든지 열 수 있도록 해둘 필요가 있었기 때문이고, 갱도 위를 덮고 있는 포장재를 보호하기 위해서이기도 했다. 로마인은 물이 지나는 다리도 갱도 위를 납작한 마름돌로 포장했다.

물이 흐르는 골짜기인 경우에는 당연히 사이펀 방식을 채택할 수 없으니까, 다리를 놓아 그 위로 물을 흘려보내게 된다. 위에도 물이 흐르고, 아래를 흐르는 것도 물이니, 그 광경을 상상하면 유쾌해지기도 한다.

지하 수도의 유적은 누구나 볼 수 있는 건 아니지만, 지상에 높이 세워져 있는 고가 수도의 경우에는 로마 근교만이 아니라 님이나 세고비아나 카르타고에도 유명한 유적이 남아 있어서 2,000년이 지난 지금도 누구나 관광할 수 있다. 그것을 볼 때마다, 단지 물을 안정적으로 공급하기 위해 이런 대규모 공사를 했나 하고 감탄하지만, 수원에서 사막을 지나 카르타고까지 이어져 있는 로마 시대의 고가 수도 유적을 보았을 때는 감탄하기보다 어이가 없었다. 멍하니 바라보고 있는 내 옆을 나귀가 끄는 짐수레가 지나갔다. 짐수레에는 물병이 가득 실려 있었다. 물장수의 짐수레다. 그러고 보니 로마 시대에는 물장수가 없었다는 게 생각났다.

로마인이 수십 미터 높이의 고가교 수도를 만든 것은 권력이나 재력을 과시하기 위해서가 아니라, 그럴 필요가 있었기 때문이다. 로마의 토목기사들은 낙하하는 힘으로 물을 밀어 올리는 사이펀의 원리는 알고 있었지만, 그것을 기계화하지는 못했다. 동력 문제가 해결되지 않았기 때문일 것이다. 사이펀의 원리를 활용하고 싶으면, 물을 높은 곳으로 끌어와서 그것이 낙하하는 힘을 추진력으로 바꾸어 물을 앞으로 밀어 보낼 수밖에 없었다. 어쨌든 '상대'는 촌락이 아니라 도시다. 흘려보내야 하는 물의 양도 훨씬 많다. 게다가 로마인이 '카스텔룸'(castellum)이라고 부른 저수조에 일단 모아두었다가 흘려보내는 것이므로, 도시 안팎의 수도는 고가교가 될 수밖에 없었다.

이 저수조가 맡고 있었던 기능은 우선 수원에서 보내온 물을 모아서 불순물을 침전시킨 뒤에 다시 시내로 보내는 것이었다. 하지만 기능은 또 하나가 있었다. 그것은 갈수기에 어디부터 먼저 물을 보내는가 하는 우선순위와 관련된 것으로, '공'과 '사'에 대한 로마인의 개념을 보여주는 기능이었지만, 여기에 대해서는 나중에 이야기하겠다. '아피아 수도'가 건설된 당시의 로마는 아직 인구가 적어서, 저수조는 불순물을 침전시키는 기능만 맡으면 충분했기 때문이다.

그러면 이 '아피아 수도'의 수질은 어떠했을까. 샘에 고여 있는 물을 취수하는 게 아니라 땅을 16미터나 파 내려가서 샘으로 흘러들기 전의 지하수를 지하 갱도 안으로 끌어들였기 때문에 수질은 상당히 좋았다는 것이 로마 시대의 증언이다. 수량도 풍부해서, 현대 연구자들의 추산에 따르면 하루 송수량이 7만 3,000세제곱미터에 달했다고 한다. 그 정도면 로마 시내에 공급하는 물의 양으로 충분했는지 여부는 알 수 없지만, 적어도 인간에게 필수불가결한 요소인 물을 안정적으로 공급하는 방향으로 나아가는 첫 번째 '이정표'는 세워진 셈이다. 그리고 로마인은, 가도를 봐도 알 수 있듯이 복수의 선택지를 갖기를 좋아했기 때문에, 수도에만 물 공급을 의존하지 않고 '아피아 수도'가 건설되기 전에 오랫동안 생활용수로 사용한 빗물도 계속 활용했다.

로마 시내의 민가는, 단독주택인 '도무스'도 공동주택인 '인술라'도, 지붕 일부가 건물 바깥쪽이 아니라 안쪽으로 비스듬히 경사져 있다. 경사진 지붕을 따라 흘러내린 빗물을 홈통을 통해 지하 저수조에 모아서 생활용수로 사용했기 때문이다. 로마는 북부 이탈리아에 비해 비가 적다. 비가 적으니까 빗물 활용법을 생각했겠지만, 이 빗물 활용에는 무시할 수 없는 이점이 있었다. 물을 길으러 집 밖으로 나갈 필요가 없다는 점이다. 이 이점 때문인지, 수도가 건설되어 항상 맑은 물을 공급받게 되었는데도 로마인은 계속 빗물을 활용했다. 청소나 빨래, 안뜰에 심은 꽃이나 나무에 물을 줄 때, 그리고 수세식 변소에서 사용하는 물은 빗물로도 충분했기 때문이다. 집 안으로 수돗물을 끌어들이면 수도요금을 내야 했다는 것도 빗물 활용에 열심이었던 이유인지 모른다.

요컨대 로마인은 교통로의 경우에도 간선도로인 '공도', 지방자치단체가 관리하는 '지선', 그리고 개인용 '사도'의 삼원체제를 확립했듯이, 물의 경우에도 수돗물과 우물물과 빗물이라는 세 가지 선택지를 갖고 있었다.

여러 개의 선택지를 갖는 유리함을 동포들에게 가르쳐주었다는 점에서도 '아피아 가도'와 '아피아 수도'는 로마 역사상 획기적인 대사업이다. 민중은 추상적인 것에 대해서는 잘못 판단할 수도 있지만 구체적인 형태로 제시되면 올바른 판단을 내리는 능력을 갖고 있다고 마키아벨리는 말했다. 아피우스는 가도와 수도를 뚫어, 여러 개의 선택지를 갖는 유리함을 구체적인 형태로 보여준 셈이다. 아피우스가 이런 대사업을 추진할 수 있었던 것은 재무관이라는 지위에 있었기 때문이다. 그리고 재무관은 민회에서 선거로 뽑히는 선출직이었다는 점을 잊어서는 안 된다.

로마의 두 번째 수도인 '옛 아니오 수도'(Anio Vetus)는 '아피아 수도'보다 40년 뒤인 기원전 272년에 착공되었다. 이 수도에 '옛'

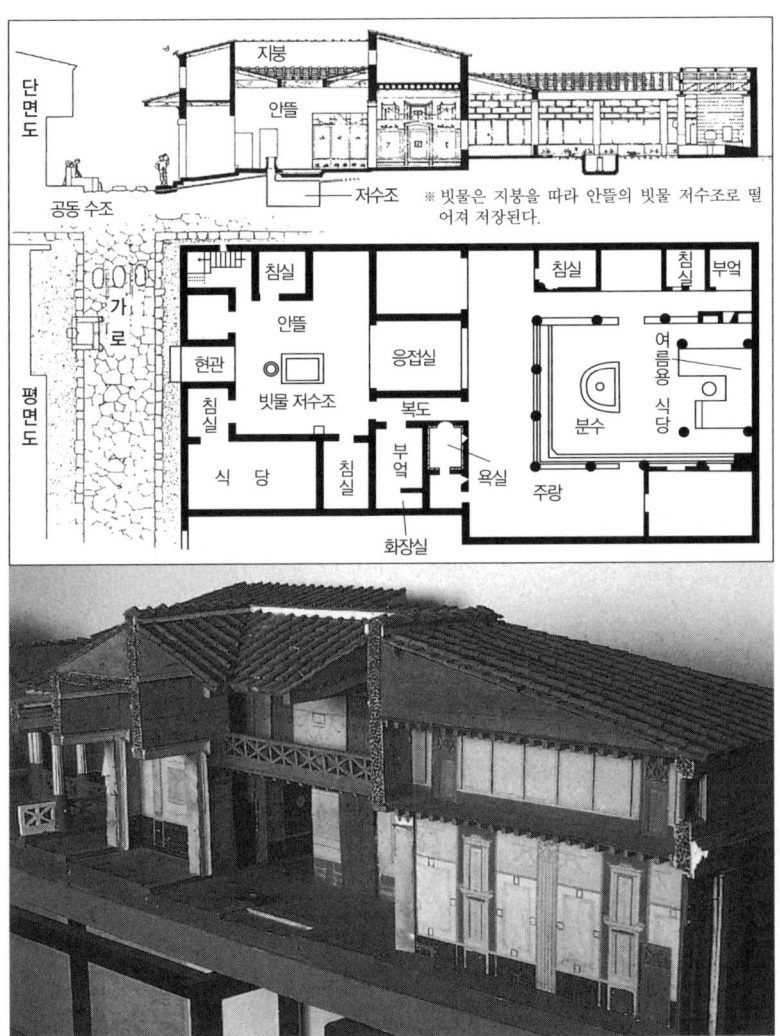

도무스에서의 빗물 이용법. 위가 단면도, 가운데가 평면도(J. P. 아당, 『로마의 건축 : 재료와 기술』에서). 아래는 도무스의 복원모형(안쪽으로 기울어진 가운데 지붕 밑에 보이는 것이 빗물 저수조)

(vetus)이라는 형용사가 붙은 것은 제정 시대에 '새 아니오 수도'가 건설된 뒤니까, 그때까지는 그냥 '아니오 수도'라고 불렀다. '아니오'는 로마에서 북쪽으로 3킬로미터 떨어진 곳에서 테베레강으로 흘러드는 하천의 이름이다. 라틴어로는 아니오강, 이탈리아어로는 아니에네강이라고 부른다. '옛 아니오 수도'는 이 하천의 상류로 흘러드는 시냇물을 수원으로 삼았다. 수도에 하천 이름을 붙인 것은 수도 건설을 입안하고 공사 총감독을 맡은 재무관이 두 명이었기 때문이다. 두 사람의 이름을 붙이면 이름이 너무 길어지니까 하천 이름으로 대신했다고 한다.

총길이는 63.680킬로미터

지하 수도는 63.352킬로미터

지상 수도는 328미터

송수량은 하루에 17만 5,920세제곱미터. '아피아 수도'의 2.5배다.

하지만 비가 계속 내리거나 하면 물이 탁해지는 경우가 많아서, 수질은 '아피아 수도'만큼 좋지 않았다. 시냇물을 그대로 끌어들인 수도였기 때문이라고 한다.

'아피아 수도'와 '옛 아니오 수도'가 건설된 뒤에는 가도 공사와 마찬가지로 수도 건설 공사도 100년이 넘도록 중단할 수밖에 없었다. 그 100년 남짓한 기간은 강국 카르타고와 사투를 벌인 시기와 정확히 겹친다. 로마인도 인프라가 중요하다는 것은 알고 있었지만, 인프라 공사를 벌일 형편이 아니었을 것이다.

세 번째 로마 수도는 기원전 144년에야 착공된다. 그보다 2년 전에는 카르타고가 불타버린 것을 마지막으로 제3차 포에니전쟁이 막을 내렸다. 그것은 이제 로마가 나랏돈의 상당 부분을 인프라에 투입할 수 있게 되었다는 뜻이기도 했다.

이 세 번째 수도는 입안자인 법무관 마르키우스의 이름을 따서 '마르키아 수도'(Aqua Marcia)라고 부르는데, 법무관은 로마 공화정에서 요직이긴 했지만 집정관이나 재무관처럼 권세 높은 직책은 아니다. 실제로 처음에 마르키우스에게 주어진 임무는 '아피아 수도'와 '아니오 수도'를 보수하는 것이었다. 그런데 보수 공사를 위한 사전 조사를 마친 마르키우스는 두 수도를 보수해도 그것만으로는 인구가 계속 늘어나는 로마에 충분한 물을 공급할 수 없고 따라서 새로 수도를 건설할 필요가 있다고 생각했다. 기원전 2세기 중엽의 로마는 카르타고를 무찌르고 마케도니아도 이겨서 지중해 세계의 최강대국이 되어 있었다. 이제 로마는 사실상 제국의 수도였다. 마르키우스가 이 생각을 원로원에서 이야기하자, 원로원은 그의 제안을 받아들였을 뿐 아니라 30대 젊은이에 불과했던 마르키우스를 공사 총감독으로 임명했다. 게다가 로마의 이 세 번째 수도에 마르키우스의 이름을 붙이는 것까지 승인했다.

'마르키아 수도'를 흐르는 물도 '아니오 수도'와 마찬가지로 아니에네강에서 온 물이지만, 수원은 '아니오 수도'보다 훨씬 상류다. 게다가 그 강으로 흘러드는 시냇물을 직접 끌어들인 것이 아니라, 시내로 흘러드는 지하수를 수원으로 삼았다. 따라서 수질도 최상급이어서, 수도 로마로 물을 보낸 11개의 수도 중에서는 나중에 이야기할 '비르고 수도'와 함께 최고라는 평가를 받았다.

총길이는 91.64킬로미터

지하 수도는 80.56킬로미터

지상 수도는 11.08킬로미터

11킬로미터 남짓한 지상 수도 가운데 9.6킬로미터가 고가 수도로 되어 있었다. 수질도 최고였지만, 하루 송수량도 그때까지 건설된 수도 가운데 가장 많은 18만 5,600세제곱미터에 이른다.

서기 538년에 야만족이 침입했을 때, 이 '마르키아 수도'도 수도 로마에 물을 공급하고 있었던 다른 10개의 수도와 마찬가지로 기능이 정지되지만, 그때까지 무려 680년 동안이나 수도로서의 기능을 유지하고 있었다. 이것은 집정관이나 황제들이 가도를 끊임없이 보수했듯이 생색도 나지 않는 유지·보수를 게을리하지 않은 결과이기도 하지만, 무엇보다도 가장 좋은 수원을 찾아내어 최고급 수질을 유지하면서 수원에서 로마까지 90킬로미터가 넘는 거리를 운반할 수 있는 수도를 건설한 젊은 법무관 마르키우스의 공이 컸다.

사실 '마르키아 수도'는 오늘날에도 쓰이고 있다. 이탈리아가 통일된 직후인 1870년에 사람들이 '마르키아 수도'의 좋은 수질을 생각해내고 복구했기 때문이다. 21세기인 지금도 로마 도심에 계속 물을 보내며 이름도 옛날 그대로 '마르키아 수도'다. 이탈리아어로 '아쿠아 마르차'라고 부르는 수도가 그것이다. 고대에는 하루 송수량이 18만 5,600세제곱미터였지만, 지금은 60퍼센트가 늘어난 30만 2,400세제곱미터에 이른다. 고대 로마 가도의 대부분이 현대의 국도로 부활했듯이, 로마 수도도 로마 제국과 함께 죽지는 않았다. 다만 현대에 되살아나며 옛날처럼 '계속 흐르게 내버려두지' 않고 수도꼭지로 잠그는 현대식으로 바뀌었다. 그래서 물을 맑게 유지하기 위해 소독약을 사용하지 않을 수 없고, 그 때문에 염소 냄새가 나기도 한다.

기원전 140년대에 이미 수질이 좋고 양도 충분한 수도를 건설했는데 불과 20년 뒤에 새로운 수도 건설에 착수했다니까, 지중해가 로마인에게 '마레 노스트룸'(mare nostrum, 우리 바다)이 되기 시작한 시대에 얼마나 많은 인구가 수도 로마로 흘러들었는지 알 만하다.

기원전 125년에 착공된 로마의 네 번째 수도는 '테풀라 수도'(Aqua Tepula)인데, 이 수도에 관해서만은 별로 알려진 것이 없다. 그해의 재무관 두 명의 이름이 알려져 있을 뿐, 거리도 송수량도 확실치 않다. 수도에 수원의 이름을 따서 '테풀라'라는 이름을 붙인 것은 재무관 두 사람의 이름을 함께 붙이면 너무 길어지기 때문인 모양이지만, '테풀라 수도'가 이처럼 알려지지 않은 것은 '마르키아 수도'의 지선 같은 느낌으로 건설된데다, 그로부터 100년 뒤에 만들어진 로마의 다섯 번째 수도에 편입되어버렸기 때문일 것이다.

하지만 이 '테풀라 수도'가 로마 주민들에게 중요하지 않았던 것은 아니다. 기원전 1세기는 기원전 100년부터 100년 동안을 가리키는데, 공화정 말기에 해당하는 이 100년은 로마사에서 유력자들 사이의 권력투쟁이 치열했던 시기다. 마리우스, 술라, 폼페이우스, 카이사르 등 군사에서나 정치에서 남달리 뛰어난 실력자들이 패권을 장악하려고 경쟁한 시대다. 게다가 단순한 권력투쟁이 아니라, 국가 로마가 나아가야 할 방향을 둘러싼 다툼이니까 정치투쟁이기도 했다. 술라와 폼페이우스는 종래와 같은 원로원 주도 체제를 고수하는 원로원파의 지도자였고, 카이사르는 로마인에게는 완전히 새로운 정치체제인 제정을 지향하고 있었다.

하지만 정치적 신념은 달라도, 양쪽 다 로마 시민의 지지를 필요로

위는 5개의 수도가 모인 포르타 마조레 부근의 복원 모형. 모형 오른쪽에 있는 3층 수도가 각각 율리아 수도, 테풀라 수도, 마르키아 수도. 모형 왼쪽에 있는 2층 수도가 새 아니오 수도와 클라우디아 수도. 오른쪽은 오늘날의 포르타 마조레.

했다는 점은 다를 게 없다. 원로원파인 술라와 폼페이우스도 민중파인 카이사르도 공공사업에 열을 올렸다. 높은 지위에 있는 사람은 자기가 받은 혜택을 어떤 식으로든 사회에 환원하는 로마의 전통을 대의명분으로 삼기는 했지만, 그것은 민중의 지지를 얻기 위한 선거운동이기도 했다. 술라는 '타불라리움'을 지었는데, 이것은 '공문서 보관소'니까 요즘으로 치면 정부종합청사라고 생각해도 좋다. 한편 폼페이우스는 마르스 광장에 대규모 극장과 거기에 딸린 회랑을 지어서 시민에게 기증했다. 카이사르는 그 정도로 그치지 않고 여기저기에 대규모 사업을 벌였다. 우선 포로 로마노 안에 '바실리카 율리아'를 세웠다. 또한 포룸을 새로 건설해 포로 로마노 확장에 앞장섰다. 마르스 광장에도 '사이프타 율리아'라는 회랑을 지었다. 이것은 선거 때는 투표장으로, 선거가 없을 때는 시민의 산책로로 제공되었다. 완공된 뒤에 '마르켈루스 극장'이라고 불리게 된 극장도 착공했다.

　이런 실력자들이 건축물에만 관심을 쏟은 나머지, 가도나 수도에 무관심했다고는 말할 수 없다. 카이사르는 아피아 가도 전체는 아니지만 부분적으로 보수공사를 했다. 따라서 이 시기의 로마에 물이 부족했다면, 이런 실력자들 가운데 누군가가 반드시 수도를 건설했을 것이다. 정치나 경제가 이루어지는 곳이나 오락시설도 도시 생활에는 중요하지만, 물이 부족해지면 무엇보다 먼저 서민의 생활이 타격을 받는다. 공화정 시대의 로마에서는 서민도 한 표를 가진 유권자였다.

　그런데 인프라 활성기라고 불러도 좋은 이 시기에 새로운 수도 공사가 전혀 이루어지지 않은 이유는 무엇일까. '아피아 수도' '아니오 수도' '마르키아 수도' '테풀라 수도'라는 네 개의 수도가 로마로 보내는 물이 로마인들의 수요를 충족시켰기 때문일까. 그래서 충분하지는 않더라도 최소한 물 부족이 심각한 문제가 되지는 않을 만큼 물이 공급되고 있었기 때문일까. 아니면 로마인 역사가들이 '내란기'라고 부른 이 시기에는 역시 가도나 수도처럼 장래까지 내다본 대규모 토목공사를 벌일 수 있는 상태가 아니었기 때문일까. 내가 보기에는 이 두 가지 이유가 모두 맞는 것 같다. 『건축론』을 당시 황제인 아우구스투스에게 헌정한 비트루비우스도 이제는 시민의 생명을 안전하게 보호하고 로마 제국을 건설하는 것만이 아니라 내용을 충실하게 다지는 것도 황제의 책무라고 말했다. 그래서 아우구스투스의 양아버지인 카이사르 휘하에서 토목기사로 일한 그 자신도 이 책을 써서 민간에까지 범위를 넓힌 건축의 모든 것에 대해 논하기로 했다는 것이다. 제국의 창시자인 아우구스투스는 '팍스 로마나' 노선의 창시자이기도 했다. 인프라 건설에 본격적으로 착수하려면 '평화'가 필요하다. 그리고 인프라는 사람들의 생활 수준을 향상시켜 '평화'를 영속시키는 데 가장 적당한 수단이기도 했다. 사실 제정이 시작되면서 로마인의 인프라 공사는 비약적인 발전을 이루게 된다. 아우구스투스는 40년 동안 나라를 다스렸으니까 치세가 길기는 하지만, 수도 로마로 들어오는 수도만 해도 무려 세 개가 아우구스투스 시대에 집중적으로 건설되었다.

마키아벨리는 훌륭한 지도자를 두 부류로 나눈 바 있다. 하나는 뭐든지 할 수 있는 능력이 있으니까 뭐든지 자기 혼자서 해버리는 사람. 또 하나는 뭐든지 할 수 있는 능력이 자기한테는 없다는 것을 알고 있

마르쿠스 아그리파

어서, 자기가 할 수 없는 일은 남에게 맡기는 사람. 율리우스 카이사르는 첫 번째 부류이고, 아우구스투스는 두 번째 부류였다.

카이사르는 아우구스투스를 양자로 삼아 후계자로 지명했을 때 당시 열일곱 살에 불과했던 양아들의 성질을 이미 꿰뚫어보고 있었던 모양이다. 정치적 능력은 있다고 보고 후계자로 삼긴 했지만, 이 젊은이에게는 군사적 재능이 전혀 없었다. 그래서 카이사르는 이 결함을 보충하기 위해 양아들과 동갑이지만 신분이 낮은 군단병을 발탁해 양아들의 '오른팔'로 삼았다. 그 사람이 바로 마르쿠스 아그리파다.

카이사르의 통찰이 정확했다는 것은 곧 실증된다. 카이사르가 암살된 뒤 시작된 14년 동안의 내란에서 아우구스투스가 이길 수 있었던 것은 무엇보다 먼저 아우구스투스 자신의 정치와 외교가 젊은이라고는 생각할 수 없을 만큼 절묘했기 때문이다. 하지만 정치와 외교로는 결말이 나지 않아서 전투가 벌어지게 되면, 그때는 아그리파가 보배

같은 존재였다. 만약 아그리파가 '오른팔' 구실을 해주지 않았다면, 아우구스투스는 브루투스와 싸운 필리피 회전에서도, 안토니우스와 싸운 악티움해전에서도 이기지 못했을 것이다. 클레오파트라와 사랑한 일화로도 유명한 마르쿠스 안토니우스는, 카이사르가 천하를 판가름하는 결전인 파르살로스 회전 때 그에게 좌익의 지휘를 맡긴 것으로도 알 수 있듯이, 정치적 재능은 떨어져도 군사적 재능은 뛰어난 인물이었다. 반면에 타고난 정치가인 아우구스투스는 군사적 재능은 없었지만, 대신 아그리파가 있었다.

기원전 30년, 궁지에 몰린 안토니우스와 클레오파트라의 자살로 길었던 내란도 막을 내린다. 유럽과 중동과 북아프리카를 합한 대제국을 이제 갓 33세가 된 최고권력자가 단독으로 통치하는 시대로 접어든 것이다. 전투가 흘러간 과거 이야기가 된 것은 아니지만, '팍스'를 지상 목표로 내세운 이상 대규모 전투는 과거의 일이 되었다고 말할 수 있다. 건축가 비트루비우스의 말을 빌리면, '시민 생명의 안전을 걱정하는 시대'는 가고 확고한 '로마 제국을 건설하는 시대'에 들어선 것이다. 이렇게 되면 군사적 재능을 인정받고 발탁되어 그것으로 공을 세운 아그리파는 존재 이유를 잃어버리게 된다. 하지만 이것이 아우구스투스의 훌륭한 점이다. 아그리파를 쓸모가 없어진 헌신짝처럼 버리지 않고, 이 동지가 활약할 수 있는 새로운 마당을 마련해준 것이다. 그것이 바로 인프라였다. 비트루비우스의 말을 다시 빌리면, '로마 제국의 건설'은 자기가 하지만 '그 내용을 충실히 다지는' 역할은 아그리파에게 맡긴 것이다. 이리하여 전쟁터를 활동 무대로 삼았던 아그리파는 평화를 기치로 내건 시대에 접어든 뒤에도 여전히 아우구스투스의 '오른팔'이 되었다.

뛰어난 장수는 뛰어난 조직자이기도 하다. 공공사업을 일임받은 아그리파는 240명으로 이루어진 기술자 집단을 조직했다. 조직원은 모두 노예였다. 이것은 아그리파가 로마인 기술자 양성 기관인 군단에서 기술자를 빼내지는 않았다는 것을 보여준다. 로마 군단에는 기술자가 꼭 필요하다는 것을 군인인 아그리파는 잘 알고 있었기 때문일 것이다. 또한 노예는 로마와 싸워서 진 패자이기도 하다. 하지만 어제까지는 적이었다 해도 유능한 인재가 있으면 서슴없이 등용하는 것이야말로 로마인이 장기로 삼은 패자 부활 시스템이었다. 아그리파가 조직한 기술자 집단은 그에게는 새로운 전쟁터였다. 이 집단은 갈리아나 에스파냐나 게르마니아에서 온 사람들, 그리고 건축에 특히 뛰어난 재능을 지닌 그리스계 사람들로 이루어져 있었을 게 분명하다.

아그리파는 이 집단을 지휘해 '내용을 충실히 다지는 작업'을 시작하지만, 로마인 기술자를 배제하지는 않았다. 비트루비우스는 군단에 딸린 기술자였고, 따라서 군단병과 마찬가지로 로마 시민권 소유자였는데, 군단에서 퇴역한 뒤 『건축론』 집필에만 여생을 바친 것은 아니었다. 아그리파의 도움을 얻어 아우구스투스가 전면 개조에 착수한 '플라미니아 가도' 공사에 토목기사로 참여했기 때문이다. 다른 공공사업과 달리 가도와 다리를 건설하는 사업은 원래 목적이 군사용이었기 때문에, 공사를 실제로 담당하는 것은 군단병이다. 로마 시민인 군단병을 지휘해 공사를 진행하는 토목기사는 오리엔트에서 온 그리스계 노예보다는 로마 시민인 편이 좋았을지도 모른다. 아무리 로마 제국이 다민족 국가라 해도, 모든 일에서 민족차별을 없애는 것은 경우에 따라서는 영리한 방법이 아니었다.

하지만 수도나 그 밖의 민간 인프라는 그 건설 방식이 가도와는 좀

달랐다. 공사를 계획하고 완성된 뒤에 유지·보수하는 일은 기술자 집단이 담당하더라도, 실제 공사 시행은 입찰에 참여해 공사를 따낸 사기업(소키에타스)에 맡겼다. 이런 방식이라면 공사를 지휘하는 기술자가 노예라도 괜찮았을 것이다. 어쨌든 아그리파가 조직한 240명의 기술자 집단은 로마 제국의 '공공 건설 사업'을 주관하는 '건설부'가 되었다.

아그리파가 이 노예 기술자 집단을 지휘해 무엇을 건설했는지를 열거하고 싶지만, 그러면 쓰는 나도 번거롭고 읽는 독자들도 골치가 아파질 테니까, 로마 시내에 있는 유명한 것만 다루기로 하겠다.

'판테온'(Pantheon) ─ 신들에게 바친 이 신전은 훗날 하드리아누스 황제가 전면 개조했다.

'아그리파 목욕장'(Thermae Agrippae) ─ 판테온 남쪽에 세워진 이곳은 로마 최초의 대규모 공중 목욕장이다.

'아그리파 호수'(Stagnum Agrippae) ─ 아그리파 목욕장 서쪽에 있는 이곳은 시민의 휴식처로서, 회랑으로 사방을 둘러싸고 나무가 울창한 인공 호수였다.

'빕사니아 회랑'(Porticus Vipsania) ─ 판테온 북동쪽에 있는 이곳은, 로마 시대에는 플라미니아 가도를 사이에 두고 '평화의 제단'(Ara Pacis)과 마주 보고 있었다. 회랑 벽면은 가지각색의 대리석을 사용한 제국 전역의 지도가 장식되어 있었다. 빕사니우스는 아그리파의 씨족 이름이었다. 그의 정식 이름은 마르쿠스 빕사니우스 아그리파다.

전쟁터를 인프라 건설로 바꾼 듯한 아그리파의 에너지는 속주에도 미쳤다. 2,000년 뒤인 지금도 우뚝 솟아 있는 남프랑스 님의 '퐁 뒤 가르'는 아그리파가 님 주민에게 필요한 물을 공급하기 위해 지은 수도교였다.

개개의 공공 건조물만이 아니라 필요한 인프라를 모두 포함한 도시 전체를 새로 만들어버린 경우도 있다. 오늘날 독일의 주요 도시인 쾰른은 라인강 서쪽에 사는 것을 허락받은 게르만족의 작은 촌락에 불과했지만, 아그리파가 이곳을 도시화했다. 로마 시대의 이름은 콜로니아 아그리피넨시스다. 식민도시를 뜻하는 콜로니아가 독일어로 전화해 '쾰른'으로 바뀐 것이다.

속주에까지 본격적인 수도를 놓은 아그리파는 제국의 수도 로마에도 수도를 세 개나 건설했다. 기존의 수도 네 개를 보수하는 것만으로는 충분치 않다고 생각한 모양이다. 두 개는 아그리파가 완성했지만, 하나는 그가 죽은 지 10년 뒤에야 완성되었다. 그가 착공한 수도의 이름은 '율리아 수도'와 '비르고 수도', 그리고 '알시에티나 수도'다.

'율리아 수도'는 아우구스투스의 씨족 이름인 '율리우스'를 딴 것이다.

총길이는 22.9킬로미터

지하 수도는 12.5킬로미터

지상 수도는 10.4킬로미터

지상 수도 가운데 9.6킬로미터가 고가 수도로 되어 있다.

하루 송수량은 '마르키아 수도'의 4분의 1이라니까 5만 세제곱미터가 채 안 되었을 것이다. 수질은 '테풀라 수도'와 비슷했다니까 그런대로 괜찮았던 게 아닐까. 로마 시내의 동부지역에 원활하게 물을 공급하는 것이 이 수도를 건설한 목적이었다고 한다.

하지만 아그리파가 가장 정열을 기울인 수도는 역시 '비르고 수도' (Aqua Virgo)였을 것이다. 이것은 그가 건설한 로마 최초의 대규모 공중 목욕장인 '아그리파 목욕장'에 물을 공급하는 것을 주된 목적으로 건설된 수도였기 때문이다. '주된 목적'이라고 말한 것은 '아그리파 목욕장'만이 아니라 마르스 광장 일대에 물을 공급하는 기능도 겸했기 때문이다. '비르고 수도'는 북쪽에서 로마 시내로 들어와, 오늘날 스페인 광장이 있는 곳에서부터 고가 수도가 되어 판테온 남쪽에 있는 목욕장까지 시내를 가로질러 남하했다. 나중에는 더 남쪽까지 연장되었는데, 이 수도만은 완공된 날이 확실하다. 기원전 19년 6월 9일이 수도관에 처음 물이 흐른 날이라고 한다. 제정으로 바뀐 지 11년 뒤의 일이다.

총길이는 20.946킬로미터

지하 수도는 19.104킬로미터

지상 수도는 1.842킬로미터

그 가운데 약 1킬로미터 정도가 고가 수도로 되어 있다. 하루 송수량은 10만 3,846세제곱미터.

수질은 '마르키아 수도'에 못지않다는 말을 들을 만큼 좋았다. 또한 이 '비르고 수도'는 다른 수도와 마찬가지로 서기 538년에 파괴된 뒤 오랫동안 기능이 정지되었지만, 1453년에 르네상스 시대의 가장 유력한 교황인 니콜라우스 5세의 지원으로 복구되었다. 되살아난 뒤의 '비르고 수도'는 라틴어인 '비르고'가 이탈리아어로 바뀌어, '베르지네 수도'라고 불리게 되었다. '비르고'와 '베르지네'는 '처녀' 또는 '소녀'라는 뜻이다. 이 수도의 수원을 찾고 있던 토목기사들이 우연히 만난 소녀가 맑은 물이 솟아나는 샘을 가르쳐주었기 때문에 이런 이름이 붙

트레비 분수

었다고 한다.

  2,000년 전의 '비르고 수도'는 이렇게 르네상스 시대에 '베르지네 수도'로 부활해 오늘날까지 로마 도심에 계속 물을 보내고 있다. 트레비 분수나 스페인 광장의 분수를 비롯해 로마 시내에 수없이 많은 분수는 거의 다 이 수도를 통해 흘러드는 물을 사용하고 있다. 분수만이 아니라 로마의 옛 시가지에서는 하루 종일 물이 좔좔 흐르는 수도꼭지를 많이 볼 수 있는데, 그 물도 '비르고 수도'를 지나오는 물이다. 고대 로마의 수도처럼 '계속 흐르게 내버려두기' 때문에 현대판 '마르키아 수도'와 달리 이 수돗물만은 소독약의 도움을 빌리지 않고도 수질을 유지하고 있다. 그래서 염소 냄새가 나지 않는다. 로마의 우리 집에서도 10미터만 가면 이런 수도꼭지가 있다. 일본에서 온 친구들은

소독하지 않은 수돗물은 위험하니까 마시지 말라고 하지만, 나는 그 충고를 거의 귀담아듣지 않는다. 이 물로 차를 끓여 마시면서 나는 지금 아그리파의 물을 마시고 있다고 생각하곤 한다.

아그리파는 '비르고 수도'가 완공된 지 7년 뒤에 세상을 떠났다. 240명으로 이루어진 노예 기술자 집단은 고스란히 아우구스투스에게 남겨졌다. 기술자 집단을 물려받은 황제는 이들을 노예 신분에서 해방시켰을 뿐 아니라, 해방노예·일반시민·지방자치단체 의원이라는 세 계급을 뛰어넘어 단번에 '기사계급'으로 승격시켰다. 아우구스투스는 냉철한 사람이다. 자신의 '오른팔' 동지가 조직해 키운 사람들이라는 이유만으로 이런 파격적인 우대 조치를 취할 리가 없다. 그 자신이 이 토목기사들의 실적을 인정했기 때문에 그런 조치를 취한 게 분명하다. 하지만 아그리파의 사조직으로 태어난 기술자 집단은 이제 '건설부'라고 불러도 좋은 국가 로마의 공적 기관으로 승격했다. 초대 황제는 당장 이것을 활용해 또 하나의 수도를 건설한다.

로마의 일곱 번째 수도인 '알시에티나 수도'(Aqua Alsietina)는 아그리파가 죽은 지 10년 뒤인 기원전 2년에 완공되었다.

총길이는 32.9킬로미터

지하 수도는 32.39킬로미터

지상 수도는 510미터. 지상 수도는 거의 대부분이 고가 수도다.

송수량도 11개 수도 가운데 가장 적고, 수질도 제일 나빴다고 한다. 하지만 이 수도만은 목적이 달랐다. 음용수를 비롯해 시민 생활에 필요한 물이 아니라 공장에 공업용수를 공급하는 것이 목적이었기 때문이다.

로마의 서북북 방향에 있는 마르티냐노 호수 중간쯤에 갱도를 파고, 거기서 끌어온 물은 서쪽에서 로마 시내로 들어온 다음 고가 수도를 지나 그대로 곧장 광대한 저수지로 가도록 되어 있었다. 오늘날 '트라스테베레'(테베레 건너편이라는 뜻)라고 불리는 테베레강 서안의 이 일대는 강과 가까워서 소규모 공장의 밀집 지역이 되어 있었다. 초대 황제는 이 일대에 안정적인 공업용수 공급체제를 확립해 중소 수공업을 육성하려 한 것이다.

저수지도 단순히 넓은 지역을 파서 물을 모아놓기만 한 게 아니라, 저수지 내부를 완전히 시멘트로 포장해서 방수 처리를 하고 그 주위를 회랑으로 둘러쌌다. 이 정도면 거대한 수영장이라고 말할 수밖에 없다. 불순물을 제거하는 설비도 완벽하게 갖추어져 있어서, 이 저수지에서 각 공장으로 물이 공급되도록 되어 있었다. 그래서 이 일대에서는 각종 물레방아가 많이 사용되었다.

이 저수지를 로마인들이 '나우마키아'(Naumachia, 모의 해전장)라고 부른 것이 후세 연구자들의 오해를 불러일으킨 원인이 되었다. 넓은 저수지에 많은 배를 띄우고 해전 놀이를 벌여 시민을 즐겁게 해준 일은 40년이나 되는 아우구스투스의 치세에 단 한 번밖에 없다. 아마 수도와 저수지가 완공되었을 때의 축하 행사였을 것이다. 그 후에는 이 저수지를 이용해 볼거리를 제공했다는 기록이 없는 것으로 보아, '모의 해전장'은 테베레강 서안에 만들어진 이 저수지의 통칭이었던 것으로 여겨진다. 현실적인 아우구스투스가 이따금 해전 놀이를 벌이기 위해 막대한 자금과 노동력을 투입해서까지 수도와 저수지를 만드는 대공사를 강행할 리가 없다.

　아우구스투스의 뒤를 이어 황제가 된 티베리우스는 재위하는 동안 새로 수도를 건설하는 공사는 전혀 하지 않았다. 로마 제국은 카이사르가 청사진을 그리고 아우구스투스가 구축하고 티베리우스가 정착시켰다는 것이 내 생각이다. 제2대 황제 티베리우스는, 유지·보수에는 열심이었지만 건설은 거의 하지 않았다. 국영 우편제도를 창설한 것은 아우구스투스였고, 티베리우스는 역참마다 경비원을 배치해 우편물이나 여행자의 안전을 확보했다. 티베리우스가 제위에 있었던 23년 동안, 수도 로마만이 아니라 이탈리아반도와 속주에 있는 주요 도시들의 수도까지도 충분하고 세심한 정비를 받은 것은 많은 비문이 증명하고 있다. 수도도 가도와 마찬가지로 건설만 하면 그것으로 목적을 달성하는 것이 아니다. 수도교에는 문제가 없더라도 갱도 안의 청소를 게을리하면 석회분이 갱도에 달라붙고, 그 상태가 심해지면 물의 압력이 높아진다. 수압이 허용치 이상으로 올라가면 수도교 자체의 구조에도 영향을 미칠 수밖에 없다. 이렇게 중요한 것이 유지·보수였기 때문에, 그 일을 한 사람에게 감사하는 글을 새긴 비석이 세워질 이유는 충분했다. 일상적인 손질의 중요성은 결코 개인의 주택에만 한정된 이야기는 아닌 것 같다.

　인구만 더 이상 늘어나지 않으면 로마의 수도는 지금까지 건설된 일곱 개로도 충분했지만, 제국은 '평화'를 구가하고 있고 로마는 그 제국의 수도인 이상 사람들이 로마로 몰리는 것은 자연 현상과 마찬가지다. 티베리우스의 뒤를 이은 칼리굴라 황제는 거창한 것을 좋아하는 성격이어서, 대규모 수도를 게다가 두 개를 한꺼번에 건설하기로 결정했다. 서기 38년의 일이다.

그런데 이 젊은 황제는 많은 실정 때문에 3년 뒤에 암살당하고 만다. 로마인은 공사 속도가 빨라서 3년 동안 상당한 거리까지 공사가 진척되어 있었던 모양이지만, 최고책임자의 죽음과 함께 공사도 중단되고 말았다.

칼리굴라의 뒤를 이은 클라우디우스 황제는 중단된 수도 공사를 당장 재개하지는 않았다. 그 자신이 입안해 착공한 오스티아 항만 공사를 우선하고 싶었기 때문인지도 모른다. 또한 브리타니아를 완전 제패하기 위해 강행한 군사행동도 자금 면에서 수도 공사의 발목을 잡았을지 모른다. 어쨌든 수도 건설 공사는 서기 47년에야 겨우 재개되었다. 중단된 지 6년이 지난 뒤였다. 하지만 일단 공사가 재개되자, 완공까지 걸린 기간은 5년도 채 안 되었다. 클라우디우스 황제가 아그리파가 조직한 240명의 기술자 집단을 700명으로 증강해 두 개의 수도 건설 공사에 투입했기 때문이다.

서기 52년 8월 1일, 클라우디우스 황제의 생일을 기념해 두 개의 수도에 일제히 물이 흐르기 시작했다. 수도 가운데 하나는 황제의 씨족 이름을 따서 '클라우디아 수도'(Aqua Claudia), 또 하나는 아니오 강으로 흘러드는 시냇물을 수원으로 삼았기 때문에 '새 아니오 수도'(Anio Novus)로 명명되었다. 이 수도가 건설되면서, 공화정 시대에 건설된 '아니오 수도'는 '옛 아니오 수도'(Anio Vetus)로 불리게 되었다. 이제 로마는 모두 아홉 개의 수도를 갖추어, 안정적인 물 공급 체제를 확립했다.

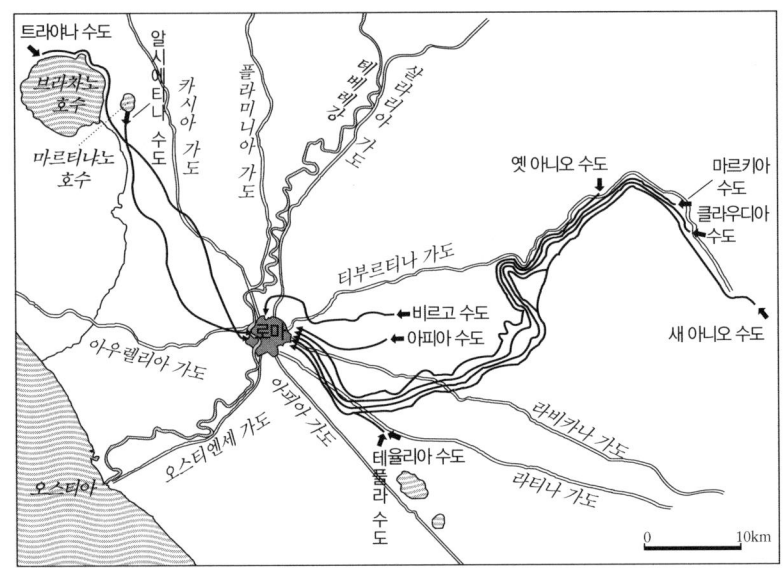

수원에서 로마까지

'클라우디아 수도'는,

총길이가 68.9킬로미터

지하 수도는 53.8킬로미터

지상 수도는 15.1킬로미터

이 가운데 9.6킬로미터가 높은 고가 수도로 되어 있다.

수질도 좋고, 송수량은 하루에 19만 1,196세제곱미터에 이르렀다.

'새 아니오 수도'는,

총길이가 87.17킬로미터

지하 수도는 73.20킬로미터

지상 수도는 13.97킬로미터

이 가운데 9.64킬로미터가 고가 수도다. 수질은 최고가 아니었지만, 송수량은 11개 수도 가운데 가장 많아서 하루에 19만 6,627세제곱미터나 된다. 송수량에서는 이 수도가 로마 제국 전역의 모든 수도 중에서 제1위를 차지하고 있었다.

로마의 열 번째 수도인 '트라야나 수도'(Aqua Traiana)는 그 이름만 보아도 알 수 있듯이 서기 109년에 트라야누스 황제가 완공한 수도다. 물은 로마에서 북북서 방향으로 30킬로미터 떨어진 브라차노 호수에서 끌어온다. 물론 이 큰 호수에서 직접 물을 끌어온 것은 아니고, 이 호수로 흘러드는 시냇물을 수원으로 삼았다. 이 수도도 서쪽에서 로마 시내로 들어온다. 테베레강 서안 일대의 급수 상태를 개선하는 것이 이 수도를 건설한 목적이었다. 오늘날 로마 교황청이 있는 바티칸 주변이다. 서기 2세기의 오현제 시대에는 로마 시내의 인구가 120만 명을 넘었다니까, 도심이 아닌 테베레강 서안에도 거주지역이 계속 넓어졌을 것이다.

이 수도의 구조에 대해서는 자세한 내용이 알려져 있지 않다. 오래 방치되어 있어서 알 수 없게 된 것이 아니라, 교황청에 용수를 공급하기 위해 수리를 거듭했기 때문에 옛날 상태를 알 수 없게 된 것이다. 로마 황제가 만든 수도가 그 로마 제국을 싫어한 기독교의 본산에 계속 물을 공급했으니, 훌륭하게 만들어진 인프라는 누구에게나 유용하다는 것을 보여주는 실례다.

하지만 로마 교황청은 물을 요긴하게 쓰면서도 그 물을 보내주는 수도에 황제 이름이 붙어 있는 것은 싫어했다. 그래서 '트라야나 수도'는 성 바울의 이름을 따서 '파올라 수도'로 바뀌었다. 이 수도는 지금도 하루에 9만 5,000세제곱미터의 물을 테베레강 서안에 보내고 있다.

서기 3세기에 건설된 열한 번째이자 로마의 마지막 수도가 '안토니니아나 수도'(Aqua Antoniniana)라고 불리는 것은 통칭 '카라칼라 황제'의 씨족 이름을 붙였기 때문이다. 로마 남부에 사는 사람들을 위해 건설되었고 지금도 유명한 유적으로 남아 있는 '카라칼라 황제의 목욕장'에 물을 공급하는 것이 이 수도의 주된 목적이었다. 로마 시내에 공급되는 물이 부족했기 때문은 아니다. 로마 시내에 안정적으로 물을 공급하는 체제는 '클라우디아 수도'와 '새 아니오 수도'가 완성된 서기 1세기 중엽에 이미 확립되어, 수요를 충분히 채워주고 있었다. 그렇지 않다면, 로마 제국에 진정한 의미의 구조조정을 단행한 하드리아누스 황제가 아무 조치도 취하지 않았을 리는 없기 때문이다.

서기 1세기 중엽에 로마로 들어오는 수돗물은 통틀어 100만 세제곱미터를 넘었다. 인구가 100만 명이라면, 1인당 하루 급수량은 1세제곱미터다. 학자들은 로마 시내까지 오는 도중에 물을 공급하거나 누수되는 양을 고려해 1인당 하루 급수량을 1세제곱미터의 절반으로 잡고 있지만, 그래도 현대의 대도시와 같은 수준이다. 1983년을 예로 들면 뉴욕이 0.6세제곱미터, 런던이 0.5세제곱미터, 파리가 0.45세제곱미터, 로마가 0.46세제곱미터, 도쿄가 0.47세제곱미터였다(서울은 1998년에 0.47세제곱미터였다—옮긴이).

현대의 대도시에서는 시내의 고가교 위를 자동차가 달리지만, 로마 시대에는 자동차가 아니라 물이었다. 도심까지 이어진 고가 수도의 복원 모형을 보고 있노라면, "모두 물렀거라. 물님이 나가신다"고 말하고 싶어진다. 물을 충분히 사용할 수 있는 것은 인간이 인간다운 생활을 하는 데 가장 중요한 조건 가운데 하나지만, 이 조건을 충족시킨 것은 제국의 수도 로마만이 아니었다.

　로마 가도의 간선이 개설된 도시라면 반드시 수도도 가설되어 있었다고 생각해도 좋다. 하지만 인구에 따라 수도의 개수가 결정되고, 수원에서의 거리도 지형에 따라 차이가 있다. 본국 이탈리아의 소도시였던 폼페이는 수도가 하나지만, 속주 갈리아의 가장 중요한 도시인 리옹은 4개나 된다. 로마 시대의 파리는 별로 중요한 도시가 아니었기 때문에, 수도도 프랑스의 다른 도시들처럼 하나뿐이다. 수원에서의 거리는 도시의 중요성이 아니라 지형에 따라 결정되었다. 파리는 16킬로미터. 오늘날 알제리의 셰르셀은 35킬로미터. 님은 50킬로미터. 리옹의 수도 네 개 가운데 가장 긴 것은 75킬로미터. 쾰른은 78킬로미터. 사막 건너편에서 수원을 찾아야 했던 카르타고는 132킬로미터나 된다. 가도가 일관된 정치적 의지의 산물이라면, 수도도 마찬가지였다.

　로마인과는 사고방식이 다른 민족에게 빠르고 안전한 교통 수단이나 맑은 물의 안정된 공급이 가져다주는 이점을 이해시키고 납득시키려면, 실물을 그들에게 직접 보여주고 그들이 직접 체험하도록 할 수밖에 없다. 직접 체험하면 멀리 떨어진 샘이나 우물이나 하천에서 물을 길어올 때보다 동네의 공동 수조에서 길어다 쓰는 편이 훨씬 편리하다는 것을 납득할 수 있기 때문이다. 실물을 통해 편리함을 실증하는 무대는 우선 수도 시설이 완비된 로마와 각 속주의 수도였을 것이다. 셰르셀도 리옹도 쾰른도 카르타고도 모두 속주의 수도였다.

　로마인은 어제까지의 승자이자 오늘의 통치자였고, 속주민은 어제

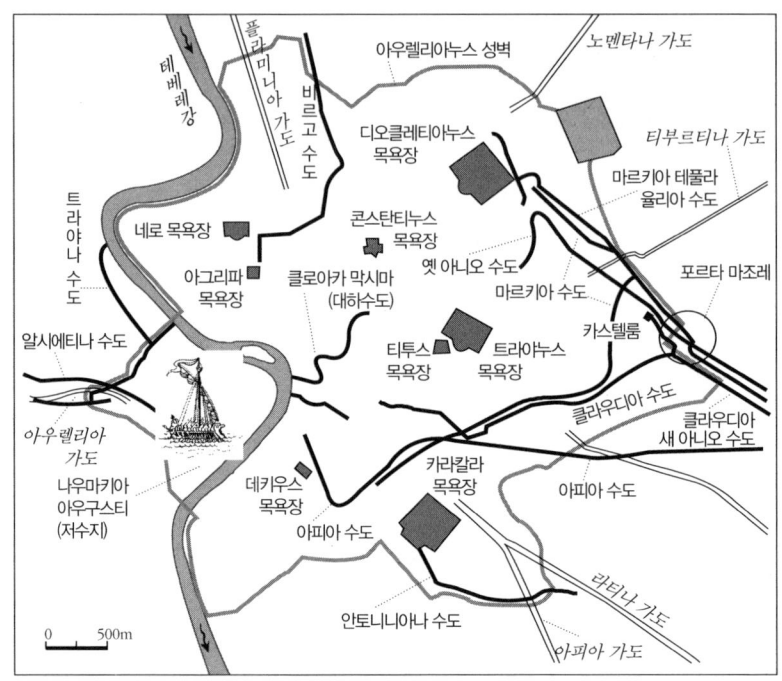

로마 시내로 들어온 뒤의 수도

까지의 패자이자 오늘의 피통치자였다. 따라서 로마 황제는 속주민에게 수도 건설을 강제할 수 있었다. 하지만 강제하는 것만으로는 충분치 않았고, 속주민 스스로 이점을 납득하는 게 중요했다. 가도와는 달리 수도는 건설비와 유지·관리비를 모두 속주민이 부담했기 때문이다.

로마 가도는 원래 군용 도로로 건설되었다. 일반 여행자가 행군하는 군단을 만나면, 길가에 비켜서서 군단을 먼저 보냈을 것이다. 그리고 이것을 아무도 불만스러워하지 않았을 것이다. 군사전략상 필요해서 건설되었기 때문에 포장이 의무화되어 있었던 '공도' 건설 공사에 군단병을 동원할 수도 있었고, 공사의 최고책임자를 로마군 최고사령관인 황제가 맡는 것이 당연하게 여겨지고 있었다. 요컨대 건설공사비는 모두 중앙정부가 부담했다. 따라서 그 후의 유지·관리비는 가도가 지나는 지방자치단체에서 부담하라고 말할 수도 있었다.

한편 수도는 군대와 민간에 공급되는 물의 비율만 보아도 알 수 있듯이 민간용이다. 따라서 건설비도 유지·관리비도 지방정부인 각 속주나 지방자치단체라고 불린 각 도시가 부담해야 한다. 이렇게까지 하면서 수도 건설에 집착한 것은 물의 안정적인 공급도 훌륭한 문명이라고 확신하고 있었기 때문이다. 로마의 중앙정부는 제국 전역에 수도를 보급하기 위해 황제의 명령으로 수도 건설을 강제하고 실물을 통해 편리함을 실증했을 뿐만 아니라, 전문가를 파견해 기술을 지도하는 방법까지 사용했다.

어제까지만 해도 로마인과는 다른 사고방식을 갖고 있었던 사람들이 사는 속주에서 수도 공사가 어떤 식으로 이루어졌는가를 보여주는 예로 제9권에서 인용한 편지를 다시 한번 소개하겠다. 서기 2세기에 소아시아의 비티니아 속주 총독이었던 소(小)플리니우스가 로마에 있는 트라야누스 황제에게 보낸 편지다.

〈니코메디아(오늘날 터키의 이즈미트) 주민은 수도관 공사에 이미 331만 8,000세스테르티우스를 쏟아부었는데도 여태 완공되지 않은 상태입니다. 뿐만 아니라 오래 방치되어 있었기 때문에 곳곳이 심하게 붕괴되어 있습니다. 그래서 20만 세스테르티우스를 들여 또 다른 수도 공사를 시작했지만, 이것도 중도에 포기한 상태입니다. 낭비의 결과라고는 하지만, 이 사람들한테 물을 공급하기 위해서는 새로운 지출을 피할 수 없습니다.

그래서 제가 직접 현지에 가서 살펴보니, 수원지의 물은 깨끗하고 풍부해서 문제가 없습니다. 문제는 이 물을 어떻게 도시까지 끌어오느냐 하는 것입니다. 역시 처음에 시도했듯이 아치를 늘어놓은 고가교를 건설할 수밖에 없을 것 같은데, 처음 공사할 때 세운 아치들 가운데 지금도 사용할 수 있는 것은 극히 적습니다. 그래서 다시 세울 수밖에 없지만, 처음 공사 때 사용한 석재는 그대로 활용할 수 있습니다. 나머지 부분은 공사가 쉽고 비용도 싸게 먹히는 벽돌을 써도 충분할 것 같습니다.

그렇긴 하지만 두 번 다시 이런 낭비를 되풀이하지 않기 위해서라도 수도와 건설 전문가를 보내달라고 부탁드릴 수밖에 없습니다. 제 임무는 단 하나, 폐하의 치세에 이루어진 공공사업이 폐하의 위광에 어울리는 것이 되도록 하는 것이니까요.〉

니코메디아 주민의 태반은 그리스인이었다. 그리스-로마 문명이라고 말할 만큼 로마와 가까운 관계에 있었던 그리스인에게도 수도의 이점을 이해시키기는 쉬운 일이 아니었다. 그런데 로마는 중동지방의 민족인 페니키아인을 조상으로 하는 카르타고인에게도 100킬로미터가 넘는 머나먼 수원지에서 고가 수도를 통해 물을 끌어오게 하는 데 성공했다. 이런 수고를 아끼지 않았기 때문에, 로마 수도도 로마 가도와 마찬가지로 유럽과 중동과 북아프리카를 합한 로마 제국의 구석구석까지 보급된 것이다.

그리스인은 건축도 예술도 자신들이 로마인보다 훨씬 뛰어나다고 확신했지만, 로마 가도와 수도만은 그리스 문명이 로마 문명에 미치지 못한다고 인정했다. 그중에서도 상하수도는 위생이라는 중요한 역할을 맡고 있었다는 점을 잊어서는 안 된다. '의학의 아버지'라고 불리는 히포크라테스를 낳았으면서도 상하수도에는 무관심했던 그리스인. 의학도 의료도 그리스인에게 맡겨놓았지만 상하수도를 정비하는 데에는 열심이었고, 게다가 공중 목욕장까지 만들어 신체의 청결을 유지하는 데 집착한 로마인. 이 두 민족의 차이는 참으로 흥미롭다. 소크라테스나, 소크라테스가 좋아하는 미소년들이 돌아다니던 시대의 아테네는 뜻밖에 불결했을 거라는 생각이 든다.

로마 가도와 함께 그리스인을 감탄시킨 로마 수도를 간단한 그림으로 나타내면 다음 쪽과 같다.

수도를 놓는 데 필요한 땅의 너비는 가도와 거의 같은 12미터 정도였다. 실제로 수도가 지나는 지하 갱도나 지상의 고가교에 필요한 땅의 너비는 2.4미터에 불과하지만, 그 양쪽에 4.5미터 너비의 땅을 수도용지로 사들인 것은 수도교를 보호하기 위해, 그리고 보수할 때의 편의를 위해서였다. 다만 땅에 여유가 없는 시내로 들어오면 양쪽에 1.5미터씩만 확보해도 된다.

너비 12미터의 수도용지에 사유지가 포함되어 있으면, 돈을 주고 사들인다. 가도의 경우와 마찬가지로 수도용지도 사들이기가 어려웠다는 기록은 없다. 로마인의 공공심이 워낙 높았기 때문만은 아닐 것이다. 가도도 그 주변에 사는 사람들에게 이익을 가져다주었지만, 수도도 물이 소리를 내며 바로 옆을 흐르고 있는데 그 근처에 사는 사람들이 손가락을 물고 가만히 보고만 있지는 않았기 때문이다. 물을 달라고 신청해서 수도국이 받아들이기만 하면, 수도국 직원이 와서 필

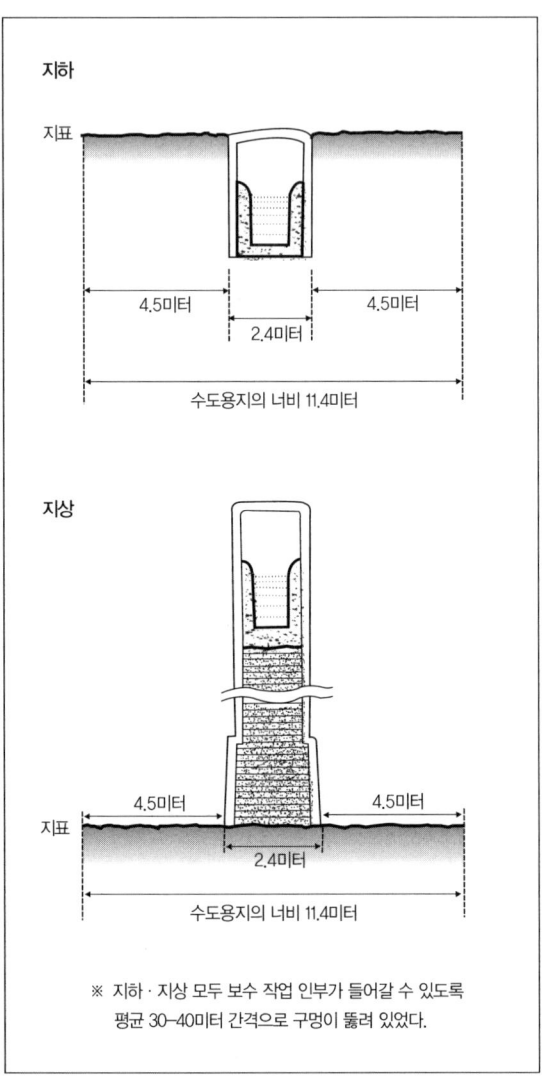

로마 수도의 단면도

요한 공사를 하고 물을 나누어주었다. 다만 어디서나 공짜로 들어갈 수 있었던 가도와는 달리, 수도를 자기 집으로 끌어들이는 경우에는 수도요금을 내야 했다.

로마 가도는 주된 목적이 군사용이었기 때문에 군단병을 건설 공사에 동원했고, 그래서 공사비에 대한 기록이 남아 있지 않은 반면, 수도 공사는 건설회사가 입찰을 통해 도급을 맡았기 때문에 수도 건설비에 대해서는 몇 가지 사료가 남아 있다. 『박물지』를 쓴 대(大)플리니우스가 남긴 기록에 따르면, '클라우디아 수도'와 '새 아니오 수도'의 총건설비는 3억 5,000만 세스테르티우스였다고 한다. '클라우디아 수도'는 69킬로미터, '새 아니오 수도'는 87킬로미터나 되는 거리에 수도관을 놓는 공사였다. 단순히 둘로 나누면 수도 하나의 건설비는 1억 7,500만 세스테르티우스가 된다. 이것을 1년치 수도요금으로 받은 25만 세스테르티우스로 나누어보면 700이라는 숫자가 나온다. 수도 건설에 든 비용을 수도요금 수입만으로 회수할 작정이라면, 700년 뒤에나 전액을 회수할 수 있다는 이야기가 된다. 수도요금 수입에 대한 기록이 남아 있는 해가 한정되어 있어서 과연 25만이라는 숫자가 정확한지 어떤지는 확실치 않다. 연구자들도 이 숫자 하나만으로는 어림잡아 계산하는 것조차 불가능하기 때문에 더 이상 논의를 진행하는 것은 단념하고 있지만, 로마의 중앙정부가 가도와 마찬가지로 수도도 처음부터 채산성을 무시했다는 데 많은 사람의 의견이 일치해 있다. 로마 가도를 '공도'라고 불렀듯이, 수도 건설도 '공'(公)이 마땅히 해야 할 일이라고 생각했기 때문일 것이다. 그들의 말을 빌리면 '몰레스 네케사리에'(moles necessarie, 필요한 대사업)였다. 이를 단적으로 보여주는 것이 '카스텔룸'이라고 불린 저수조의 구조다.

'castellum'은 영어 'castle'의 어원이니까 성이나 성채라고 번역하는 것이 보통인데, 성채에는 병사를 모아서 주둔시키고 필요에 따라 출동시키는 기능이 있다. 그런데 로마 수도의 카스텔룸은 흘러드는 물을 일단 모아서 침전시키거나 철망으로 걸러 불순물을 제거한 다음, 용도에 따라 나뉘어 있는 배수로로 흘려보내는 기능을 맡는다. 그래서 로마인은 '못'이나 '웅덩이'를 뜻하는 '피스키나'(piscina)가 아니라 성을 의미하는 '카스텔룸'이라고 부른 것이다. 덧붙여 말하면, 단순히 물을 모아서 불순물을 제거하는 것만을 목적으로 하는 저수조인 경우에는 로마인도 '피스키나'라고 불렀다. 현대어로는 저수조라고 번역할 수밖에 없는 '카스텔룸'의 가장 중요한 기능은 물을 필요한 곳으로 보내는 것이었다.

저수조는 이렇게 중요한 기능을 갖고 있었지만, 필요에 따라 배수의 우선순위를 통제하는 기능도 갖고 있었기 때문에 수도 하나에 저수조가 여러 군데 배치되어 있었다. 『수도론』을 쓴 프론티누스는 네르바 황제 시대에 수도국장을 지낸 사람인데, 네르바 황제 시대까지 완공된 9개의 수도가 시내로 들어온 뒤 통과하는 '카스텔룸'이 몇 군데였는가를 기록으로 남겨놓았다.

아피아 수도——20군데
옛 아니오 수도——35군데
마르키아 수도——51군데

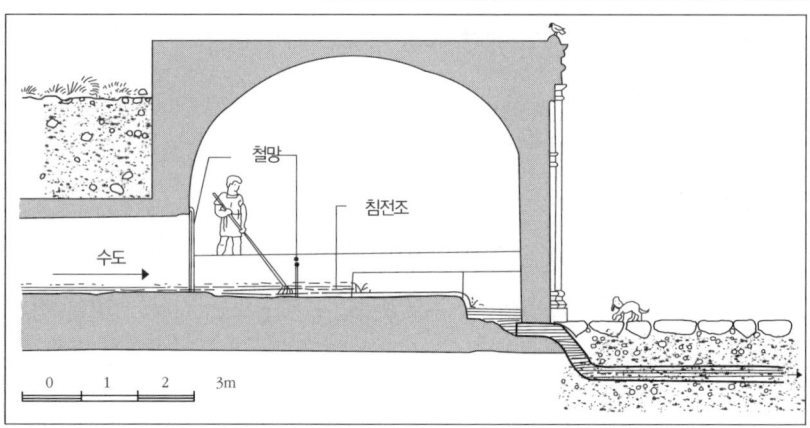

폼페이의 카스텔룸 외관(위). 가운데는 카스텔룸의 배수구조. 아래는 단면도
(J. P. 아당, 『로마의 건축 : 재료와 기술』에서)

테풀라 수도 — 14군데

율리아 수도 — 17군데

비르고 수도 — 18군데

알시에티나 수도 — 0군데(이 수도의 경우, 공장용 저수지로 직행했기 때문일 것이다.)

클라우디아 수도와 새 아니오 수도 — 합해서 92군데

여기에는 프론티누스가 죽은 뒤에 생긴 트라야나 수도와 안토니니아나 수도의 저수조 수는 포함되어 있지 않다. 따라서 9개 수도에 배치되어 있는 저수조만 합하면 247군데다. 폼페이는 한 군데다. 제국의 수도였던 로마와 본국 이탈리아의 소도시에 불과했던 폼페이의 차이는 이런 데에도 나타나 있다. 하지만 폼페이도 로마 문명권의 도시였다. 폼페이에는 용도와 배수량에 따라 삼분되어 있는 '카스텔룸'의 유적이 남아 있는데, 그것을 갈수기의 우선순위에 따라 열거하면 다음과 같다.

① 공공용 — 대표적인 것은 공동 수조. 배수 비율은 전체의 44.2퍼센트.

② 황제용 — 황제용이라 해도 궁궐 등지에 물을 공급한다는 뜻일 뿐, 황제가 혼자 사용하는 물을 의미하지는 않는다. 대규모 공중 목욕장은 황제가 지어서 시민에게 기증한 것으로 되어 있기 때문에, 거기에 필요한 물도 황제용으로 분류되었다. 이 배수로를 지나는 물의 비율은 전체의 17.2퍼센트였다.

③ 개인용 — 자기 집까지 수도를 끌어오겠다고 신청해 허가가 떨어지면, '수도국' 인부가 와서 수도관을 놓는다. 이런 절차를 밟아서 수돗물을 사용하는 사람들에게 공급하는 물이 개인용이다. 개인용에

는 교외에 산재해 있는 별장에 공급하는 물도 포함된다. 다만 수도 안의 수압이 떨어질 우려가 있기 때문에, 허가를 얻는 것은 간단치 않았다. 이 개인용 물의 비율은 전체의 38.6퍼센트를 차지하고 있었다. 개인용 수돗물을 사용하는 사람만 수도요금을 냈다. ①과 ②는 공용이라 수도요금이 무료였다.

로마인들이 무슨 일이든 '공'을 우선하고 '사'는 그다음이어야 한다고 생각한 것은 아니다. 공적 자금을 투입한 공사니까 '공'이 '사'보다 우선하는 것은 당연하다고 생각했을 뿐이다. '사'가 자력으로 얻은 사유재산을 보호하는 것은 로마법의 기본으로 되어 있을 만큼 철저했다. 가도나 수도를 건설할 때 필요한 용지를 강제로 수용한 예는 찾아볼 수 없다. 로마인 사회에서는 경우에 따라 '공'이 '사'보다 우선할 수도 있고 '사'가 '공'보다 우선할 수도 있었다. '공'과 '사'가 균형을 유지하면서 공존하고 있었던 것 같다.

로마인이 이런 사고방식을 갖고 있었다면, 군단병이라는 국가공무원이 공사를 하고 국비를 들여 건설한 로마 가도를 개인적으로 사용하는 사람한테 가능하면 통행료를 받고 싶었을 것이다. 하지만 그것은 사실상 불가능했다. 로마 가도는 현대의 고속철도나 고속도로처럼 인공적으로 건설되기는 했지만, 누구나 어디서나 들어갈 수 있다. 철도나 자동차가 고속으로 달리는 길에 사람이나 말이나 마차가 느닷없이 뛰어 들어오면 대단히 위험하지만, 말이나 마차가 아무리 빨리 달려도 속도는 뻔하다. 그래서 로마 시대의 '고속도로'에는 벽은 물론 울짱도 치지 않고, 도보 여행자에게도 개방되어 있었다. 그러니 통행료를 받고 싶어도 받을 수가 없었던 것이다. 마음만 먹으면 받을 수도 있는 것은 다리 통행료뿐이다. 다리 입구에서 기다리고 있다가 받으면 된다. 하지만 항상 복수의 선택지를 가져야 한다는 로마인의 사고방식 때문에, 다리는 하나가 아니다. 그 모든 다리에 통행료를 받는 사람을 배치하면, 인건비만 해도 엄청나다. 차라리 통행료를 안 받는 편이 더 싸게 먹힌다. 딱 한 번, 하드리아누스 황제 시대에 이집트 속주에서 시도해본 적이 있었지만, 그것도 한 지방에서의 일시적인 시도로 끝났다. 결국 로마 가도는 처음부터 끝까지 무료 통행으로 일관했다.

하지만 수도는 사정이 다르다.

우선, 당국은 총수량의 50퍼센트 정도를 공동 수조에 배급했으니까, 그것으로 수도의 공적인 역할은 완수했다고 말할 수 있었다. 로마인은 공동 수조를 '공용 분수'라고 불렀지만, 아름다운 조각에서 줄기차게 물이 뿜어져 올라가는 유형의 분수는 별로 없고, 동물의 머리를 본뜬 조각에서 온종일 물이 흘러나와 간단한 네모꼴의 석조 물탱크에 고이도록 되어 있는 경우가 많았다. 이 공동 수조에서 물을 길어다가 사용하면, 아무리 많이 써도 공짜였다. 각지의 발굴조사를 토대로 한 추론에 따르면, 가장 먼 경우에도 집에서 40미터만 걸으면 공동 수조에 닿을 수 있었다고 한다. 이런 공동 수조는 길가에 설치되어 있어서, 수조에서 넘쳐흐른 물은 도로 밑에 파인 하수구로 흘러 들어가도록 되어 있었다. 앞에서도 말했듯이, 로마의 수도는 물을 깨끗한 상태로 공급하기 위해 온종일 흐르도록 내버려두었기 때문이다.

공동 수조에 공급되는 물이 총수량의 44.2퍼센트, 주로 공중 목욕장에 공급되는 황제용이 17.2퍼센트니까, 이 둘을 합하면 총수량의

폼페이의 공동 수조(위). 아래 그림은 공동 수조의 단면도와 평면도(J. P. 아당, 『로마의 건축 : 재료와 기술』에서)

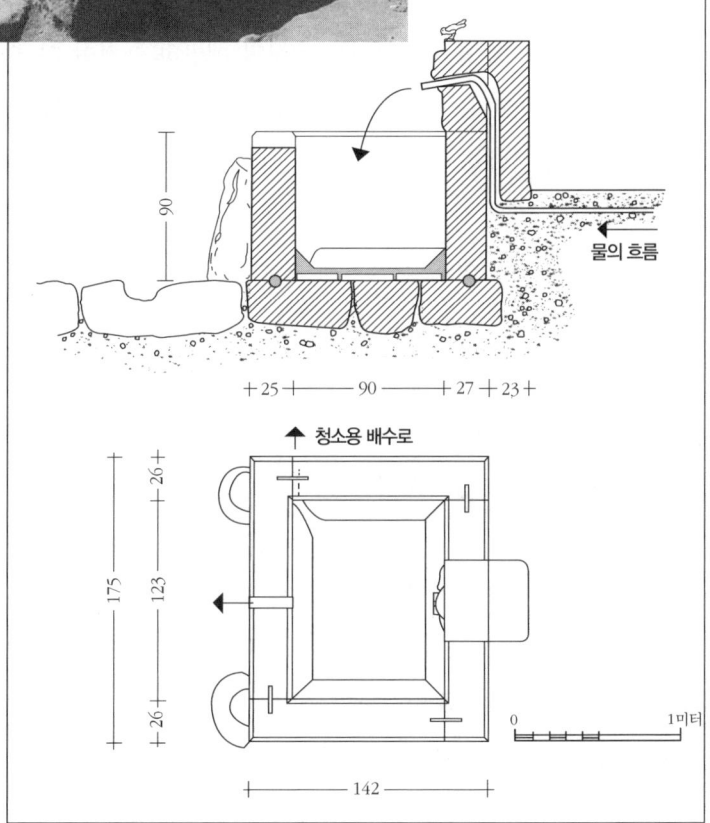

60퍼센트 이상이 시민에게 물을 안정적으로 공급하는 데 사용되었다고 해도 좋다. 이것은 위생 대책으로도 중요했다. 깨끗한 물을 마시고, 깨끗한 물로 음식 재료를 씻고, 깨끗한 물로 요리한다. 그리고 매일처럼 공중 목욕장에 가는 것으로 몸을 깨끗이 유지한다. 이것이 얼마나 건강에 좋은가. 전염병 예방에 얼마나 도움이 되었는가. 로마 역사상 악성 전염병이 유행한 일은, 제국이 통치한 지역이 광대하고 통치한 세월이 장구했다는 점을 고려하면 놀랄 만큼 적다. '의학의 아버지' 히포크라테스는 질병을 치료하는 것보다 예방하는 것이 더 중요하다고 역설했지만, 로마는 국가적인 규모로 그 일을 해낸 것이다. 그로부터 2,000년이 지난 오늘날에도 지구상에 사는 사람들 가운데 적지 않은 수가 물 부족에 시달리고 있음을 생각하면, 깨끗한 물의 안정적인 공급이야말로 인간이 인간답게 사는 데 꼭 필요한 대사업이라고 믿어 의심치 않았던 로마인의 공공심이 그저 감탄스러울 뿐이다. 그래서 국가는 물을 충분하게 게다가 공짜로 공급하고 있으니까 그 이상의 서비스를 원하면 돈을 내라고 말할 수 있었을 것이다. 40미터만 걸어가면 얼마든지 길을 수 있는 공짜 물을 집까지 끌어들이고 싶다는 것이니까, 그것은 '공'의 책임 범위를 넘어서는 가외 서비스다. 따라서 그것은 '개인용'이고, 마땅히 요금을 내야 한다는 것이다. 물을 집까지 끌어들이려면 '수도국'에 신청해 허가를 받고, '수도국' 인부가 와서 수도관 매설 공사를 해줘야 한다. 이 단계에서 '개인용'이라는 사실이 포착되고, 그것이 포착되면 요금을 부과할 수 있다.

하지만 요금을 부과할 수 있게 되었다 해도, 그 요금은 어떻게 결정했을까. 오늘날에는 수도에 사용량을 재는 계량기가 달려 있으니까 사용한 만큼만 돈을 내면 되지만, 로마 시대에는 어떻게 사용량을 결정했을까. 그리고 로마 시대의 수도는 온종일 계속해서 물을 흘려보내는 방법으로 물의 청결을 유지하고 있었다. 로마 시대의 '수도국'에 부여된 과제는 물이 계속 흐르게 하면서 흐르는 물의 양을 재는 것이었다. 생각해보면 유쾌한 과제다. 로마 시대의 수도 관계자들은 이 어려운 문제를 어떤 방식으로 해결했을까. 그것을 말하기 전에, 로마 시대에 수도를 집까지 끌어들이는 일이 어떤 것이었는가를 잠깐 이야기하고 싶다.

자택에 수도를 끌어들이고 싶은 사람은 우선 신청서를 내야 했다. 신청서 접수 창구는 수도 로마인 경우에는 황제, 밀라노나 나폴리 같은 본국 이탈리아의 지방자치단체는 시의회 의장, 쾰른이나 리옹 같은 속주의 수도는 속주 총독, 파리나 톨레도 같은 속주의 지방자치단체는 시의회 의장이었다. 아테네처럼 로마가 특별히 인정한 자유도시의 경우에는 시의회에 신청서를 제출한 것 같다. 광대한 제국인데도 피통치자 쪽도 만족할 만큼 원활하게 기능을 발휘한 것은 중앙집권과 지방분권이 절묘하게 맞물려 있었기 때문이라는 사실을 잊어서는 안 된다. 그렇다 해도 자기 집에 수도를 끌어들이는 것뿐인데 절차가 너무 거창하지 않은가 싶지만, 2,000년 전의 로마인은 그렇게 생각지 않았다.

물의 안정적인 공급은 '공'이 책임지고 주민에게 보증하는 '공'의 책무 가운데 하나라고 생각한 로마 시대에는 아무리 요금을 낸다고 해도 무제한으로 허가를 내줄 수는 없다. 수도 건설에 막대한 공적 자금과 노동력을 투입하는 데 사람들의 '콘센수스'(consensus, 합의, 동의)를 얻을 수 있었던 것은 그것이 공공의 이익과 연결되어 있었기 때문이다. 폼페이에서 발굴된 저수조 유적에서 볼 수 있는 공공용과 황제용 및 개인용의 배수 비율은 속주의 다른 도시들에 남아 있는 저수조의 경우에도 거의 같았다고 연구자들은 말하고 있다. 황제용에는 공중 목욕장이나 그 밖의 공공 건물에서 사용되는 물도 포함되어 있었으니까 이것도 공공용으로 계산하면, 로마 수도가 공급하는 총수량에서 '공'과 '사'가 차지하는 비율은 6 대 4였다고 생각해도 좋다. 다시 말해서 로마 수도를 통해 흘러드는 물의 60퍼센트는 '공공용'이고, 나머지 40퍼센트가 '개인용'이었던 셈이다. 이 40퍼센트를 넘어서는 것은 용납되지 않았다. '개인용'이 40퍼센트를 넘으면 '공공용'이 그만큼 줄어들기 때문이다. 오늘날에는 각자 집에서 물을 공급받는 주민의 비율이 훨씬 높지만, 로마 시대에는 공동 수도를 이용하는 사람이 훨씬 많았다. 수도가 공공 사업인 이상, '개인용'을 40퍼센트 이하로 억제할 필요가 있었기 때문이다. 그런데 어떻게 그것을 억제했을까.

우선 누구나 생각할 수 있는 방법은 사용료를 부과하는 것이다. 가도도 다리도 통행료를 받지 않는 것이 당연했던 시대에 유독 수돗물만은 사용료를 낸다는 것만으로도 이례적인 일이었다. 평균 70미터 간격으로 설치되어 있었다는 공동 수조까지 가기만 하면 얼마든지 공짜로 물을 얻을 수 있었으니까, 사용료를 부과하면 어느 정도는 '개인용' 증가에 제동을 거는 효과가 있었을지도 모른다. 하지만 그 제동 작용을 너무 중시한 나머지 수도요금을 비싸게 받을 수도 없었다. '개인용'으로 분류된 수돗물을 사용하는 사람들 중에는 수공업자가 많았기 때문이다. 염색업은 특히 많은 물을 필요로 했다. 현제(賢帝)라는 데 중론이 일치하는 아우구스투스와 트라야누스는 공업용수를 안정적으로 공급하기 위해 그것을 주된 목적으로 하는 수도까지 일부러 건설했다. 공업용수의 효용성에 로마인이 무관심했다고는 도저히 생각할 수 없다. 또한 작업에 물을 필요로 하지 않는 부자라 해도, 물을 자기 집까지 끌어들이는 것을 단순한 사치로 단정할 수는 없었다. 이런 부자가 시내에 저택을 갖고 있는 것만으로도 소비가 늘어나고, 그것이 도시 경제의 활성화로 이어지기 때문이다. 교외에 있는 별장도 이와 비슷한 역할을 맡고 있다. 원래 농경민족인 로마인이 생각하는 '빌라'(별장)는 농축산업의 생산 기지였다. 사람이 살면 토지가 황폐해지는 것을 막을 수 있다. 안전하고 쾌적한 환경을 갖추면 사람이 정착한다. 안전은 '팍스 로마나'로 보장되어 있었지만, 쾌적한 생활을 보장하는 첫 번째 조건은 깨끗한 물의 안정적인 공급이었다.

이런 사정 때문에 요금을 받더라도 너무 비싸게 받을 수는 없었지만, 아무리 그렇다 해도 1년치 수도요금 총액이 25만 세스테르티우스라면 너무 싸다. 로마 시내 최고급 아파트 한 채의 1년치 집세의 8배 내지 9배에 불과하다. 중세 때 문헌을 베낄 때 잘못 썼거나 로마의 11개 수도 가운데 1개의 사용료가 아닐까 하는 생각도 들지만, 수도요금이 비싸다고 한탄한 기록도 남아 있지 않다. 어쨌든 공익을 목적으로 한 인프라니까, 요금 수입으로 채산을 맞출 생각은 처음부터 하지 않았을 것이다.

그래서 로마 시대에는 수도요금이 '개인용' 신청자 증가에 제동을 거는 효과는 거의 없었던 모양이지만, 이런 상황에서 '개인용'을 40퍼센트 이하로 억제하기 위한 대책 가운데 하나가 절차를 까다롭게 하는 것이었다. 기껏해야 집까지 수돗물을 끌어들이는 것뿐인데, 수도 로마의 경우에는 황제에게, 속주인 경우에는 총독이나 그 지역의 최고권력자에게 허가를 받도록 했다. 신청하는 것 자체를 번거롭게 하고, 허가가 내릴 때까지 시간이 오래 걸리게 한 것이다. 가벼운 마음으로 신청하는 사람을 걸러내는 것이 진짜 목적이었다.

두 번째 대책은, 허가가 떨어진 경우에도 유효 기간을 신청한 본인이 살아 있을 때까지로 제한한 것이다. 세습도 상속도 양도도 인정하지 않는다. 시민권이나 국유지 임차권도 세습할 수 있었던 로마 시대에 유독 수도 사용권만 세습을 인정하지 않은 것은 특기할 만한 일이다. 부모가 죽으면, 자식은 부모와 같은 집에 살고 있었어도 새로 '개인용' 수도를 신청해야 했다. 또한 이미 수도가 설치되어 있는 집을 산 사람도 다시 수도 사용 허가를 신청해야 했다. 60퍼센트에 이르는 '공공용' 수돗물을 계속 확보하는 것도 그리 쉬운 일은 아니었다.

그렇기 때문에 수돗물을 훔친 자에게는 엄청난 액수의 벌금을 물렸다. 최고액이 무려 10만 세스테르티우스나 되었다고 한다. 이것은 군단병 84명의 연봉에 해당하는 액수였다. 그래도 물을 훔치는 사람은 끊이지 않았던 모양이다. 물을 훔친다 해도 수도관을 놓는 공사는 해야 한다. 공공용 수돗물을 훔치는 못된 심보를 가진 자는 공무원 신분으로 그런 일에 가담하는 '수도국' 내부의 무분별한 자와 내통하고 있다는 뜻이다. 그래서 공사 책임자는 인부들에게 그 날의 공사 일정을 당일 아침이 되어서야 알려주었을 정도였다. 물을 훔치면 수도요금을 물릴 수 없을 뿐 아니라 수도 내부의 수압을 유지하는 데에도 문제가 생기기 때문에, 그런 행위는 절대 용납해서는 안 되었다. 로마는 법치국가다. 수도법이 있으니까 그것을 지키지 않으면 안 된다. 법률이 현실에 맞지 않게 되면, 법률을 고치면 된다.

그러면 '개인용'으로 분류된 수돗물 사용료는 어떻게 결정했을까.

폼페이의 아본단차 거리의 상상도(J. P. 아당, 『로마의 건축 : 재료와 기술』에서)

수질을 유지하기 위해 온종일 흐르도록 내버려두었기 때문에, 사용량을 잴 수가 없다. 사용량을 재지 못하면 요금을 결정할 수 없다. 요금을 결정하지 못하면 사용자에게 요금을 부과할 수도 없다. 하지만 아무리 흐르도록 내버려두었다 해도, 물은 배수관에서 갈라진 급수관을 통해 집이나 공장으로 흘러간다.

그래서 로마 시대의 수도 관계자는 수도관의 굵기로 요금을 매겼다. 납으로 만든 수도관에는 굵은 것부터 가느다란 것까지 열 종류가 있고, 길이는 모두 3미터였다. 수도관은 공장에서 규격대로 대량 생산되고 있었다. 공사 관계자는 신청서에 기입된 사용 목적이나 사용 구역의 면적 등을 토대로 필요량을 계산하고, 그에 따라 수도관의 치수와 개수를 결정했다. 이런 공사는 전문가가 아니면 할 수 없으니까

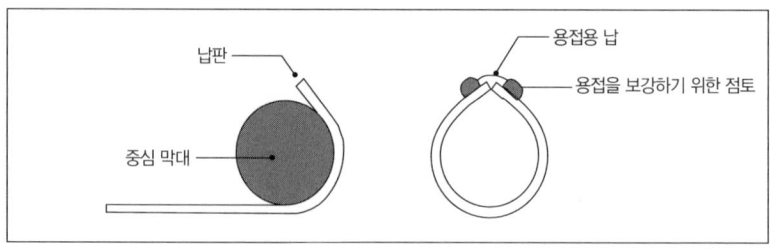

납관 제조법(J. P. 아당, 『로마의 건축 : 재료와 기술』에서)

'당국'은 전문가 집단이었을 테고, 따라서 사용량을 계산하는 것쯤은 문제가 아니었을 것이다.

이런 방식으로 요금이 결정되었다면, 로마 시대에는 가정에서도 물을 계속 흐르게 해 수질을 유지하고 있었다는 이야기가 된다. 온종일 물을 흘려보내는 것은 물을 깨끗하게 유지하는 수단일 뿐 아니라, 하수도의 기능을 유지하는 데에도 효과적이었다. 온종일 흘러드는 다량의 물로 하수의 흐름이 좋아지기 때문이다. '물이 계속 흐르게 내버려두는' 것은 위생면에서도 높은 효용성을 갖고 있었던 셈이다. 그리스인은 로마인이 독창력을 발휘한 예로 가도와 상수도와 하수도를 꼽았지만, 이것은 셋 다 건설만 해놓은 것으로는 끝나지 않는다. 계속 기능을 발휘하지 않으면 의미가 없다. 그리스인이 감탄한 것은 로마의 가도와 상하수도가 완벽하게 기능을 발휘하고 있었기 때문이다. 상하수도에 무관심했던 그리스인의 눈에 로마 시대의 도시들은 상당히 깨끗해 보였을 것이다.

그러면 '계속 흐르게 내버려둔' 로마 시대의 수도에는 수도꼭지가 없었을까. 수도꼭지는 분명히 존재했다. 게다가 원리도 현대의 수도꼭지와 똑같다. 폼페이에서 출토된 수도꼭지와 똑같은 것을 만들어 실험해 본 연구자에 따르면, 수도꼭지로서의 기능은 완벽한 수준이었다고 한다. 하지만 로마인은 이 수도꼭지를 수도관 보수공사나 여러 가지 공사를 할 때 물의 흐름을 일시적으로 막기 위한 목적으로만 사용했다. 어쨌든 물을 계속 흘려보내는 것이 로마 수도의 기본 방식이었기 때문이다. 덕분에 로마인은 소독약 냄새가 나지 않는 물을 마실 수 있었다.

여기서 한때 파문을 불러일으킨 가설 하나를 소개하고 싶다. 즉, 로마가 멸망한 원인이 로마인의 납중독에 있다는 가설이다. 로마 수도에는 납으로 만든 수도관이 사용되었기 때문에, 그 수도관을 지나는 물을 마신 로마 사람들은 납에 중독되었고, 만성 납중독으로 말초신경이 손상되었을 뿐 아니라 뇌까지 손상되어 로마 제국이 멸망했다는 것이다.

이 주장은 가설로서도 많은 약점을 갖고 있지만, 그것은 일단 제쳐놓고, 로마인이 과연 납의 독성에 무지했는가를 살펴보자.

로마인은 납의 독성을 모르기는커녕 완전히 알고 있었다. 기원전 1세기에 나온 『건축론』에서 이미 비트루비우스는 납의 독성을 논하고, 그 독성에 중독되지 않기 위한 방책까지 언급하고 있다. 납은 물에 녹으면 독성을 발휘한다. 그것이 인간에게 해롭다는 것은 납관(鉛管) 제조공장에서 일하는 노동자들의 안색과 자세가 나쁜 것으로도 알 수 있다. 따라서 건강을 생각하면 납관 사용을 되도록 줄여야 한다. 건강에 좋은 물을 공급하고 싶으면 나무나 테라코타로 만든 수도관을 쓰는 것이 바람직하다는 것이다.

하지만 로마 수도에는 계속 납관이 사용되었다. 어디에? 그리고 왜?

우선 수원에서 도시로 흘러드는 길목에 있는 '카스텔룸'(저수조)까지는 지하든 지상이든 석조 갱도 안을 지나오니까 납관이 필요 없다. 문제는 도시 안으로 들어온 뒤 '카스텔룸'에서 공동 수조나 집까지 뻗어 있는 수도관이다. 이 부분에 납관이 사용되고 있었다. 물을 배급해야 할 곳이 많고, 그런 곳에 물을 보내려면 수도관을 구부려야 할 경우도 많다. 납관은 쉽게 구부러진다. 유럽 북부에서는 나무관, 유럽 남부에서는 테라코타관이 발굴되고 있지만, 도시 안에서는 역시 납관이 지배적이었던 모양이다.

그러면 왜 로마인은 독성이 있다는 것을 알면서도 계속 납관을 사용했을까.

로마인은 비트루비우스도 말했듯이 납이 물에 녹았을 때 독성이 생긴다는 것을 알고 있었다. 그렇다면 되도록 물과의 접촉을 줄이면 된다. '물이 계속 흐르게 내버려두는' 것이 물과의 접촉을 줄이는 데에는 좋은 방식이었다. 넓은 갱도 안에서도 상당히 빠른 속도로 흘렀으니까, 좁은 납관으로 들어가면 유속이 훨씬 빨라진다. 또한 수도꼭지도 사용하지 않으니까, 방출구에서도 물이 계속 흘러내린다. 납이 물에 녹을 위험도 줄어든다. 그리고 물에 포함되어 있는 석회분도 납독의 위험을 줄이는 데 도움이 되지 않았나 싶다.

유적이 되어버린 로마 수도의 갱도를 보면, 그 내부를 하얗게 덮고 있는 석회층이 두꺼운 데 놀라게 된다. 늘 유지·보수가 필요했던 이유의 하나는 석조 갱도 안에 부착한 석회층을 제거하기 위해서였다는 것도 납득이 간다. 하지만 납관의 경우에는 안쪽에 달라붙은 석회가 납과 물을 차단하는 막이 되어 있었던 게 아닐까. 어쨌든 시내를 지나는 수도에 납관을 사용한 것이 로마 제국 멸망의 원인이라는 주장은

하드리아누스 방벽 옆에 있는
병사용 목욕장 유적

로마 수도 연구자들 사이에서는 완전히 도외시되고 있다.

로마 수도에 대한 이야기는 훌륭한 수도가 없이는 존재할 수 없었던 대규모 공중 목욕장으로 마무리 짓는 것이 당연할 것이다. 로마인은 그 후의 역사에서도 유례를 찾아볼 수 없을 만큼 목욕을 좋아해서, 웬만한 도시에 여러 개의 공중 목욕장이 있는 것이 당연하게 여겨졌지만, 제국의 최전선이었던 오늘날의 영국에 남아 있는 하드리아누스 방벽을 찾아가서 전선에 근무하는 병사들을 위한 목욕장을 보았을 때는 놀라기보다 어이가 없었다. 강물을 이용한 소규모 목욕장이었지만, 최전선에서도 로마인들은 여전히 목욕에 대한 집착을 버리지 않은 것이다. 제국의 수도 로마에서는 목욕장의 규모가 커지는 동시에 호화로워진다. 황제들이 지어서 시민에게 기증했기 때문이다.

로마 시내에 있었던 유명한 목욕장을 지어진 순서대로 열거하면 다음과 같다.

아그리파 목욕장, 네로 목욕장, 티투스 목욕장, 트라야누스 목욕장, 카라칼라 목욕장, 데키우스 목욕장, 디오클레티아누스 목욕장, 콘스탄티누스 목욕장.

초대 황제 아우구스투스의 오른팔이었던 아그리파가 지은 것만 빼고 나머지는 모두 황제가 지은 목욕장이다. 내부 구조는 모두 엇비슷하니까, 다음 그림에 나오는 '카라칼라 목욕장'을 대표로 제시하겠다. 목욕장 안팎에 장식되어 있는 미술품은 수준도 높고 수도 많아서, 공중 목욕장은 로마 시대의 미술관이었다고 해도 좋을 정도다. '아그리파 목욕장'에 있는 조각상 하나가 마음에 든 티베리우스 황제가 어차피 서민들은 걸작 미술품을 이해하지 못할 거라고 생각해 황궁으로 옮겼다가, 목욕객들의 요란한 항의를 받고 원래 있던 곳에 돌려놓을 수밖에 없었다는 일화도 있다.

오늘날 우리가 미술관에 가서 감상하는 그리스-로마의 조각상들 가운데 적지 않은 수가 이런 공중 목욕장 자리에서 발굴된 작품이다. 바티칸미술관의 보배라고 일컫는 '라오콘 군상'도 원래는 '트라야누스 목욕장'을 장식하고 있었던 작품이다. 지금은 나폴리의 고고학박물관에 소장되어 있는 통칭 '파르네세의 소'라는 대리석 군상. 역시 나폴리에 있는 '파르네세의 헤라클레스상.' 지금은 프랑스 대사관으로 쓰이고 있지만 르네상스 시대 건물인 파르네세궁 앞 광장에 있는

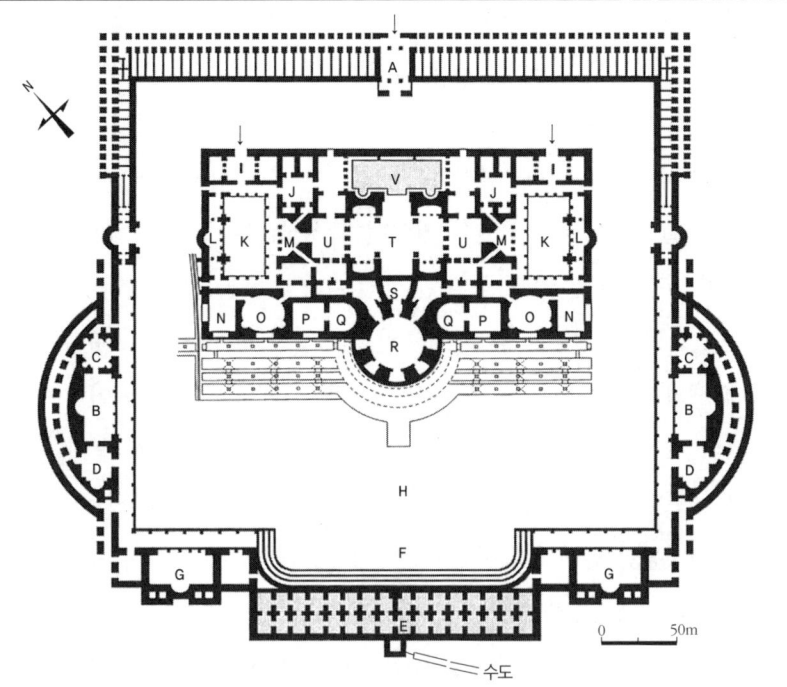

출입구 좌우에는 바깥쪽을 향해 가게가 늘어서 있고, 가게 2층은 주거용으로 쓰이고 있었다.

A 출입구
B, C, D 회화나 조각 등을 전시한 미술관
E 대형 저수조(2층 구조). 수도는 여기에 직접 이어짐
F 정원에서 지하 저수조(지표면은 포장됨)로 내려가는 계단
G 도서관(두 군데. 오른쪽은 그리스어 서적, 왼쪽은 라틴어 서적을 소장)
H 분수나 조각으로 장식된 정원
I 욕탕으로 들어가는 입구
J 탈의실
K 회랑으로 둘러싸인 체육관
L 조각품을 전시한 미술관. 회랑 쪽으로 개방된 구역

M 반원형 에세드라. 벽을 따라 조각상이 늘어서 있고, 낭독회 등에 쓰이는 경우가 많음
N, O, P, Q 중앙 욕조에는 방마다 온도가 다른 물이 가득 차 있고, 모든 방이 벽난방. N은 화장실로 여겨짐
R 열탕실. 바깥쪽을 향한 반원형 공간에 창문이 크게 뚫려, 남향이라는 이점을 최대한 활용할 수 있도록 설계
S 온탕실
T 냉탕실
U 분수(이 두 개의 분수 가운데 하나는 프랑스 대사관 앞의 파르네세 광장에, 또 하나는 바티칸 안뜰에 남아 있다)
V 수영장

카라칼라 목욕장 평면도

분수. 이들은 모두 '카라칼라 목욕장'을 장식하고 있던 미술품이다. 그리고 '디오클레티아누스 목욕장'에 있던 미술품은 이루 헤아릴 수 없다. 그 목욕장 유적을 미술관으로 만든 '테르메미술관' 옆에 새로 세워진 '팔각형 아울라'에 직접 가서 보라고 말할 수밖에 없다.

이런 걸작품으로 장식되어 있었던 목욕장(테르마이)을, 로마의 서민들이 '우리 가난뱅이들을 위한 궁전'이라고 부른 것도 납득이 가지 않는가. 이만한 설비를 갖추고도 입장료는 빵 한 개와 포도주 한 잔 값에 해당하는 2분의 1 아시스에 불과했다. 게다가 병사와 어린이는 공짜다. 노예도 입장할 수 있었는데, 공무원인 노예는 병사와 마찬가지로 무료였다. 로마 시대에는 어느 도시에나 있었던 이런 공중 목욕장은 오랫동안 남녀 혼욕이었지만, 하드리아누스 황제 시대부터 남녀를 구별하게 된다. 다만 내부를 남탕과 여탕으로 나누는 것은 불가능한 일이었기 때문에, 시간으로 구분하게 되었다. 집에서 일하는 경우가 많은 여자들은 오전 10시부터 오후 1시경까지, 해가 뜨면 밖에 나가 일하는 남자들이나 학교에서 공부하는 아이들은 오후 2시부터 5시경까지.

로마 시내 공중 목욕장의 수용 인원보다 로마 인구가 훨씬 많으니까, 모든 로마 시민이 하루에 한 번씩 공중 목욕장에 가지는 않았을 것이다. 황제를 비롯한 유력자들의 저택에는 욕실이 딸려 있었고, 온몸에 머리부터 물을 끼얹는 것만으로 만족하는 사람도 적지 않았을 것이다. 하지만 목욕할 수 있는 환경만 주어지면 목욕하는 습관이 붙게 된다. 충분한 양의 물을 사용할 수 있는 환경과 몸을 깨끗이 유지하는 습관은 로마 제국의 역사에서 전염병이 널리 퍼진 일이 놀랄 만

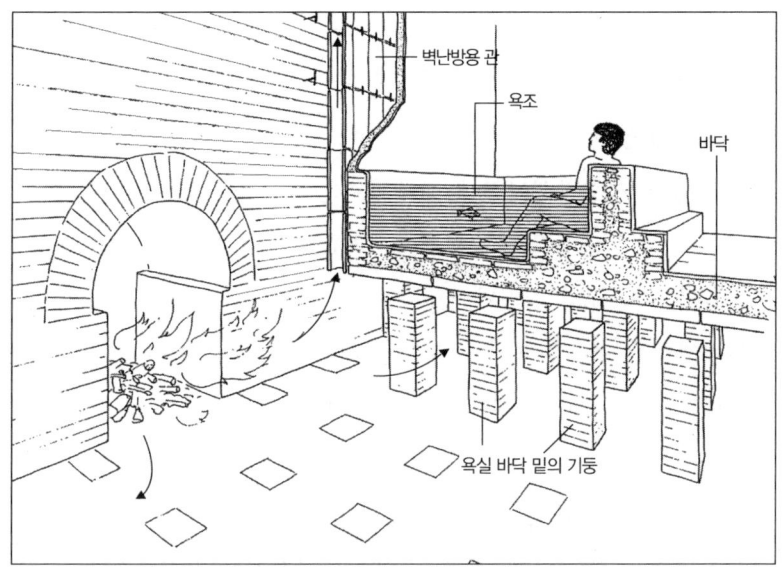

욕실 단면도(오른쪽)와 욕조를 덥히는 장치(J. P. 아당, 『로마의 건축 : 재료와 기술』에서)

라오콘 군상　　　　　　　'파르네세의 소'

큼 적은 것과 무관하지 않을 것이다. 하지만 로마 제국의 도시에 반드시 있었던 공중 목욕장도 4세기 말부터는 입장객이 격감한다. 대형 목욕장에 물을 보내는 수도는 아직 완전히 기능을 유지하고 있었다. 달라진 것은 사고방식이었다. 그때까지는 알몸으로 스스럼없이 어울렸지만, 남에게 알몸을 보이는 것을 좋지 않게 여기는 사고방식이 확산되었다. 기독교의 지배가 결정적으로 확립된 뒤, 로마 제국에서는 남자들까지도 팔을 드러내지 않기 위해 토가 속에 긴소매 속옷을 입게 되었다. 많은 사람의 혼욕이 특징이었던 로마식 공중 목욕장이 설 자리는 이제 더 이상 남아 있지 않았다. 게다가 공중 목욕장에는 나체 조각이 수없이 장식되어 있었다. 기독교도에게 그것은 타파해야 할 사교인 그리스-로마 종교의 상징이었다. 목욕장을 장식했던 나체 조각상은 파괴되거나 테베레강에 던져졌고, 다행히 파괴를 면했다 해도 잊힌 채 방치되었다. 일찍이 로마 서민의 궁전이었던 공중 목욕장은 거대한 유적으로 변했다. 교회나 주택의 건축 재료로 쓸 만한 것은 모두 제거되고, 벽돌 벽만이 옛날의 화려함을 상상케 할 뿐이다.

    로마 수도는 그 후에도 150년 가까이 살아남았다. 서로마 제국이 멸망한 476년에도 수도의 갱도 안에서는 물이 계속 흐르고 있었다. 하지만 그것도 538년에 막을 내린다. 538년에 동로마 제국이라고도 불리는 비잔틴 제국의 벨리사리우스 장군이 그 무렵에는 이미 연례행사처럼 되어 있었던 야만족의 침입에 저항하고 일어났다.
    로마를 지키고 있던 벨리사리우스 장군에게 한 가지 정보가 들어왔다. 밤이 되면 수도의 갱도 저편에 불빛이 깜박이는 것이 보인다는 정보였다. 로마 시내는 3세기에 아우렐리아누스 황제가 세운 성벽으로 보호되고 있었지만, 수도교는 그 성벽 위를 지나 시내로 들어가고 있었다. 야만족이 수도의 갱도 안을 지나 시내로 침입하는 것을 걱정한 벨리사리우스는, 로마로 들어오는 모든 수도의 취수구를 폐쇄하는 동시에, 수도교가 시내로 들어오는 어귀의 갱도도 벽돌과 시멘트로 막아버렸다. 이리하여 로마 수도는 숨이 끊어졌다.

그 후에도 야만족의 침입은 되풀이되었기 때문에, 폐쇄된 수도를 원래 상태로 복구하려는 사람은 아무도 없었다. 인구가 3만 명으로 줄어든 로마에서는, 인구 100만의 도시를 위해 건설된 11개나 되는 수도는 사실 필요도 없었다. 그보다 수도교를 지나 쳐들어올지도 모르는 야만족이 더 무서웠다. 로마의 중세는 분명 암흑이었다. 로마 가도는 유지·보수도 되지 않고 방치된 결과, 길을 포장한 돌들이 닳아서 틈새에 토사가 쌓이고 잡초가 무성한 가운데 서서히 죽어갔지만, 로마 수도의 죽음은 너무나도 갑작스러웠다. 인프라는, 그것을 유지하려는 확고한 의지와 힘을 가진 국가가 기능을 발휘하지 않는 한, 아무리 좋은 것을 만들어도 사라질 수밖에 없다. 이것은 하드 인프라만이 아니라 소프트 인프라도 마찬가지다.

제2부

소프트 인프라

1 의료

'로마 우르브스'(ROMA URBS, 수도 로마)라는 제목이 붙은 가로 95센티미터, 세로 115센티미터의 지도가 있다. 시판되고 있으니까 누구나 살 수 있어야 할 터인데, 현대의 로마 시정은 고대와는 달리 무엇이든 지속적으로 하려는 의지가 상당히 부족하다. 그래서 이 지도도 걸핏하면 품절되는데, 품절 상태가 지속되는 경우가 많아 쉽게 구할 수 없을지도 모른다. 그렇지만 지도 자체는 꽤 잘 만들어졌다. 현대 로마인도 좋은 아이디어는 갖고 있다. 이 지도는 옅은 갈색으로 칠한 현대의 로마시(市) 위에 검은색과 회색으로 제정 시대의 로마를 그려넣은 평면도다. 콘스탄티누스 대제가 세운 개선문과 목욕장도 기입되어 있으니까, 서기 4세기 당시의 '세계의 수도'를 그린 것임을 알 수 있다. 푸른색은 고가 수도교와 테베레강을 나타낸다.

이 지도를 보다가 깨달은 것이 있다. 첫째는 서기 4세기 당시의 로마가 그려져 있는데도 기원전 공화정 시대에 지어진 주요 건조물이 거의 다 건재하다는 것이다. 500년이 훨씬 넘은 건물도 있다. 다만 악명이 높았던 네로 황제의 '황금 궁전'은 트라야누스 황제가 지은 목욕장에 딸린 정원 아래로 사라져버렸고, 아그리파가 지은 '판테온'도 화재로 불타버린 뒤 하드리아누스 황제가 전혀 다른 양식으로 재건했고, 지도에 기재되어 있는 것도 그 판테온이다. 하지만 이것들은 예외 중의 예외고, 나머지는 모두 건설 당시와 같은 형태로 남아 있다. 끊임없는 보수와 관리가 이루어지고 있었다는 증거일 것이다. 그리고 유지·관리가 완벽했다는 것은 제국이 충분히 기능을 발휘하고 있었다는 뜻이기도 하다.

둘째, 고대의 로마는 현대의 로마와 겹쳐 있다는 것이다. 사실은 당연한 것인데, 지도를 보면서 새삼 그것을 실감했다. 이 현상은 로마 시대에 기원을 두고 있는 수많은 도시들도 마찬가지지만, 제국의 수도였던 로마는 규모나 밀도에서 속주의 주요 도시였던 쾰른이나 마인츠, 리옹, 런던과는 비교가 되지 않는다. 게다가 지금도 사람들이 살고 있으니까, 체계적인 발굴은 꿈도 꿀 수 없다. 어딘가에서 개축공사를 한다는 말을 들으면 만사 제쳐놓고 허겁지겁 달려가는 것이 로마 대학 고고학과의 은밀한 주요 임무라는 것도 납득이 간다. 반대로 로마 건축업자들의 고민은, 어딘가에 삽질만 해도 '문화재보호위원회'가 득달같이 달려와 공사를 중단시키는 것이다. 로마에는 좀처럼 지하철이 뚫리지 않고, 겨우 뚫려도 두세 개가 고작이다. 그것도 땅속으로 깊이 파 내려가서야 비로소 뚫을 수 있었다. 조금만 파면 당장 유적에 부딪혀버리기 때문이다. 같은 이유로 로마에는 노상 주차가 많다. 현대의 지하 1층은 2,000년 전에는 지상 1층이었기 때문이다.

게다가 묘한 데서 전통을 존중하기 때문에, 다른 곳으로 이전해도 전혀 지장이 없는 군대 막사도 2,000년 전의 근위대 막사와 같은 장소에 남아 있고, 덕분에 발굴은 꿈같은 이야기다. 근위대는 로마군의 꽃이었으니까, 그 넓은 막사의 땅속 깊은 곳에는 수많은 조각상이 묻혀 있을 터인데, 군사시설이라는 이유로 여전히 출입금지 구역으로 묶여 있다.

이것이 로마의 현재 상황이다. 아니, 로마만이 아니라 로마 시대에 생긴 수많은 도시들의 현재 상황이다. 이런 상황을 보면, 고고학에는 무엇보다 상상력이 필수불가결하다는 영국 고고학자의 말에 공감하고 싶어진다.

그래서 이 '로마 우르브스'는 꽤 많은 것을 생각하게 해주는 지도인데, 이 지도에서 내 흥미를 끈 것이 또 하나 있다. 거기에 대해 언급한 학자는 하나도 없지만, 학자들이 몰라서 언급하지 않은 게 아니라 알면서도 언급하지 않았을 것이다. 자신들 사이에서는 자명한 일을 새삼스럽게 언급하지 않는 것이 학자들이기 때문이다. 그들과 달리 아마추어인 내가 흥미를 느낀 것은, 제국의 수도였던 로마에 대규모 교육시설과 의료시설이 없다는 점이었다.

고대 로마인은 교육과 의료에 무관심했던 것일까. 수도에도 본격적인 교육기관이나 의료시설이 없었다는 것은, 일부 학자들의 주장대로 로마에 공립학교가 없었고 의료체계가 전혀 갖추어져 있지 않았다는 증거고, 그것은 이 방면에서 로마인의 후진성을 보여주는 것일까.

로마에는 오랫동안 전문의가 존재하지 않았다. 기원전 3세기 무렵에 그리스인 의사가 로마에서 진료를 시작했다는 기록이 있으니까, 건국된 뒤 무려 500년 동안이나 로마인들은 의사가 없는 나라에서 살았다는 이야기가 된다. 하지만 의사가 없다고 해서 의료가 존재하지 않았다고 할 수는 없다. 로마에도 의료는 건국 당시부터 존재했고, 로마인들은 그것으로 충분하다고 생각했다. 로마의 의료는 크게 나누면 가정 의료와 신에게 비는 것이었다.

　가정내 의료의 담당자는 가부장이었다. 로마의 가부장은 아주 강한 가장권을 갖고 있었지만, 책임도 다양하고 무거웠다. 가장은 가족만이 아니라 집안이나 농장에서 일하는 노예들의 건강 상태까지 책임지고 있었다. 이런 로마에서 의술서보다 약초의 종류와 그 효능을 다룬 책이 먼저 보급된 것은 각 가정의 가부장이라는 독자층이 존재했기 때문이다. 그리고 환자를 치료하는 가장은 그 집에 딸린 영리한 노예를 조수로 부린다. 노예는 치료를 도우면서 배운다. 이리하여 '노예 의사'라고 불리는 가정의가 탄생했다.
　의료가 '가부장'(파테르 파밀리아스)의 역할이었던 시대가 오래 지속된 것은 가장이 의사 노릇을 해도 별로 지장이 없었기 때문이다. '의학의 아버지'로 존경받는 히포크라테스의 의학도 본질적으로는 예방의학의 집대성이고, 신체의 저항력 강화를 목적으로 삼는다. 그러려면 건강에 좋은 음식과 적당한 노동, 충분한 수면과 위생이 보장되어야 하는데, 이런 것들은 가장이 늘 주의를 기울이며 감독하는 사항이기도 했다. 가정이나 농장에서 일하는 노예들의 건강에도 늘 신경을 쓰는 것이 가부장의 본분으로 여겨진 것은, 인권을 존중했기 때문이 아니라 노동력 손실을 막기 위한 배려에 불과했다. 그래도 어쨌든 고대 로마에서는 노예도 의료 대상이 되어 있었다.

　병이 났을 때 신에게 의지하는 것은 로마인만이 아니라 어느 민족에게나 공통된 경향이다. 몸이 아프면 누구나 불안해지게 마련이고, 의지할 수 있는 대상이 있으면 무엇에든 의지하고 싶은 심경이 된다.

로마에는 의지할 수 있는 대상이 얼마든지 있었다. 정복한 이민족에게도 대범하게 로마 시민권을 준 로마인은, 현대의 어느 학자의 말을 빌리면, '패자가 믿는 신들에게도 로마 시민권을 주었기' 때문이다. 덕분에 신의 수가 무려 30만으로 늘어나버렸기 때문에, 질병마다 그것을 담당하는 신을 할당하는 것은 간단했다. 전염병을 담당하는 신까지는 이해가 가지만, 발열과 설사와 복통을 담당하는 신들이 따로 있는 데에는 미소를 금할 수 없다. 이런 신들에게는 작은 사당을 바치고, 환자가 복통으로 꼼짝하지 못하면 누군가가 대신 사당에 참배했다고 한다.

　신들 사이에도 최고신 유피테르(그리스에서는 제우스)와 그 아내인 유노(헤라), 그리고 미네르바(아테네)를 정점으로 하는 계급이 존재했듯이, 의료를 담당하는 신들에게도 순위가 있었다. 의료를 담당하는 신들 가운데 지위가 가장 높은 주신은 뱀이 휘감겨 있는 지팡이를 든 모습으로 표현되는 아이스쿨라피우스(그리스에서는 아스클레피오스) 신이다. 이 신도 역시 그리스 태생이다. 현대 유럽에서도 의과대학 졸업증서에 뱀이 휘감긴 지팡이가 의사의 상징으로 그려져 있다. 고대 로마인은 이 신에게 테베레강에 떠 있는 섬 하나를 통째로 바쳤다. 연대기에 따르면 기원전 291년에 전염병이 번졌을 때 지었다는데, 고고학 조사를 토대로 한 복원 상상도를 봐도 알 수 있듯이 이것은 병원이 아니다. 섬 전체가 의술의 신 아이스쿨라피우스에게 바쳐진 신전으로 되어 있다. 강에 떠 있는 섬이니까 세상과 격리되어 있고, 섬 안에 맑은 물이 솟는 샘도 있었으니까, 이곳에 틀어박혀 병이 낫게 해달라고 신에게 빌기 위해 찾아오는 환자를 받기에는 안성맞춤이었을 것이다. 무엇보다 우선 도심에서 가까웠다. 테베레강에 떠 있는 유일한 섬과

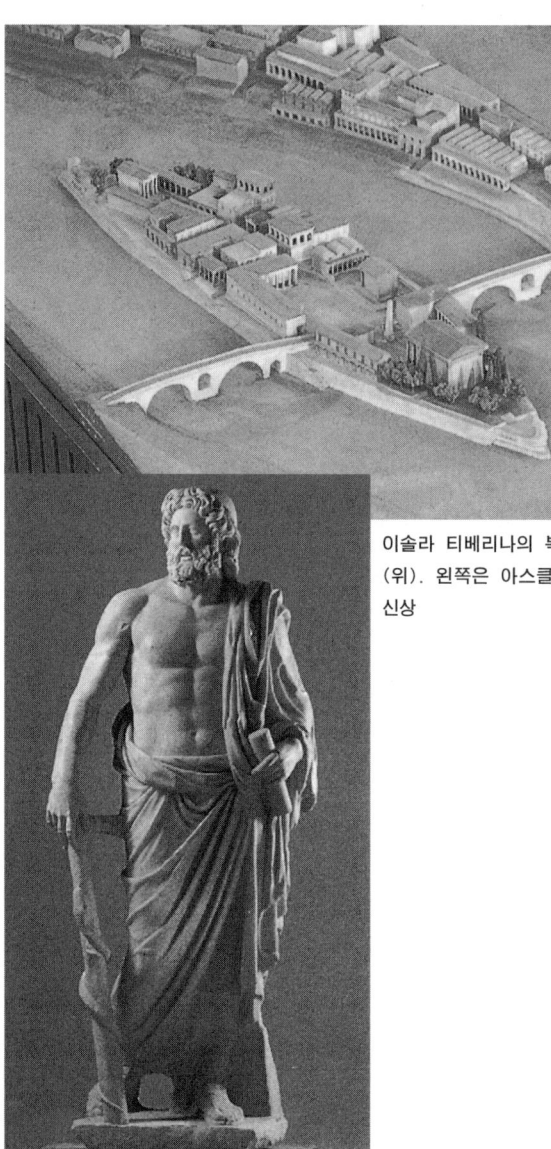

이솔라 티베리나의 복원 모형 (위). 왼쪽은 아스클레피오스 신상

의료의 밀접한 관계는 제국이 멸망한 뒤에도 계속 이어져서, 오늘날에도 그 섬은 병원으로 쓰이고 있다.

그밖에도 의료와 관련된 신전은 지중해 세계에 수없이 존재했지만, 실제로 의사가 치료를 담당한 곳은 '의학의 아버지' 히포크라테스가 오래전에 의학교로 만든 코스섬을 비롯해 몇 곳밖에 없었던 모양이다. 의술의 신을 모신 신전을 참배하는 환자는 거기에 틀어박혀 오로지 기적만 바라고 있었던 셈이다. 하지만 신에게 의지한다고 해서 반드시 비과학적이라고 단정할 수는 없다는 점이 흥미롭다.

우선 '신에게 의지하기' 위해서는 일정 기간 휴가를 얻어야 한다. 평상의 일에서 완전히 벗어난 휴식 기간을 갖는다는 뜻이다.

둘째, 테베레강에 떠 있는 섬(이솔라 티베리나)은 다리만 건너면 갈 수 있지만, 의료와 관련된 신전은 인가에서 멀리 떨어진 산 위에 있는 경우가 많다. 특히 그리스인들은 높은 곳에 신전을 짓기 좋아했다. 그래서 환자는 제 발로 걸어가든 나귀나 말을 타고 가든 들것에 실려가든, 거기까지 가는 힘든 여행을 견뎌내야 한다. 이 과정에서 이미 체력이 약한 환자가 걸러진다.

그 과정을 통과한 사람만 신전에 틀어박히게 되는데, 단식은 하지 않는다 해도 신전에서는 소박한 음식밖에 먹을 수 없다. 결과적으로 신체 장기가 깨끗해지고, 이것으로 치유에 한 걸음 더 가까이 다가간다. 반대로 검소한 음식을 견디지 못할 만큼 체력이 약한 환자는 신이 가까이에 있어도 죽게 된다.

의료를 담당하는 신을 모시고 있다는 점은 같지만, 로마인들이 즐겨 참배한 신전은 온천 근처에 있는 경우가 많았다. 어떤 연구자는 로마인에게 온천은 자석이었다고 말하기까지 한다. 온천이 가까이에 있으면 신전을 참배하는 동안 위생도 보장된다. 온천 자체가 치료 효과를 갖고 있는 경우도 많다.

마지막은 '동병상련'하는 환경이다. 이 말 자체는 같은 질병으로 고생하는 사람끼리 서로 가엾이 여긴다는 뜻이지만, 인간은 스스로 의식하지는 못하더라도 뜻밖에 이기적인 존재다. 집에서 혼자 병석에 누워 있을 때는 자기를 덮친 불행에 절망했던 사람도, 사방에 환자가 있는 환경에서는 자신의 증세가 옆 사람보다 가벼운 것만으로도 다행이라고 생각해 힘이 솟는다. 물론 옆 사람과 비교한 결과 자기가 더 중증이라는 게 분명해지면, 그것만으로도 더욱 절망해 죽음에 이르게 된다.

그래서 '신에게 의지하는' 방법의 치료율은 뜻밖에 높았을 것으로 여겨진다. 병이 나은 사람은 감사의 표시로 병든 부위를 본뜬 토기를 헌납했는데, 그 토기가 많이 발굴되고 있다.

또한 로마 제국에는 의술의 신을 모신 신전에 버려진 노예가 치유되면, 원래 주인은 그 노예의 소유권을 주장할 수 없다는 법률이 있었다. 나중에는 그리스에서 '돈을 벌러' 오는 의사가 드물지 않게 되었지만, 이 그리스 의사들은 유력자나 부자에 대한 치료를 담당했고, 일반 시민은 여전히 가부장과 신들에게 의존하는 상태였다.

계속해서 이 정도 수준을 유지하고 있던 로마의 의료에 혁명적인 변화를 가져온 사람이 바로 율리우스 카이사르다. 하지만 많은 면에서 중앙집권적인 법률을 통과시켜 공화정이었던 로마를 제정으로 바

꾸어간 카이사르가 의료와 교육 체계를 창설할 때는 국가가 통제하는 방식을 채택하지 않았다. 의료와 교육을 '공'의 담당 분야로 하지 않았다는 뜻이다. 다만 '사'가 활동할 수 있는 기반을 갖추어주는 것은 잊지 않았다.

10년이라는 기한이 붙기는 했지만 독재관에 취임해 황제로의 첫걸음을 내디딘 카이사르는 그 첫해인 기원전 46년에 '율리우스력'을 제정하는 등 수많은 개혁에 착수했다. 의사와 교사에게 로마 시민권을 부여한 것도 이런 개혁 가운데 하나였다.

조건은 단 하나. 수도 로마에서 의사는 의료에, 교사는 교육에 종사하는 것이다. 인종도 피부색도, 출신지도 사회적 지위도 일절 묻지 않는다. 물론 종교도 따지지 않는다. 카이사르보다 2세기 뒤인 오현제 시대에 살았던 역사가 수에토니우스는 이 개혁을 이렇게 논평하고 있다. 카이사르의 의도는 이미 로마에서 의료에 종사하고 있는 의사들의 환경을 개선해주고 우수한 의사를 더 많이 로마로 끌어들이는 데 있었다고.

로마 시민권을 얻으면, 사회적으로나 경제적으로 무시할 수 없는 이점이 있었다.

우선 로마법으로 보호받는 신분이 된다는 것이다. 카이사르가 생각한 제국은 중앙집권과 지방분권이 병립하는 체제였기 때문에, 의사도 교사도 그리스 아테네 출신이면 아테네시의 법률에 따라야 한다. 하지만 민법도 형법도 로마법이 그리스보다 잘 정비되어 있었다. 사유재산은 완벽하게 보호되었고, 재판에서 유죄 판결을 받았다 해도 항소권을 행사할 수 있어서, 로마법 아래에 있는 편이 훨씬 유리했다.

의사나 교사 지망자가, 아테네처럼 로마가 '자유도시'로 지정해 완전한 지방분권을 인정하고 있는 지방 출신이 아닌 경우에는 로마 시민권 취득으로 얻는 이익이 훨씬 늘어난다. 로마 시민권을 가지면 수입의 10퍼센트에 해당하는 속주세까지 면제되기 때문이다. 다시 말해서 직접세를 낼 의무가 없어진다. 간접세는 관세와 매상세(실질적으로는 소비세)인데, 의사나 교사를 지망하는 사람이라면 대개 장사에 열을 올리지는 않을 테니까 5퍼센트인 관세와는 무관할 테고, 소비할 때마다 내야 하는 매상세는 1퍼센트에 불과하다. 하지만 이렇게 되면 속주민도 조상 때부터 대대로 로마 시민권을 가진 사람과 동등해지기 때문에, 초대 황제 아우구스투스 이후에는 그 황제가 제정한 법률에 따라 로마 시민권 소유자에게만 적용되는 상속세 5퍼센트를 내야 했다. 하지만 이것도 상속인이 육친인 경우에는 공제를 받을 수 있었다.

게다가 로마 시민권 소유자에게만 인정된 특전도 누릴 수 있었다. 그 가운데 하나는 '소맥법'에 따라 매달 약 30킬로그램의 밀을 무상으로 배급받을 권리가 보장된 것이었다. 한 달에 한 번씩 줄을 서는 수고만 마다하지 않으면, 굶어 죽지 않을 정도의 주식은 공짜로 받을 수 있었다.

두 번째 특전은 콜로세움에서 벌어지는 검투기나 대경기장에서 벌어지는 전차경주를 공짜로 즐길 수 있다는 것이었다. 밀의 무상 배급권을 인정하는 증명서만 있으면 입장할 수 있었기 때문이다. 따라서 오락에서도 로마 시민과 동등한 혜택을 누릴 수 있었다.

율리우스 카이사르는 문명 사회에 필요한 의사와 교사를 로마로 불러들이기 위해 성직이라는 개념을 들고 나오지는 않았다. 그가 택한 수단은, 로마에서 의료나 교육에 종사하면 실질적인 '이익'을 주는 방

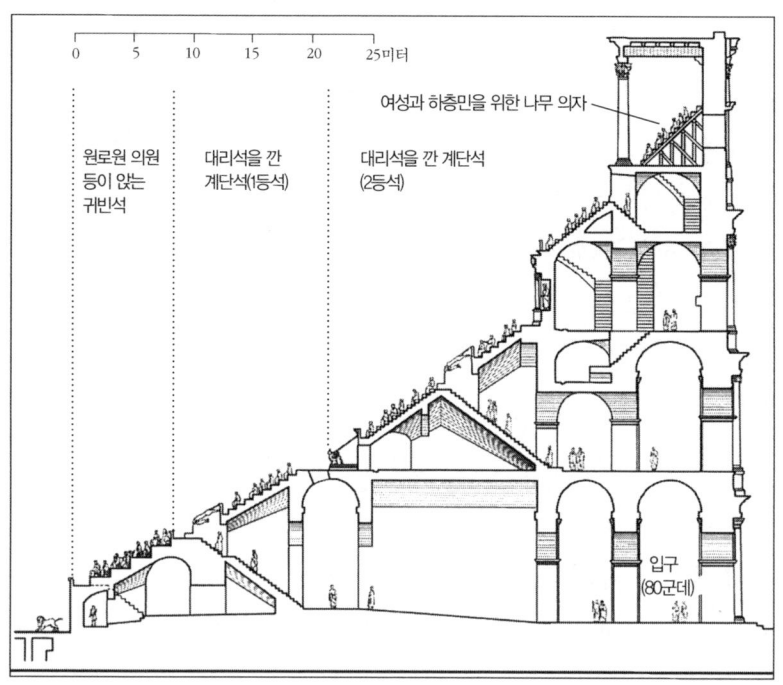

콜로세움의 계단식 관중석

법이었다. 의사가 성직이라는 개념은 먼 옛날 히포크라테스가 자기 밑에서 의술을 배운 뒤 독립해 떠나는 젊은 의사들의 선서라는 형태로 남긴 것이다. 성스럽고 순수하게 의사로서 일생을 보내고 오직 환자의 이익만을 생각하며 의술을 시행하도록 명심하겠다고 맹세하는 '히포크라테스 선서'다. 유럽 의과대학에서는 졸업생에게 졸업증서와 함께 '히포크라테스 선서'도 주는지, 개업의의 진찰실에는 액자에 넣은 이 '선서'가 졸업증서와 나란히 걸려 있는 경우가 많다. 그러고도 터무니없는 치료비를 청구하니까, '성'스럽고 '순수'한 2,500년 전의 선서와 너무 대비되어 마음이 착잡해진다.

2,000년 전의 로마인인 율리우스 카이사르는 이런 기대를 갖지 않

았다. 법적으로나 세제상으로, 그밖에도 많은 면에서 우대해줄 테니 타당한 치료비를 받고 의료에 종사해라. 교사인 경우에는 타당한 수업료를 받고 아이들을 가르치라는 식이다. 공적 기관을 설립해 그것으로 의료나 교육 수준을 향상시키기 위해 애쓰지 않고, 의사나 교사들을 자유시장으로 내보낸 것이다.

결과적으로 로마에서 일하고자 하는 의사와 교사가 급증했다. 변경을 지키는 군단에 의료진을 상주시킬 수 있게 되었을 뿐 아니라, 근무지가 수도 로마라 해도 일의 성질상 위험이 따르는 경찰서나 소방대도 전속 의사를 둘 수 있게 되었다. 시내 도처에 '외래 환자 전용 병원'이라고 생각할 수밖에 없는 소규모 진료소가 수없이 있었을 뿐 아니라, 입원 환자를 몇 명 정도는 받을 수 있는 시설도 존재했다. 인구 100만의 대도시였던 로마의 시내 지도에 작은 병원들을 일일이 기재할 수 없었을 뿐이다.

여기서 몇 가지 의문이 솟아난다. 첫째, 의사와 교사에 대한 카이사르의 우대 정책은 과연 수도 로마에만 한정된 것이었을까.

실제로 카이사르가 실시한 것은 수도 로마에서 의료나 교육에 종사하는 사람에 대한 우대책이었다. 하지만 로마 시대에는 수도 로마에서 실시된 정책은 속주를 포함한 제국 전역으로 파급되어가는 것이 당연하게 여겨지고 있었다. 가도나 수도의 보급에서부터 투기장의 구경거리를 즐기는 것에 이르기까지. 이런 것을 통해 제국 전체를 공동운명체로 만드는 것이 로마 제국 지도자들의 방침이었기 때문이다. 따라서 카이사르가 죽은 뒤에도 의사와 교사에게 로마 시민권을 주기로 한 이 정책은 역대 황제들에게 계승된다. 오현제 시대에도 황제들은 이 제도가 속주에서도 제대로 시행되고 있는지 늘 주의 깊게 감독하고 있었다. '수도 로마'는 모든 면에서 제국 전체의 본보기가 되어 있었기 때문이다.

두 번째 의문은 변경에 근무하면서 제국의 안전을 보장하는 병사들과의 형평성 문제다. 로마군의 주전력인 군단병은 로마 시민권을 갖고 있어야 하지만, 이들을 도와서 함께 싸우는 보조병은 속주 출신이다. 보조병이 복무 기간을 마치고 만기 제대하면 로마 시민권을 받을 수 있지만, 복무 기간이 무려 25년이다. 전선에서 근무하는 병사도 25년이 지나지 않으면 받을 수 없는 로마 시민권을 의사와 교사는 당장 받을 수 있다면 불공평하지 않은가.

로마 시민권 취득에 걸리는 기간만 비교하면 확실히 불공평하다. 하지만 주전력이 아닌 보조병도 로마 군단의 일원이니까, 병역에 종사하는 동안에는 의식주가 모두 보장되어 있었다. 반면에 의사나 교사는 '자유시장'에서 살아가야 하는 '자유업 종사자'라고 카이사르는 생각했을 것이다. 따라서 병사는 임무를 마친 뒤에 혜택을 받고, 의사나 교사는 임무를 시작할 때 혜택을 받는 것, 다시 말해서 혜택을 받는 시기에 차이가 존재하는 것이 오히려 당연했다.

이것은 확실한 사료가 발견되지 않아서 추측의 단계를 벗어나지 못하지만, 이들에게 주어지는 로마 시민권에는 세습이 인정되느냐 안 되느냐의 차이도 존재한 것 같다.

보조병이 25년의 병역을 마치고 받는 로마 시민권은 세습권이었던 반면, 의사나 교사가 일을 시작할 때 처음부터 받는 시민권은 당대에만 한정되어 있었던 모양이다. 보조병의 아들이 로마 시민권 소유자로서 군단병이 된 경우는 헤아릴 수 없이 많다. 또한 아버지한테 물려

받은 로마 시민권을 누리면서 군단기지에 물자를 납품하는 상인이 된 사람도 있었다. 그런데 의사나 교사의 아들이 다른 직업을 가져도 아버지가 누린 로마 시민권을 물려받은 사례는 발견되지 않는다. 물론 아버지처럼 의사나 교사가 된 아들이 많았으니까, 그들이 새로 얻은 로마 시민권이 마치 세습권 같은 느낌을 주었을지도 모른다.

게다가 만기 제대한 뒤에 로마 시민권을 받은 속주병과는 달리, 의사나 교사는 시민권을 받은 뒤에도 한동안 의료나 교육에 실제로 종사하고 있는지 어떤지를 점검받은 모양이다. 일찍이 로마 속주였던 몇몇 도시에서는 이 특전을 누린 의사와 교사의 수가 새겨진 동판이 발견되고 있다.

속주 출신에게 많은 면에서 유리했던 로마 시민권을 얻고 나면 당장 의료나 교육 활동을 그만둬버리는 '괘씸한 자'도 있었기 때문일 것이다. 로마인은, 과거에는 적이었다 해도 지금은 국방에 이바지하고 있는 자에게는 로마 시민권을 주어 자신의 울타리 안에 받아들이기를 주저하지 않았다. 이것이 『대비열전』의 저자인 플루타르코스가 로마가 강대해진 가장 큰 요인으로 꼽은 '패자 동화 노선'이다. 따라서 로마인이 의료나 교육을 통해 제국에 이바지하는 사람들도 이 '패자 동화 노선'에 편입시킨 것은 당연했다. 다만 권리를 누리기 위해서는 마땅히 의무를 수행해야 했다.

율리우스 카이사르가 청사진을 그리고 초대 황제 아우구스투스가 구축한 제정은 제2대 황제 티베리우스 시대에 이르러 완전히 정착

하지만, 로마 제국이 번영할수록 제국의 여러 제도도 복잡해지고 전문화되어간다. 의료 시스템도 예외는 아니었다. 의사의 종류도 연구의 · 가정의 · 개업의 · 군의(軍醫)로 갈라진다. 하지만 그 경계는 명확하지 않았다.

비교적 직무 범위가 확실한 것은 과거에 가부장이 맡았던 역할을 계승한 가정의다. 지도자 계급인 원로원 의원은 집에 100명이 넘는 고용인을 두고 있었는데, 의사도 한두 명은 반드시 포함되었다. 하지만 이 경우는 다양한 직능에 따라 구별되어 있었던 고용인 가운데 한 사람이고, 노예 신분인 경우가 많다. 업무가 고용주의 가정으로 한정되어 있었기 때문인지, 이런 가정의는 카이사르의 우대 정책 대상이 되지 않았다. 하지만 이런 노예 의사라도 해방노예가 되어 자유민 신분으로 개업하면, 충분히 로마 시민권을 받을 수 있는 대상이 되었다. 개업의가 된 뒤에도 원래 주인의 가정의를 겸하는 사람이 많았기 때문에, 가정의가 곧 노예 의사라고는 할 수 없었다.

또한 가정의 가운데 가장 지위가 높은 황제의 시의(侍醫)는 막대한 급료를 받았지만, 황족이 아닌 다른 환자도 진료할 수 있었다. 칼리굴라와 클라우디우스 황제의 시의는 다른 환자를 진료해 매년 60만 세스테르티우스를 벌고 있으니까 황제한테서는 50만 세스테르티우스만 받으면 된다고 말하고 있다. 황제의 시의라는 점을 최대한 이용해 개업의로서 돈을 긁어모았을 것이다. 이런 고명한 개업의의 비싼 진료비는 대(大)플리니우스 같은 양심적인 학자들의 비난을 받았고, 풍자 작가들에게 절호의 표적이 될 정도였다.

그러나 이것은 유난히 두드러진 사례니까 표적이 된 것이고, 대부분의 의사는 명예로운 지위에 있으면서도 그것을 이용하지 않고 타당한

환자를 진찰하는 의사
(그리스의 부조)

진료비를 받았던 모양이다. 로마 시민권이라는 특전도 당대로 끝나는 데다 항상 감독에서 벗어나지 못하게 한 제도가 의사라는 직업의 이권화를 막았는지도 모른다. 해부학의 아버지라고 불릴 정도의 업적을 쌓은 소아시아 페르가몬 태생의 갈레노스는 당시 기초의학 연구의 최고 학부였던 이집트 알렉산드리아의 '무세이온'에서 오랫동안 공부한 뒤, 고향으로 돌아가 검투사 조련소에서 의사로 일하다가 황제의 시의로 발탁된 경력을 가진 사람이다. 이 그리스인이 원한 것은, 황제의 시의라는 지위를 이용해 떼돈을 버는 것이 아니라 해부학 연구를 계속하는 것이었다. 하지만 시의의 의무도 성실하게 수행한 것 같다. 황제가 게르만족과 싸우러 갈 때 동행했을 뿐만 아니라, 환자를 대하는 법을 글로 써서 남기기도 했다. 거기에 따르면, 의사는 무엇보다 먼저 환자를 육친처럼 대해야 하지만 너무 친밀해지는 것은 피하는 편이 좋고, 진찰하러 가기 전에는 마늘이나 파가 든 음식을 먹어서는 안 될 뿐 아니라 포도주도 삼가는 편이 좋다고 한다. 그밖에도 의사가 지켜야 할 태도가 나열되어 있다. 환자와는 항상 부드럽게 대화가 진행되도록 주의

하고, 품위 있고 올바른 말을 사용하고, 차분한 어조로 일관해야 한다. 교양 있는 환자를 대할 때는 자연스러운 겸손함을 유지하도록 노력하고, 옷도 차분한 색깔이 좋으며 화려하거나 유행을 따르는 옷은 피해야 한다. 머리 모양이나 수염이나 손톱을 손질할 때도 환자의 기질에 맞는 배려가 이루어져야 한다고 되어 있으니 재미있다. 갈레노스의 환자는 철인 황제로도 유명한 마르쿠스 아우렐리우스였다.

로마 시민권 취득이라는 현실적인 이익이 수반되었기 때문에 로마 시대의 의사들 중에는 그리스 출신이 압도적으로 많았지만, 로마 시민이 의료에 무관심했던 것은 아니다. 로마 시민권은 이미 갖고 있으니까 그것 때문에 의사가 될 필요는 없었지만, 로마인은 원래 여러 가지 현상을 모아서 종합하고 분류해 기록하는 백과사전적인 성향이 강하다. 아울루스 코르넬리우스 켈수스는 『박물지』의 저자인 플리니우스에 버금가는 저술가인데, 그의 『기술론』은 농업론·의술론·변증론·전술론의 4부로 나뉘어 있다. 이 저술은 대부분 사라져버렸지만, 외과와 내과 같은 의술을 논한 8권은 남아 있다. 여기서 그는 의사가 취해야 할 태도를 이렇게 말하고 있다. 치료에 착수하기 전에 환자를 진찰할 필요가 있지만, 진찰하기 전에 먼저 해야 할 일은 정보 수집이다. 하지만 환자가 불안해 어찌할 바를 모르고 있는 상태에서는 정확한 정보를 얻을 수 없으니까, 우선 환자를 진정시켜야 한다. 환자 옆에 바싹 다가앉아서 그 손을 잡고 다정하게 말을 걸어 환자의 불안을 없애준다. 그것이 끝난 뒤에 비로소 환자의 몸을 촉진해야 한다는 것이 아우구스투스 시대의 로마인이었던 켈수스의 의사론이었다.

하지만 세상에 이런 의사만 있는 것은 아니다. 그것이 인간 사회의 현실이다. 연구에 열심인 나머지 베수비오 화산의 분화를 가까이 관찰하려다가 목숨을 잃은 플리니우스는 이렇게 평하고 있다.

"의사는 남의 약점을 쥐고 있는 것을 이용해, 환자의 위험과 희생 위에 자신의 경험을 쌓아가는 직업이다. 오직 의사만이 사람을 죽이고도 책임을 면할 수 있다."

이것도 의사에게는 씁쓸한 말이지만, 의사가 풍자작가에게 걸려들면 이렇게 된다. 우선 마르티알리스의 풍자시에서 두 구절만 이용해 보자.

"물론 나는 기운이 없었다. 하지만 심마코스여, 그대가 백 명이나 되는 제자를 거느리고 진찰하러 나타나 북풍처럼 차가운 백 개의 손으로 나를 만지게 한 결과, 열이 없었던 내가 고열에 시달리게 된 것이다."

"안드라골라는 우리와 함께 목욕을 했다. 그러고 나서 함께 유쾌하게 식사도 했다. 그런데 이튿날 아침에는 죽어 있었다. 파우스티누스여, 이 돌연한 죽음의 원인이 뭔지 아는가? 혹시 의사인 엘모크라테스가 나오는 꿈이라도 꾼 게 아닐까."

시인은 「돌팔이 의사에게」라는 제목의 시에서 개업의로서는 실패하고 검투사로 전업할 수밖에 없었던 안과의사를 비웃는다.

"전에는 안과의사였던 그대가 지금은 검투사를 생업으로 삼고 있다. 그렇긴 하지만, 전에는 진료실에서 하고 있던 일을 지금은 투기장에서 하고 있을 뿐이다."

하지만 의사가 풍자작가의 표적이 되었다는 것은, 로마 세계에서 의사의 지위와 소득이 높아졌음을 말해주는 증거이기도 했다.

연구의는 개업의만큼 돈을 많이 벌지는 못해도, 풍자작가의 표적이 되는 것은 면할 수 있지 않았을까. 요즘으로 치면 기초의학을 연구하는 사람이나 의과대학 교수가 여기에 속하겠지만, 이런 의사라면 비난이나 비웃음과 무관할 수 있지 않았을까. 그런데 그렇지도 않다.

로마 시대에 의학교가 있었던 곳은 소아시아 서해안 지방의 페르가몬, 스미르나, 에페소스, 크니도스, 코스섬, 시리아의 안티오키아, 이집트의 알렉산드리아였는데, 이 도시들은 모두 헬레니즘의 세례를 받은 오리엔트에 있었다. 로마 시대에 접어든 뒤에도 여전히 의학 용어가 그리스어였던 것도 당연했다. 이런 의학교에서는 해부학·생리학·병리학 이론을 가르칠 뿐 아니라, 학생들에게 환자를 한 사람씩 할당해 임상학도 가르쳤다고 한다. 학생들은 수업료를 내지 않았다. 그렇다면 의학교 운영비는 어떻게 조달했을까. 의학교가 있는 속주, 즉 아시아 속주와 시리아 속주 및 이집트 속주가 교수의 연봉에서부터 연구 시설에 이르기까지 모든 비용을 부담했다. 그중에서도 이집트는 황제의 개인 영지였기 때문에, 의학 연구의 메카인 알렉산드리아의 '무세이온'(학당)은 로마 황제의 보조금으로 운영되고 있었다.

알렉산드리아의 '무세이온'은 흔히 '도서관'으로 번역되는데, 이곳에는 1만 권의 서적(당시의 필사본은 두루마리 형태였다)이 수집되어 있었으니까 '도서관'이 오역이라고 단정할 수는 없다. 하지만 '무세이온'을 직역하면 '인간의 창조 활동을 돕는 뮤즈 여신이 사는 신성한 곳'이다. 책을 모아놓으면 그것을 읽고 싶어하는 사람도 모이기 때문에, 도서관은 자연스럽게 연구기관이 되어간다. 그리스어인 '무세이온'(Museion)이 라틴어로는 '무세움'(Museum)이 되고, 예술품

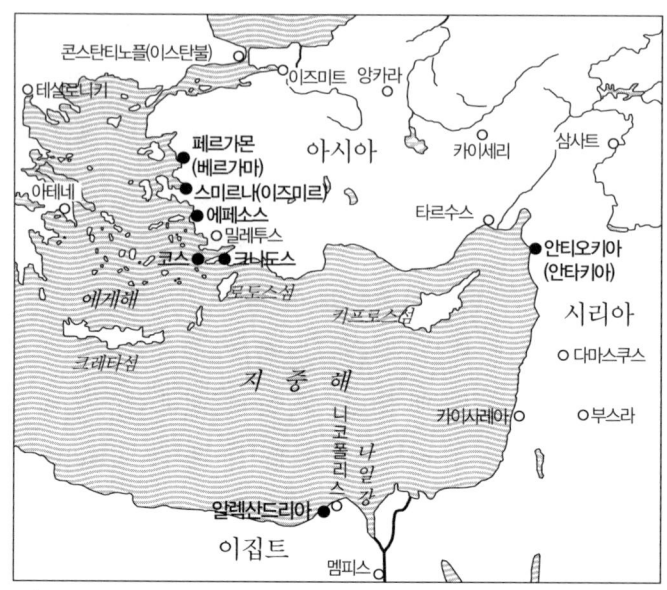

로마 시대의 의학교 소재지(●로 표시한 도시)

이나 역사 유물을 모아서 전시하는 곳이라는 의미가 되었다. 이 의미는 현대의 '바티칸미술관'(Museo Vaticano)이나 '영국박물관'(British Museum)에 계승된다. 하지만 고대에는 '무세이온'이라면 연구소나 최고 학부였고, 그리스 아테네에 플라톤이 세운 '아카데메이아'가 인문과학의 메카라면 천문학·지리학·의학 연구로 유명한 이집트 알렉산드리아의 '무세이온'은 자연과학의 메카라고 할 수 있었다.

'무세이온'에 근무하는 교수들의 연봉이 어느 정도였는지를 알려주는 사료는 없지만, '아카데메이아' 교수들의 연봉을 알려주는 사료는 있다. 거기에 따르면 나이에 따라 4만 내지 6만 세스테르티우스 사이였다니까, '무세이온' 교수들도 그와 비슷하거나 그 이상의 연봉을 받았다고 생각할 수 있다. 또한 연구의도 진료비를 받고 환자를 치료할 수 있었던 모양이다. 그렇다 해도 수십만 세스테르티우스의 유산을 남겼다는 수도 로마의 유명한 개업의와는 비교가 되지 않는다. 그런데 연구의도 비난을 면치 못한 것은 의료의 전문화 때문이었다.

연구가 발전할수록 연구 대상이 세분화되는 것은 연구의 숙명이기도 하다. 고대에도 내과·외과·산과·안과·이비인후과·치과 정도는 전문화되어 있었지만, 기초과학보다 응용과학적인 기질을 가진 로마인은 그리스인 의사들이 제 전문분야 이외에는 관심을 기울이지 않는 데 동조할 수 없었다. 키케로는 친구에게 보낸 편지에서 의료의 세분화 경향을 개탄하면서 이렇게 말하고 있다.

"히포크라테스가 코스섬에서 의학을 가르치던 시대에는 아픈 부위마다 다른 의사를 불러야 하지는 않았을 걸세."

풍자작가인 마르티알리스는 "이거야 정말, 도대체 내 목숨을 어느 의사한테 맡기면 되지?" 하고 묻는다.

그래서 로마인은 의학 연구는 그리스인에게 맡기고, 의료 세분화에 대한 대응책은 자기들끼리 생각해냈다. 전성기의 그리스인조차 생각지 못한 위생 대책이었다. 상하수도와 공중 목욕장을 완비하는 것은 도시와 그곳 주민들의 청결을 유지하는 것이 최대 목표였다. 로마인은 여기에 마사지를 추가한다. 일을 끝낸 뒤 목욕을 하고, 안마사한테 마사지를 받고, 그런 다음에야 비로소 저녁 식탁에 앉는 것이 로마인의 생활 방식이었다. 몸의 청결도는 키케로가 소크라테스보다 훨씬 높았을 것이다. 흔히 그리스-로마 문명이라고 말하지만, 이 두 민족은 역시 달랐다. 군의는 로마인의 사고방식 자체를 나타내는 전형적인 예다.

1970년경에 「매쉬」(MASH)라는 미국 영화가 있었다. 한국전쟁 당

목욕탕 안의 광경. 위는 열탕. 아래는 마사지를 받는 사람들(『로마의 목욕장과 일상생활』에서)

시 전선에 근무하는 두 군의관이 주인공으로 등장하는 희극이다. 나는 젊은 외과의사들과 함께 그 영화를 보았는데, 영화를 다 본 뒤에 그들이 한 말은 잘 만들어진 희극에 대한 감상이 아니었다.

"미국인들은, 이탈리아에는 대학병원에도 없는 의료기기를 야전병원에서 사용하는군요."

로마인은 2,000년 전에 이미 이와 같은 일을 하고 있었다.

의료와 교육에 종사하는 사람이라면 누구에게나 로마 시민권을 준다는 율리우스 카이사르의 법률은 역사가 수에토니우스가 지적할 필요도 없이 로마 세계의 의료와 교육 수준을 향상시키기 위한 정책이었다. 이 정책이 효과적이라는 것을 알았기 때문에 역대 황제들도 그것을 이어받아 이 제도의 기능에 계속 주의를 기울인 것이다. 하지만 카이사르가 이 정책을 생각해낸 애초의 계기는 자기가 지휘하는 군단의 군의를 확보하기 위해서였던 게 아닌가 싶다.

플루타르코스가 『대비열전』에서 카이사르와 알렉산드로스 대왕을 나란히 놓은 것이 보여주듯, 율리우스 카이사르는 뛰어난 전략적 재능을 가진 사람이다. 하지만 그것만이 아니었다. 그는 모든 면에서 휘하 병사들을 소중히 여겼다. 전투에서도 쓸데없는 희생은 치르게 하지 않는다. 자신은 빚을 지더라도 병사들에게는 충분한 식량을 보장한다. "로마군은 병참으로 이긴다"지만, 그 유효성을 몸소 증명해 로마군의 기본방침으로 정착시킨 것이 카이사르였다. 게다가 제대한 부하들에 대한 배려도 잊지 않는다. 폼페이 유적에 남아 있는 낙서가 보여주듯 로마 제국의 지방자치단체에서는 지방의회 의원을 뽑는 선거운동이 활발했는데, 유권자는 그곳에 거주하는 17세 이상의 로마 시민권 소유자였다. 하지만 의원 후보의 자격 연령을 정한 것은 카이사르다.

병역 무경험자―30세 이상

군단 보병으로 병역을 경험한 자―23세 이상

기병 또는 백인대장으로 병역을 경험한 자―20세 이상

이것은 단순한 우대책이 아니다. 무엇보다도 군대 생활에서 시민 생활로 순조롭게 넘어갈 수 있게 하려는 배려에서 나온 대책이다.

둘째, 23세나 20세라는 나이로 보아 무언가 사정이 있어서, 예를 들면 병이 났거나 전쟁터에서 부상당해 군대 생활을 계속할 수 없게 된 사람까지 고려한 대책임을 알 수 있다. 로마군에서는 17세부터 45세까지 '현역'으로 복무하는 것이 보통이었기 때문이다. 카이사르의 양자로 후계자가 된 초대 황제 아우구스투스가 정한 복무 기간이 정착된 뒤에는 만기 제대 연령이 37세로 낮추어졌다. 만기 제대가 아니면 퇴직금도 받을 수 없었던 모양이다. 도중에 퇴역해 퇴직금도 기대할 수 없는 사람에 대한 배려까지 잊지 않은 것은 병사를 소중히 여긴 카이사르답다. 이 카이사르를 죽인 브루투스를 아우구스투스가 이길 수 있었던 것은 카이사르 휘하의 병사들이, 이미 사회에 나간 퇴역병까지 포함해 모두 아우구스투스 편에 붙었기 때문이다. 카이사르의 군단에서는 전투에서 중상을 입고 빈사 상태에 빠진 병사도 좀처럼 죽지 않았다고 한다. 죽어가는 병사의 머리맡에는 총사령관이 반드시 찾아와 저세상으로 떠나는 병사를 배웅해줄 거라고 병사들은 믿어 의심치 않았다고 한다. 이런 카이사르라면, 살아날 가능성이 조금이라도 있는 이상 살리기 위해 전력을 다해야 한다고 생각해 그 방책을 찾는 데 노력을 아끼지 않은 것도 당연하지 않을까.

하지만 카이사르 휘하 군단에는 반드시 군의가 있었다는 사실을 입증할 수 있는 사료, 예를 들면 군단에 근무한 의사의 묘비 따위는 아직 발견되지 않았다. 하지만 많은 면에서 카이사르의 생각을 계승한 아우구스투스가 있다. 이 초대 황제 이후의 로마 군단에 의료진이 상주한 것은 확실하다. 일반 의사만이 아니라 무거운 공성기를 운반하는 소나 말을 치료하는 수의사와 간호사 역할을 맡은 노예까지 포함하면 의료진은 서른 명이나 되고, 최소한 두 명의 의사가 이 의료진을 지휘해 6,000명이나 되는 병사들을 진료했다. 하지만 군의인 이상, 의사도 군단병이다. 로마 군단병은 로마 시민권을 가져야 한다. 손에 든 것은 칼이 아니라 수술용 메스지만, 군의도 이 자격 조건을 채울 필요가 있었다. 의료에 종사하는 사람이면 누구에게나 로마 시민권을 주기로 한 카이사르의 법은 무엇보다 먼저 우수한 군의를 많이 확보하는 데 도움이 되었을 게 분명하다. 그리고 결과적으로 이 법은 로마 세계의 의료 수준 향상에도 이바지했다. 군용도로로 건설된 로마 가도가 주변의 사람과 물자 교류에 이바지해 생활 수준을 높인 것과 마찬가지로.

그렇다 해도, 군단기지 안에 있었던 군병원의 시설이 충실한 데에는 그저 경탄할 수밖에 없다. 시대가 무려 2,000년 전이라는 것을 생각하면 더욱 그렇다. 군병원을 라틴어로 '발레투디나리움'(valetudinarium)이라고 하는데, 모두 28군데인 군단 주둔지에만 군병원이 있었던 것은 아니다. 발굴 조사 결과, 속주 출신 병사들로 구성된 보조부대가 주둔하는 기지에도 군병원이 있었다는 사실이 밝혀졌다. 로마 시민권 소유자인 군단병한테만 군의가 딸린 것이 아니라, 보조 전력이긴 하지만 제국의 안전보장에 한몫 거들고 있는 보조병한테도 군의를 붙여준 것이다.

몇 번이나 말했지만, 유적 발굴 조사가 쉽지 않은 것은 로마 시대의 기지가 곧 현대의 도시인 경우가 압도적으로 많기 때문이다. 독일의 마인츠, 프랑스의 스트라스부르, 헝가리 수도인 부다페스트 같은 대도시의 도심을 대대적으로 파헤치는 것은 불가능하다. 제9권에서 소개한 크산텐의 군병원은 그 전모를 알 수 있는데, 그것은 현대의 크산텐이 대도시가 아니고 고대의 기지와 현대의 시가지가 완전히 겹쳐 있지 않기 때문이다.

그러면 제30울피아 군단의 주둔지였던 크산텐의 군병원을 살펴보자. 로마 시대에는 '카스트라 베테라'라고 불린 이곳은 제국의 방위선인 라인강에 인접한 전선기지였고, 따라서 이곳에 설치된 병원은 야전병원이라고 생각해도 좋다.

고대 로마의 건축양식에 따라 외부보다 내부로 열려 있는 이 병원은 네모반듯한 구조를 갖고 있어서, 마치 병원 자체가 군단기지인 듯한 느낌을 준다. 북쪽에 병원 근무자들의 거처로 여겨지는 구획이 딸려 있는 것이 군단기지와 다를 뿐이다.

이 북쪽 구획을 제외한 병원 자체의 규모는 한 변이 83.5미터나 되고 면적이 7,000제곱미터에 가까운 커다란 사각형이다. 평면도를 보아도 알 수 있듯이, 입구로 들어가면 원기둥이 늘어서 있는 커다란 홀이 나온다. 아마 입원 환자들의 휴게실로 사용되었을 것이다. 통상적인 로마 건축양식에 따랐다면 홀의 중앙부는 지붕이 없는 아틀리에

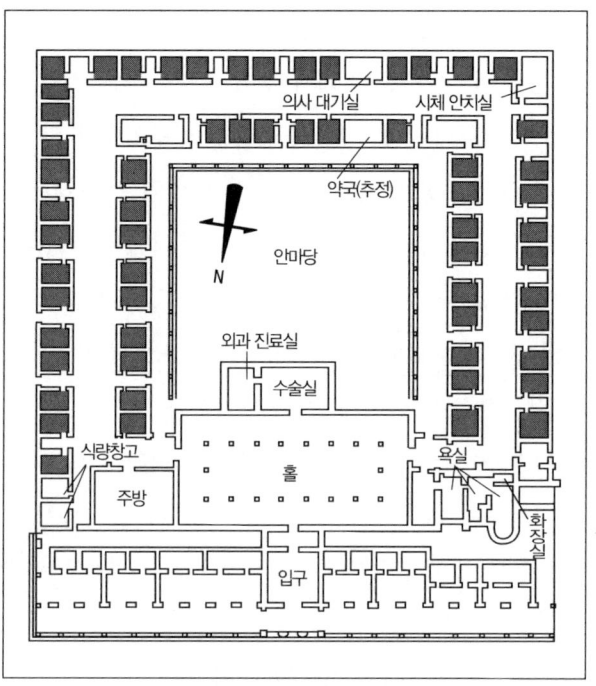

크산텐 군단기지에 있었던 군병원의 평면도(■ 는 병실)

형태가 되어 있을 터인데, 이곳은 지붕이 완전히 덮인 폐쇄 공간으로 되어 있다. 북유럽의 기후 조건과 지형을 고려한 결과임이 분명하다. 홀과 이어져 있는 수술실도 남쪽으로 커다란 창문이 몇 개나 나 있어서 널찍하고 환하다.

병원 중앙에는 한 변이 40미터가 넘는 널찍한 안마당이 있다. 제국의 방위선을 빠짐없이 시찰한 하드리아누스 황제는, 기지 안의 광장은 병사들의 집합소니까 돌로 포장된 상태를 유지하더라도, 군병원의 안마당은 분수와 나무와 꽃으로 채우는 것을 허락했다. 입원 환자들은 체력이 허락하고 날씨가 좋으면 넓은 안뜰을 산책하면서 즐길 수 있도록 되어 있었다. 이 안뜰의 삼면은 너비가 3미터나 되는 회랑으로 둘러싸여 있고, 회랑 뒤에는 병실이 두 줄로 늘어서 있었다.

안마당의 삼면을 둘러싸고 있는 방은 모두 65개지만, 발굴된 의료 기구나 약품 보존용 항아리 등으로 미루어보아 의사 대기실과 약국으로 여겨지는 방을 제외하면 병실로 쓰인 것은 60개라는 것이 연구자들의 추측이다. 각 병실의 규모는 3.5미터×4.5미터니까 15.75제곱미터다. 병실 하나에 세 명은 수용할 수 있으니까, 180명의 입원 환자를 받을 수 있는 규모였을 거라고 학자들은 말한다. 하지만 내가 진심으로 감탄한 것은 다음 두 가지 사실이다.

첫째, 두 줄로 늘어서 있는 병실 사이의 통로 너비가 6미터나 된다는 것. 바퀴 침대나 의사와 간호사가 바쁘게 오가고, 환자 가족과 문병객으로 북적거리는 오늘날의 병원을 생각하면 한숨이 나올 만큼 여유있지 않은가.

둘째, 각 병실의 출입구와 너비 6미터의 중앙 통로가 직접 연결되어 있지 않은 교묘한 설계. 벽돌을 시멘트로 접착시키는 로마 건축물의 벽이 두꺼웠다는 것은 2,000년의 풍상을 견뎌낸 유적이 실증하고 있지만, 건물 내벽도 너비가 50센티미터나 되었다. 이만큼 벽이 두꺼우면 병실 안은 환자가 만족할 만큼 조용했을 것이다.

그리고 로마 시대의 군병원은 의료 대상을 군단 관계자로 한정하지 않았다. 일반인을 받아도 좋다는 황제의 칙명은 존재하지 않고 원로원의 의결을 거쳐 법제화한 흔적도 없으니까, 이것은 지극히 자연스럽게 기정사실화한 현상일 것이다. 군단병은 현지에서 사귄 여자와 결혼해 만기 제대한 뒤에도 기지 근처에 눌러 사는 경우가 많았기 때문에, 퇴역한 군단병이나 그들의 가족이 아프면 자연히 기지 안의 병원을 찾아갔을 것이다. 군병원은 병사만 진료하라고 명시한 법률이 존재하지 않았다는 사실은 군단기지 안의 군병원이 일반 환자를 받는 것을 중앙정부도 승인하고 있었다는 뜻이다. 로마의 군단기지는 의료 면에서도 속주를 로마화하는 첨병 역할을 맡고 있었다.

여기서 한 가지 의문이 고개를 든다. 변경에도 이렇게 완벽한 의료 시설을 갖춘 로마인이 왜 제국의 수도 로마에는 큰 병원을 짓지 않았을까.

이 의문을 푸는 열쇠는 몇 가지 있는 것 같다.

첫째, 속주에도 시설을 완비한 병원이 있는 곳은 군단병이나 보조병이 상주하는 기지뿐이고, 속주의 수도였던 쾰른이나 리옹이나 런던에는 로마의 축소판처럼 포룸에서부터 공중 목욕장과 원형투기장에 이르기까지 모든 공공시설이 갖추어져 있었지만, 제국의 수도 로마와 마찬가지로 의술의 신을 모신 신전은 있어도 큰 병원은 없었다는 점이다.

둘째, 로마 황제들 중에는 중국 황제처럼 불로불사의 묘약을 찾으려고 광분한 사람이 하나도 없었다는 점이다. 죽어가는 황제의 목숨을 연장하기 위해, 신들에게 산 제물을 바치고 기도하라고 중앙정부가 모든 신전에 명령한 일도 없다. 인기가 높았던 황제가 병에 걸리면, 자연발생적으로 사람들이 신전에 가서 기도하는 경우는 있었다. 하지만 이것도 상부의 명령은 아니었다. 그리고 유력자들도 죽음이 다가온 것을 깨달으면 스스로 곡기를 끊는 방법으로 자살을 선택한 경우가 적지 않다. 키케로의 친구인 아티쿠스나 네르바 황제의 할아버지 등, 자신의 의지로 삶을 끝낸 경우는 얼마든지 들 수 있다.

의료 311

이런 사실로 보아도, 카이사르가 생각하고 아우구스투스가 정책화한 로마 제국의 의료체계는 고대 로마인의 생사관을 반영하고 있었던 게 아닌가 하는 생각이 든다. 수명이 다하면, 살려고 바둥거리지 않고 깨끗이 죽겠다. 젊고 건강한 사람이 전투에서 다치거나 병에 걸리면 철저히 치료하지만, 그런 불운을 당하지 않아도 수명이 다했으면 순순히 하늘로 올라가는 것이 어차피 죽음을 면할 수 없는 인간이 취해야 할 태도라는 것이 고대 로마인의 생사관이다. 로마인의 묘비는 D와 M이라는 두 글자로 시작되는 경우가 많다. '사자(死者)를 양쪽에서 부축해 하늘로 데려가는 두 천사에게'라는 의미를 가진 약자다. 로마 서민들은 자기가 죽으면 두 천사가 데리러 와서 두 팔을 잡고 하늘로 데려갈 거라고 믿고 있었다.

물론 교양 있는 사람은 그런 환상을 품지 않는다. 하드리아누스 황제는 세상을 하직할 때 지은 시에서 "어둡고, 춥고, 농담을 나누는 즐거움도 없는 세계"로 내려가야 하는 신세를 한탄했다. 확실히 옳은 이야기다. 하지만 내가 가장 좋아하는 것은, '작자 미상'이라고 말할 수밖에 없는 한 로마인의 묘비에 새겨진 구절이다.

"나는 죽어서 여기에 묻혀 있다. 이제 나는 한 줌의 재에 불과하지만, 재는 흙이 된다. 흙은 대지로 침투해 인간 세계의 토대를 이룬다. 그렇다면 나는 죽지 않고 세계 안에 살아 있는 게 아닐까."

이것은 진지한 묘비명이고, 다음은 그 반대의 예다.

"목욕과 술과 여자가 장수(長壽)의 적이라는 것은 알고 있다. 하지만 목욕과 술과 여자가 없는 인생은 인생이 아니다. 그렇게 생각하면서 쉰두 살까지 살았지만, 이제 그것도 끝났다."

로마 가도는 도시가 가까워지면 무덤 사이를 지나가게 된다. 로마인은 무덤을 부정한 것으로 생각지 않았다. 간선도로 양쪽이 온갖 양식의 무덤으로 메워지게 된 가장 큰 이유는, 사람이 많이 모이는 도심에는 죽은 자를 위한 자리를 확보할 여유가 없었기 때문이다. 아우구스투스 황제가 지은 황제묘도, 트라야누스 황제의 유골을 안장한 토대 위에 서 있는 트라야누스 원기둥도, 황제묘가 가득 차서 하드리아누스 황제가 테베레강 오른쪽에 새로 건설해 오늘날에는 카스텔 산탄젤로라고 불리는 황제묘도 로마인이 도심으로 생각한 구역 밖에 자리 잡고 있다. 황제조차도 이럴진대, 다른 사람들은 도시 밖에 무덤을 만들 수밖에 없었다.

두 번째 이유는, 코르넬리우스 가문 같은 극소수의 예외를 제외하면 로마인의 태반은 유골 매장을 택했다는 것이다. 시신을 태운 유골은 깨끗하니까 굳이 땅을 깊이 파고 묻을 필요는 없다. 에트루리아인이나 유대인은 로마인과 달리 주검을 그대로 매장했기 때문에, 산 사람의 생활 공간과 격리된 곳에 죽은 사람만을 위한 묘지를 만들 필요가 있었다. 이집트인은 로마 제국에 편입된 뒤에도 예로부터의 관습에 따라 주검을 미라로 만들어 매장하는 방식을 고수했다. 무덤만 보아도 그 민족의 생사관을 짐작할 수 있다.

로마인의 묘비에는 아무개의 무덤이라고 고인의 이름만 달랑 새겨놓은 것이 거의 없다. 묘비명이라기보다 메시지의 범람이다. 어쨌든 많은 사람이 오가는 가도에 면해 있으니까, 산 사람에게 보내는 메시지를 묘비에 새겨놓으면 읽힐 가능성이 높았을 것은 분명하다.

요절한 아들이나 딸을 안타까워하는 부모의 심정을 기록한 묘비명이 많다. 하지만 이력서 같은 묘비명도 그에 못지않게 많다. 앞에서 소개한 묘비명처럼 인생관을 적은 묘비명, 죽은 남편이나 아내에 대한 사랑을 토로한 묘비명도 적지 않다. 지위가 높았던 사람보다 서민이 훨씬 말이 많다. 이런 무덤들은 가도를 오가는 사람에게는 좋은 휴식처이기도 했다.

로마 가도는 간선도로인 경우 너비 4미터의 차도와 그 양쪽에 뻗어 있는 너비 3미터의 인도로 이루어져 있었다. 차도와 인도를 합하면 너비가 10미터에 이르지만, 가도에 바싹 붙여서 나무를 심는 것은 허용되지 않는다. 땅속을 뻗어온 나무뿌리 때문에 포장 재료인 돌이 들뜨는 것을 막기 위해서였다. 가도 옆에 허용되어 있었던 것은 인도 바깥쪽에 늘어선 무덤뿐이고, 무덤 주위에는 나무를 심어도 상관없었다. 그래서 먼길을 걸어온 나그네들은 나무가 그늘을 만들고 있는 무덤 계단에 걸터앉아 잠시 휴식을 취할 수 있었다. 고인이 남긴 메시지라도 읽으면서. 유골 매장인데다 지옥의 개념도 없었던 시대에는 산 자와 죽은 자가 이렇게 서로 어울려 공존할 수 있었다. 하지만 이것도 서기 4세기부터는 바뀌게 된다. 그리고 의료제도도 기독교의 승리와 함께 변화해간다.

국가가 앞장서서 의료를 담당하는 것이 의료제도의 진보라면, 그런 시대가 온 것이다. 로마는 14개 행정구로 나뉘어 있었는데, 행정구마다 공립병원이 생긴다. 공립병원에 근무하는 의사의 급료는 국비에서 지급된다. 이런 의료시설에 가면 무료로 진료를 받을 수 있다. 우애와 자선을 좌우명으로 내세우는 기독교의 관점에서 보면 진료비를 낼 수 없는 가난한 사람도 진료를 받을 권리가 있기 때문이다.

하지만 이것은 겉으로 내세운 명분일 뿐 진심이 아니다. 4세기 당시에는 중앙정부가 기독교를 공인했을 뿐, 로마 제국의 모든 주민이 기독교도가 된 것은 아니었다. 서민들 대다수는 여전히 몸이 아프면 의술의 신인 아이스쿨라피우스(아스클레피오스)의 신전에 참배하고, 발열이나 복통을 담당하는 신들의 사당으로 달려가고 있었다. 이래서는 다른 신을 인정하지 않는 기독교로서는 곤란해진다. 그래서 진료비를 공짜로 해, 신전으로 달려가는 사람들의 발길을 병원 쪽으로 돌리려 한 것이다.

하지만 이 방법도 당장 성공을 거두지는 못했다. 의학 지식이 아니라 신앙을 기준으로 선발된 기독교도 의사들의 치료 능력이 아직 충분치 않았던 탓도 있어서, 사람들은 여전히 동네 의사나 신전을 찾아갔다. 오랫동안 신들과 친숙했던 사람들이 그렇게 간단히 신을 떠날 수는 없다. 공립병원제도가 성공한 것은 4세기 말에 테오도시우스 황제가 기독교 이외의 모든 종교를 배제하는 선언을 한 뒤였다. 이때부터 기독교 이외의 다른 종교는 모두 사교가 되고, 다른 종교를 믿는 사람은 사교도로 단정되어 처벌을 받게 되었다. 이렇게 되자, 신들의 신전이나 사당에 참배하러 가는 사람이 없어졌다.

'공'이 중심이 되어 의료를 담당하는 것은 막대한 비용을 필요로 하는 사업이다. 그것은 오늘날 의료비가 국가 예산에서 차지하는 비율만 보아도 알 수 있다. 그런데 서기 4세기의 로마 경제는 여러 가지 사정으로 파산 상태에 놓여 있었다. 반면에 의료는 '사'가 중심이 되어 담당해야 할 분야라고 생각한 카이사르 시대에는 로마의 경제력이 계속 상승세를 타고 있었다. 따라서 현대 연구자들 가운데 일부가 주장하듯 로마 제국에 의료제도가 전혀 없었다 해도, 그것은 경제력을 반영한 정책은 아니었다는 것을 알 수 있다. 그것은 '공'이 중심이냐 '사'가 중심이냐 하는 개념의 차이로 돌릴 수밖에 없지 않을까.

그리스와 로마로 대표되는 고대의 전성기와 기독교가 대두하는 고대 말기를 '가난'에 대한 견해 차이로 비교하려면, 다음 두 사람의 말을 비교하는 것만으로도 충분할 것이다.

"가난은 수치가 아니다. 하지만 가난에 안주하는 것은 수치다." ─ 페리클레스

"가난한 자는 복이 있나니." ─ 예수 그리스도

기독교의 '자애'는 근대와 현대에는 '인권'으로 바뀌고, 의료도 '공'이 담당해야 할 분야로 여겨지고 있다. 교육도 '사교육' 중심주의에서 '공교육' 중심주의로 바뀌었다는 점에서 의료와 비슷하다.

2 교육

로마에서는 교육이 부모의 역할인 시대가 오랫동안 계속되었다. 명문 귀족이나 유복한 집에서 자녀 교육을 가정교사에게 맡기게 된 것은 기원전 3세기에 접어든 뒤였다. 그 무렵부터 로마의 경제력이 향상되었기 때문이 아니라, 당시 교사를 공급하는 쪽이었던 그리스의 국내 사정에 따른 결과였다. 이런 사정은 의사를 둘러싼 상황과 마찬가지다.

기원전 3세기 무렵이라면, 알렉산드로스 대왕의 동방 원정과 요절에 이은 헬레니즘 시대였다. 상대적이긴 하지만, 당시 그리스 도시국가들의 국력은 시리아나 이집트 같은 헬레니즘 대국에 비해 뒤떨어져 있었다. 원래 그리스 민족은 해외로 뻗어나가는 성향이 강하다. 국내에서 활약할 무대가 좁아지자 당장 해외로 뻗어나갔다. 요즘으로 말하면 두뇌 유출이었다. 물론 헬레니즘 국가로 이주한 사람이 많다. 하지만 헬레니즘 문명권이 아닌 지중해 서부에도 그리스의 '두뇌'가 유출되었다. 당시 지중해 서부에서 가장 강한 세력은 카르타고였으니까, 카르타고로 이주해도 좋았을 것이다. 하지만 카르타고인은 폐쇄적인 민족으로 알려져 있고, 모국어인 페니키아어를 습득하는 것은 당연하지만 당시 국제어이기도 했던 그리스어를 습득하는 데에는 소극적이었다. 반면에 로마의 웬만한 가정에서는 모국어인 라틴어와 국제어인 그리스어를 거의 동등한 열성으로 자녀들에게 가르치고 있었다. 카르타고와 로마가 격돌한 포에니전쟁의 주역은 카르타고 쪽에서는 한니발, 로마 쪽에서는 스키피오 아프리카누스인데, 한니발은 서른 살이 넘은 뒤에야 그리스어를 배운 반면, 스키피오는 어릴 적부터 그리스인 가정교사에게 둘러싸여 자란 덕에 두 언어를 완벽하게 구사했다. 그리스의 '두뇌'가 경제적으로는 훨씬 풍요로웠던 카르타고보다 로마로 몰려온 데에는 이런 사정이 깔려 있었다.

수요와 공급이 맞아떨어진 덕택에, 기원전 3세기 이후 로마의 유력자 집에서는 그리스인 교사가 없어서는 안 될 존재가 되어가지만, 가정교사에도 '브랜드'가 있었다. 최고로 알려진 '브랜드'는 아테네에서 태어나 아테네에서 공부한 그리스인이다. 그다음은 학문의 중심지로 유명했던 소아시아의 페르가몬이나 에페소스, 로도스섬, 시리아의 안티오키아, 이집트의 알렉산드리아에서 공부한 그리스인이다. 물론 브랜드에 따라 사례금에도 차이가 생긴다. 스키피오가 속해 있는 코르넬리우스 가문이나 클라우디우스 가문 같은 명문 귀족만이 아니라 평민 출신 귀족인 그라쿠스 가문, 로마 최고의 부자로 알려진 크라수스 가문도 '최고 브랜드'의 그리스인 가정교사를 고용했다.

율리우스 카이사르의 가문은 코르넬리우스 가문이나 클라우디우스 가문에 못지않은 명문 귀족이었지만, 경제적으로는 중류였다. 하지만 카이사르의 어머니 아우렐리아는 학자 집안으로 유명한 아우렐리우스 가문 출신이다. 명문 출신일 뿐 아니라 그 자신도 그리스어를 구사하는 교양 있는 여성이었다. 아우렐리아는 외아들 카이사르의 가정교사를 고를 때 실질주의를 택했다. 이집트의 알렉산드리아에서 공부한 갈리아인을 고른 것이다. 요즘으로 치면 옥스퍼드대학이나 케임브리지대학에서 공부한 싱가포르인이나 인도인을 채용한 셈이다. 소년 카이사르는 라틴어와 그리스어는 물론 수학에서부터 지리·역사·논리학에 이르기까지 모든 것을 갈리아인 가정교사한테 배웠다.

카이사르는 독재관에 취임해 비로소 제국의 토대를 쌓기 위한 정책을 단행할 수 있게 되자 맨 먼저 의사와 교사에게 로마 시민권을 주는 문제에 손을 댔는데, 어쩌면 소년 시절의 체험이 거기에 영향을 미친 게 아닐까. 그리스인이 아니라 갈리아인 가정교사에게 배웠기 때문에 민족이나 종교를 일절 묻지 않고 교육에 종사하는 것만을 조건으로 특전을 부여하는 우대책을 생각해내고, 아무 위화감 없이 그것을 단행할 수 있었던 게 아닐까. 그런데 내 아들의 말에 따르면, 카이사르는 그리스어를 틀릴 때마다 갈리아인 가정교사한테 따귀를 얻어맞고는 '어디 두고보자'는 마음이 쌓이고 쌓인 결과 어른이 된 뒤에 갈리아로 쳐들어가 정복했다는 것이다. 이것은 농담이지만, 로마 시대의 교사가 제자에게 체벌을 가한 것은 10년쯤 전의 영국 공립학교와 마찬가지였던 것도 사실이다. 교사의 신분이 노예라 해도, 주인집 아들이 잘못하면 가차 없이 벌을 주었다고 한다. 그리고 로마 시대에는 그것이 당연하게 여겨지고 있었다.

의사와 교사에게 로마 시민권을 주기로 한 카이사르의 법률은 시대의 흐름까지 바꾸어놓은 근본적인 개혁이었다고 나는 생각한다. 앞에서도 말했듯이, 그 이전의 로마에서는 경제력이 있는 사람과 그 집에서 일하는 고용인이나 노예들만이 충분한 의료 서비스를 받을 수 있었다. 이왕이면 큰 나무 옆에 있어야 덕을 본다는 말도 있지만, 중류 이하 계급에 속하는 시민에게는 신에게 의지하는 길밖에 남지 않은 상태가 계속되고 있었다. 교육도 마찬가지였다. 가정교사를 고용할 수 있는 집에서는 집에 딸린 노예의 자식도 주인집 자녀들과 함께 공부했다. 로마의 상류층 자제는 어른이 되면 당연히 공직에 취임하던 시대인 만큼, 어릴 적부터 함께 공부한 유능하고 충실한 보좌관의 존재는 무엇보다 소중했기 때문이다. 그리고 유력자의 집에는 재산이 많다. 그 재산을 운용하는 데에도 유능한 일꾼이 꼭 필요하다. 요컨대 로마의 상류 가정은 집에 딸린 노예의 자식이나 노예 시장에서 산 어린 노예를 교육시킬 합리적인 이유가 있었던 셈이다.

로마로 이주해도 가정교사가 되지 않고 사설학원을 차리는 그리스인 교사도 적지 않았다. 따라서 중류 이하 계급에 속하는 아이들도 교육받을 기회가 전혀 없었던 것은 아니다. 하지만 이 경우에는 수업료를 낼 수 있느냐 없느냐에 따라 교육받을 기회에 차이가 생긴다. 그 차이를 줄이려면 교사의 수를 늘릴 수밖에 없다. 카이사르는 그것을 실현했다. 게다가 법률로 제정해 정책화하고 제도화했다.

그렇다면 수업료는 어느 정도였을까. 카이사르가 결행한 정책은 의사의 경우와 마찬가지로 교육을 '자유시장'으로 만든 것이었다. 따라서 수업료도 천차만별이다. 학생 수를 늘릴 수는 없었기 때문에, 인기 있는 교사는 수업료가 비싸졌다. 사료가 온전하게 남아 있지 않은 상태에서 진행하는 것이 역사 연구의 특징이다. 게다가 로마 시대는 무려 2,000년 전의 까마득한 옛날이다. 따라서 기록에 남아 있는 숫자에 불과하다 해도 소개할 수밖에 없다. 거기에 따르면, 초등교육을 받는 학생의 부모가 학원 선생에게 내는 한 달치 수업료는 8아시스였다고 한다.

그러면 8아시스는 어느 정도의 구매력을 갖고 있었을까.

정책상 가격이 억제되어 있었던 공중 목욕장 입장료는 성인 남자가 2분의 1아시스, 성인 여자는 1아시스였다.

밀값은 자유시장에서 품질에 따라 결정되었는데, 품질이 가장 낮은 밀가루는 1킬로그램에 1.5아시스, 가장 좋은 밀가루는 5아시스였다.

비숙련 노동자의 일당은 10아시스 안팎.

초대 황제 아우구스투스 시대의 군단병은 병졸의 경우 의식주를 보장받고 하루에 10아시스의 급료를 받았다.

학령기에 이른 아이가 여럿이었다 해도, 이 정도 교육비라면 비숙련 노동자인 부모라도 마음만 먹으면 아들을 학원에 보낼 수 있지 않았을까. 빈곤 가정의 자녀에 대한 '육영자금'을 목적으로 트라야누스 황제가 만든 '알리멘타' 제도에 따라 아동 1인당 매달 64아시스씩 지급되었으니까, 8아시스는 충분히 낼 수 있다. 그리고 교과서 값도 필요 없었다. 초등교육은 '읽기, 쓰기, 셈하기'로 이루어져 있었는데, 선생이 읽어주는 고금의 문장을 암송하는 것이 '읽기'고, 학생이 각자 지참한 밀랍 목판에 그것을 철필로 쓰는 것이 '쓰기'다. '셈하기'는 처음 1, 2년 동안은 열 손가락만으로 충분하다. 계산할 때 밀랍 목판 '공책'을 사용하는 것은 분수를 배우기 시작한 뒤였고, 좀더 복잡한 계산에는 '아바쿠스'(abacus)라고 불리는 주판을 사용했다.

'루두스 리테라리우스'(ludus litterarius)라고 불린 로마 시대의 초등교육은 7세부터 11세까지의 아동을 대상으로 하고 있었다. 이 5년 동안 우선 알파벳과 로마 숫자를 배우고, 이어서 읽기와 쓰기와 주판을 배운다. 여자아이한테도 개방되어 있었으니까, 로마 시대의 초등학교는 남학생과 여학생의 수가 같지는 않았다 해도 남녀 공학이었다.

　로마 군단이 지원병을 선발할 때 라틴어를 읽고 쓰는 능력과 계산 능력을 조건으로 달 수 있었던 것도 싼 수업료 덕에 초등교육이 널리 보급되어 있었기 때문이 아닌가 싶다. 연구자들도 고대치고는 놀랄 만큼 문맹률이 낮았다고 말하고 있다. 군단병이 고향의 가족에게 보낸 편지는 조금밖에 남아 있지 않지만, 그 편지를 읽어보면 꽤 정확한 라틴어를 구사하고 있다. 그것도 장교가 아니라 일개 병졸이 쓴 편지다. 그리스어권에 속하는 동방에서는 황제의 포고문도 그리스어로 썼을 만큼 로마 제국은 2개 언어 체제로 일관했지만, 로마 군단의 공용어만은 라틴어로 통일되어 있었다.

　로마 시대의 아이들이 학교에서 배운 숫자는, 물론 오늘날 우리가 사용하는 아라비아 숫자가 아니다. 아라비아 숫자는 중세 말기에 서구에 전해져 널리 보급되었기 때문이다. 로마 시대에 사용된 숫자는 오늘날에도 멋 부린 시계의 문자반이나 기념비 같은 데 쓰이는 로마 숫자다. 당시에는 아직 0의 개념이 존재하지 않았다.

　1 - I, 2 - II, 3 - III, 4 - IV, 5 - V, 6 - VI, 7 - VII, 8 - VIII, 9 - IX, 10 - X, 50 - L, 100 - C, 500 - D, 1000 - M

　이른바 '구구단'도 배웠다. 영국박물관에는 1×1, 2×1, 2×2 같은

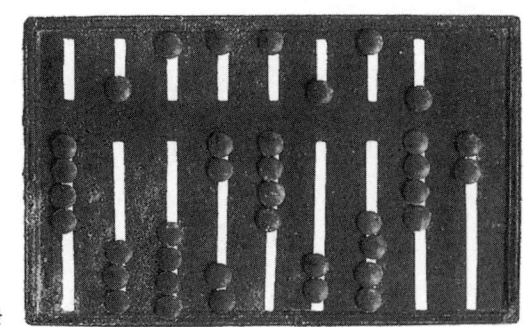
로마 시대의 주판

'구구단'을 적은 목판이 소장되어 있다. 계산을 쉽게 하기 위해 '주판'도 활용되었다. 주판은 구리로 만든 휴대용에서부터 대형에 이르기까지 여러 종류가 있었다. 대형 주판을 손에 들고 있는 상인을 묘사한 부조도 발굴되었다. 다만 '아바쿠스'라고 불린 주판은 고대 중국이나 바빌로니아에서도 사용되었으니까, 로마인의 발명품은 아니다.

초등학교에서 배우는 수학의 범위는 분수까지였던 것 같다. 분수 계산 능력은 로마인에게는 반드시 필요했다. 세금과 관련된 모든 것이 분수였기 때문이다. 속주세는 '10분의 1세', 매상세는 '100분의 1세', 상속세는 '20분의 1세'였다.

로마 시대의 초등학교는 사립학교라기보다 사설학원이었는데, 그 학원은 어디에 개설되었을까. 대개는 길거리에서 지붕이 있는 곳이나 포룸의 한 모퉁이를 교실로 이용하는 것이 보통이었다. 포룸에는 '에세드라'라고 불리는 반원형 구역이 딸려 있는데, 이것은 카이사르가 지은 포룸에서 시작된 양식이다. 사설학원에 교실을 제공하려는 목적으로 만든 게 아닌가 싶다. 에세드라에는 보통 반원형 벽면을 따라 로마의 역사적 위인들의 입상이 놓여 있어서 교실로도 적합했다. 대리석 벽면에 '엘리우스 선생은 돼지새끼' 등의 낙서가 새겨져 있기도 하다.

교육 323

사설학원은 길거리에도 개설되었다. 학생 수는 15명 내지 20명이 보통이었으니까, 자기 집 창문 밖에 학교가 개설되면 시끄러워서 견딜 수가 없었을 것이다. 로마 시대의 '참새 학교'를 개탄한 시인의 글을 읽으면 웃음이 나온다.

로마 시대의 초등학생의 하루를 재현해보면 다음과 같다.

아침 일찍 어머니나 노예가 와서 깨운다. 로마인은 아직 별이 떠 있을 때 일어나 해가 뜨자마자 일을 시작하는 습관을 갖고 있었기 때문에, 이른 아침이라도 집 안에서는 이미 사람들의 활동이 시작된다. 하지만 아이들은 누구나 아침 일찍 일어나지 못한다. 어머니의 채근을 받으며 세수를 하고 양치질을 한다.

이어서 옷을 입는다. 날씨가 좋은 계절에는 무명이나 마로 만든 투니카(짧은 옷)를 입는다. 봄이나 가을에는 투니카의 옷감이 모직물로 바뀐다. 더 추워지면 모직물이 두꺼워지고, 가죽 샌들 속에 스타킹을 신는다. 추위를 타는 아이는 목에 머플러를 두르고, 비가 오는 날은 두건 달린 짧은 망토를 입었다. 비가 내려도 학교는 쉬지 않았기 때문이다.

몸차림을 마치면 그날 학교에 가져갈 물건을 준비한다. 밀랍을 먹인 공책, 철필, 아바쿠스(주판)는 필수품이다. 간단한 접이식 의자도 필요했다.

그것이 끝나면 부모에게 인사를 하러 간다. 부모는 사당에 참배했느냐고 묻고, 그 집의 수호신과 조상들을 모신 '라라리움'(lararium, 사당)에도 아침 인사를 드리게 한다. 로마인은 조상을 중시한 민족이었다.

그런 다음 의자에 앉아서 간단한 아침을 먹는다. 빵과 냉수와 약간의 과일이 전부인 가벼운 식사다. 아침식사를 마치고 집을 나와 학교로 간다. 도중에 '타베르나'(taberna, 간이식당)에 들러 갓 구운 빵을 간식으로 사는 경우도 많다. 아침을 가볍게 먹기 때문에 점심때까지 견디려면 간식이 필요하다. 하지만 갓 구운 빵에서 풍기는 향긋한 냄새의 유혹을 이기지 못하고, 빵을 씹으면서 학교에 가는 아이도 많았을 것이다.

이 시각이면 어른들은 이미 활발하게 활동하고 있다. 아이들도 정오까지는 학습 시간이다.

수업이 끝나면 집으로 돌아간다. 집에서는 역시 간단한 점심식사가 기다리고 있다. 점심을 먹고 나면, 학교에 대해서는 모두 잊어버리고 공중 목욕장으로 달려간다. 목욕을 하기 위해서는 아니다. 무료로 입장하는 공중 목욕장에는 넓은 체육관과 널찍한 정원도 딸려 있어서, 날씨에 관계없이 다른 아이들과 공놀이를 즐길 수 있었기 때문이다.

하지만 오후 5시에 목욕장이 문을 닫으면 그 즐거움도 끝난다. 집으로 돌아온 아이는 부모와 함께 저녁을 먹는다. 그러고 나면 잠자는 일만 남는다.

'그람마티키 스콜라'(grammatici schola)라고 불린 중등교육은 12세부터 17세까지의 소년을 대상으로 한다. 요즘으로 치면 중학교부터 고등학교 2학년까지에 해당한다. 중등학교 교사를 '그람마티쿠스'라고 불렀다. '그람마티쿠스'는 교사의 대명사이기도 했다. 이것은 로마 시대의 교육제도에서 중등교육이 매우 중요시되었다는 것을 보여준다. 수업료도 초등학교보다 조금 비쌌던 모양이다. 학교라기보다 사설학원이고, 교실이 노천이라는 것은 초등학교와 마찬가지지만, 중등교육 과정에는 그리스어 수업이 추가될 뿐 아니라 수업 내용도 문학과 역사에 집중된다. 교재는 그리스와 로마의 유명 작가들의 작품이

로마 시대의 학교 풍경. 서 있는 것은 지각한 학생(독일 트리어에서 출토된 부조)

방과 후에는 아이들도 공중 목욕장 안마당에서 논다(『로마의 목욕장과 일상생활』에서)

다. 그리스 문학에서 서사시인인 호메로스와 3대 비극작가인 아이스킬로스·소포클레스·에우리피데스의 작품은 반드시 공부하도록 되어 있었고, 라틴 문학에서는 엔니우스·카툴루스·플라우투스·테렌티우스·베르길리우스·호라티우스·오비디우스·루카누스의 작품을 공부했다. 이 정도면 그리스-로마의 문학사 자체를 섭렵하는 셈이니까, 공부하는 것도 그리 만만한 일은 아니었을 것이다. 하지만 전체를 공부하는 게 아니라 교사가 적당하다고 생각하는 부분만 골라서 가르치는 방식이었으니까, 문학 수업이라기보다 문학 작품을 교재로 사용해 문장 구성을 공부한다는 느낌이 강했다.

수업은 대개 다음과 같은 순서로 진행된다. 우선 교사가 문장을 읽는다. 이어서 내용을 설명한 다음, 중요하게 여겨지는 낱말을 골라서 그 낱말의 어원까지 거슬러 올라가 의미를 가르친다. 또한 다른 사람의 작품까지 조사해 그것과 비슷한 낱말이 있는지를 찾아본다. 마지막으로 감상이나 비평을 서로 이야기한다. 수준이 꽤 높다고 생각되지만, 낱말의 의미를 정확히 파악하는 능력은 제 생각을 남에게 올바로 전달하는 능력과 연결된다. 연설을 잘하기로도 유명했던 율리우스 카이사르는, 연설을 잘하고 못하고는 사용하는 낱말의 선택에 따라 결정된다고 말했다.

로마 시대의 중등학교는 일반 교양을 습득하는 곳이었을 것이다. 17세가 지나면 소년들은 각자 갈라져서 자신의 길로 떠난다. 군단병의 연령 하한선은 17세였다. 그리고 17세 이상의 젊은이들이 받는 교육은 완전히 전문 교육이었다.

'레토리스 스콜라'(rhetoris schola)를 현대 연구자들은 '고등학교'로 번역하고 있다. 17세부터 20세까지의 젊은이들이 공부하는 '학교'이기 때문인데, 여기서 이루어지는 교육 내용을 보면 변호사나 정치가 양성이 목적이었음을 알 수 있다. 고등학교 교수는 '레토르'(rhetor)라고 불렸다. 오늘날에는 대학 학장을 가리킬 때 이 말을 사용하지만, 로마 시대에 이런 학교의 교수가 가르치는 것은 라틴어로 '아르스 오라토리아'(ars oratoria), 즉 '변론을 구사해 자신의 뜻을 전달하는 기술'이었다.

교재는 키케로를 비롯한 변론술의 대가들이 쓴 저술이다. 게다가 키케로의 저술은 대부분 법정 변론을 모아서 간행한 것이었기 때문에, 교재로는 안성맞춤이었다. 그리스식 변론술을 배우는 데에는 기원전 5세기부터 4세기까지 아테네에서 활약한 리시아스(Lysias)의 법정 변론집이 좋은 교재가 되었다.

그러면 이런 교재를 어떤 식으로 가르쳤을까. 교수는 우선 변론 자체를 분해한다.

1) 주제를 제시하는 서론

2) 사실을 열거하고 증거를 제시하는 단계

3) 그것을 이용해 상대편의 주장을 논박하는 단계

4) 결론

법대를 나오지 않은 나는 이런 용어로 번역하는 것이 과연 적절한지 자신이 없지만, 그래도 '기승전결'(起承轉結)은 비단 한시(漢詩)에만 국한된 것이 아니라, 말이 관련되어 있는 경우에는 동서고금 어디에서나 적용할 수 있는 원칙이라는 것은 알 수 있었다. 한시에서는 첫 구에서 시상(詩想)을 일으키고(起), 둘째 구에서 이어받고(承), 셋째 구에서 뜻을 새롭게 전환시키고(轉), 넷째 구에서 전체를 마무리한다(結). 이것은 법정 변론에도, 원로원 연설에도 완전히 응용할 수 있었을 것이다. 눈으로 읽는 저술과는 달리 귀로 듣는 연설이나 변론은 구성이 더욱 명쾌하지 않으면 효과를 기대할 수 없다.

하지만 구성이 기승전결로 되어 있기만 하면 충분한 것은 아니다. 어쨌든 듣게 하지 않으면 안된다. 내용과는 별도로 상대가 듣게 하는 기술도 중요했다. 그러려면 어떤 몸짓이 적당할까. 기분 좋게 귀에 들어오는 목소리는 어떤 것인가. 유머는 어디서 어떻게 끼워넣으면 효과적인가. 변론하는 장소는 어디며, 청중은 어떤 사람들인가. 이 모든 것이 의사전달 기술을 향상시키는 데 필수적인 요소로 되어 있었다. 이렇게 되면 교재도 법정 변론집만으로는 부족하고, 정치가나 장군의 연설까지 교재로 삼아야 한다. 한마디 말을 효과적으로 사용해 상황을 일변시켰다는 율리우스 카이사르의 연설도 좋은 교재가 되었다. 로마 시대에는 변호사로 평생을 보내는 사람은 거의 없고, 변호사가 정치가도 되고 군인도 되는 시대였기 때문에, '아르스 오라토리아'는 엘리트라면 누구에게나 필요한 기술(아르스)이었다. 오늘날에는 중요 인물이 될수록 연설문을 남에게 쓰게 하는 경우가 많다. 특히 미국 정치가들 가운데 연설문을 대필시키는 사람이 많다. 로마 시대에는 연설문을 대신 써주는 사람은 존재하지 않았고, 그런 전문가에게 부탁한다는 것은 아예 생각지도 않았을 것이다. '글은 사람이다'라는 말이 있다. 글에는 그 사람의 모든 것이 나타난다. 따라서 그것을 효과적으로 나타내는 데 필요한 기술 습득이 엘리트를 지향하는 젊은이들에게 요구되었던 것이다.

초등학교부터 고등학교까지의 교육기관은 로마에 있었다. 속주 출신의 야심만만한 젊은이들이 수도 로마로 유학을 왔기 때문이다. 남프랑스에서도 에스파냐에서도 카르타고에서도 많은 학생이 로마로 모여들었다. 하지만 명색이 제국의 수도인데도, 그 이상의 교육을 베풀 수 있는 시설은 로마에 없었다. 그것이 고대의 로마 지도에 대규모 학원이 기재되어 있지 않은 이유다. 로마가 패권을 확립한 시대에는 아테네의 '아카데메이아'와 이집트 알렉산드리아의 '무세이온'이 지중해 세계의 최고 학부로서 이미 확고한 기반을 굳히고 있어서, 정복자인 로마인도 그것을 로마로 이전한다는 것은 아예 생각지도 않았기 때문이다. 그것은 당연하다. 게다가 이민족을 지배하는 정책으로도 적절했다. 로마인은 실용성을 중시하는 민족이었으니까, 엘리트 양성이라는 필요만 충족되면 그 이상의 교육은 다른 데서 이루어져도 상관없다고 생각했는지도 모른다. 플라톤이 창설한 '아카데메이아'도, 1만 권의 장서로 유명한 '무세이온'도 사실 교육기관이라기보다는 연구기관이었다. 진정한 의미의 대학원이라 해도 좋다. 이런 최고 학부에서 공부한 경험을 가진 로마인은 적지 않다. 키케로와 시인인 호라티우스도 아테네에 유학한 경험이 있다. 하지만 최고권력자인 황제 중에는 최고 학부에서 공부한 사람이 하나도 없다는 게 재미있다. 아우구스투스는 17세에 정쟁의 세계로 내몰렸기 때문에, 고등학교도 마치지 못했다. 군단에서 말단부터 차근차근 출세한 베스파시아누스 황제나 트라야누스 황제는 물론이고, 단계를 밟아 진급했다고 말할 수 없는 하드리아누스 황제도 대학에 다닌 경험은 없었다. 로마 시대에 출세와 학력은 무관했던 셈이다. 그러나 학력을 따지지 않는 세계였는데도 로마 제국은 국비로 '아카데메이아'와 '무세이온'을 지원했다. 교육기관은 사립인데, 연구기관만은 국립이었던 것이다. 교수들에게는 사무관료와 비슷한 연봉이 지급되었다.

이것은 참으로 흥미로운 현상이다. 로마 제국의 교육제도에서는 초등학교도 중학교도 고등학교도 모두 사립인 것이 특징이다. 교사들에게 로마 시민권을 주어 직접세인 속주세를 면제해주고, 이런 특혜를 받는 대신 적절한 수업료를 받고 교육에 종사하라는 것이 카이사르 법의 의도였다. 국정 교과서나 커리큘럼 같은 것은 존재하지 않고, 교재 선택이나 교육법도 모두 교사에게 일임했다. 교육 효과가 좋지 않으면 부모는 다른 학원에 아이를 보내게 되니까, 이것은 자유시장의 자유경쟁체제라고 말할 수밖에 없다. 교사도 나름대로 노력하지 않을 수 없었을 것이다. 그런데 최고 학부의 교수들은 이런 경쟁과 무관할 수 있었다. 황제들은 최고 학부에서 교육받은 경험도 없는데, 연구와 경쟁이 반드시 좋은 관계는 아니라는 사실을 알고 있었을까.

하지만 이 로마 제국에서 초등교육도 중등교육도 고등교육도 공영으로 바뀌는 시대가 온다. 기독교의 지배가 강화되는 것과 교육제도의 공영화는 보조를 맞춰 진행되었다.

교사 자격도 시험을 통해 주어진다. 시험 대상은 지식이나 교육 능력이 아니라 기독교 신앙을 갖고 있는지의 여부였다. 교재도 교회가 정한 책 이외에는 사용해서는 안 된다. 그리스-로마의 고전 따위는 사교도의 작품이기 때문에 논할 거리도 못 되고, 사용이 허가된 것은 성서를 비롯한 성인들의 행적을 기록한 책뿐이다. 교회는 가르치는 방법도 주의 깊게 감시했다. 다만 교사들도 정해진 봉급을 받게 되었고, 학생들의 수업료도 무료다. 의료제도가 공영화되었듯이, 교육제도도 공영화된 것이다. 이상하게도 제국의 경제력이 왕성했던 시대에는 의료도 교육도 민영이었는데, 경제력이 쇠퇴해버린 시대에 공영화되었다. 사회는 어떤 하나의 사고방식으로 통일되어야 한다고 생각하는 사람들은 권력을 손아귀에 넣자마자 무엇보다도 우선 교육과 복지를 자기들 생각에 따라 다시 조직하는 문제를 생각하고 실행하는 법이다. 로마 제국의 국교가 된 뒤 기독교회가 한 일도 바로 그것이었다.

그로부터 반세기 뒤, 로마 제국은 멸망했다. 남은 것은 기독교 제국이라고 말하는 편이 적절한 비잔틴 제국이었다. 로마 제국의 동방에 있었던 아테네의 '아카데메이아'도 알렉산드리아의 '무세이온'도 곧 폐교된다. 의심을 품는 것이 연구의 기본인데, 세상은 '믿는 자에게 복이 있나니'의 일색이 되었기 때문이다.

마무리

   로마사를 공부하는 동안, 사회간접자본 · 기반시설 · 하부구조를 뜻하는 인프라스트럭처를 '개인은 할 수 없기 때문에 국가나 지방자치단체가 대신 하는 것'이라고 생각하게 되었다. 그리고 나는, 로마인들이 '사람이 사람답게 살기 위해 필요한 대사업'이라고 정의한 인프라를 '하드'와 '소프트'로 분류했다. '하드 인프라'는 건조물 형태를 취하고 있기 때문에 눈으로 볼 수 있는 것, '소프트 인프라'는 시스템이기 때문에 눈으로는 볼 수 없는 것이다. 구체적으로 열거하면 다음과 같다.
   '하드 인프라'─교통 수단인 가도, 다리, 항만. 종교 시설로는 신전. 집회나 재판이 열리고 공공도서관도 있었다는 점에서 시민 생활의 중심이라 해도 좋은 포룸(광장)과 바실리카(공회당). 오락 시설로는 그리스 양식을 그대로 본뜬 타원형 경기장. 역시 그리스 양식인 반원형 극장. 로마의 콜로세움 같은 원형투기장. 위생 효과도 무시할 수 없었던 상수도, 하수도, 공중 목욕장.
   '소프트 인프라'─안전보장, 치안, 조세제도, 통화제도, 우편제도, 빈민구제 시스템, 육영자금제도, 의료, 교육.
   로마 시대에는 이 모든 것을 갖추지 않으면 도시로 인정되지 않았다. 실제로 연구자들이 작성한 제국 내 도시들의 복원 지도를 보고 있으면, 이건 '미니 로마'가 아닌가 하는 생각밖에 들지 않는다. 제국의 수도 로마는 인프라 면에서도 다른 도시들의 본보기였다.

하지만 이 책에서 나는 이 인프라를 모두 다 언급하지는 않았다. 대부분은 지금까지 나온 아홉 권에서 다루었기 때문이다. 게다가 가장 중요한 인프라인 안전보장 ─ 로마인의 말을 빌리면 '세쿠리타스'(securitas) ─ 은 권마다 반드시 언급했을 뿐 아니라 앞으로도 계속 다룰 예정이다. 로마 황제의 3대 책무는 안전보장, 내정, 공공사업으로 되어 있었다. 이처럼 안전보장은 황제의 3대 책무 가운데 첫 번째로 꼽힐 만큼 중요했고, 로마 황제는 주전력과 보조전력을 합하여 30만에 이르는 로마군의 최고사령관도 겸하고 있었다. 그리고 로마 황제는 공식적으로는 로마 시민권 소유자와 원로원이라는 유권자로부터 통치를 위임받아 그 자리에 앉아 있는 사람이다. 통치자의 책무는 피통치자에게 안전과 식량을 보장하는 것으로 여겨지고 있었다. '식량'을 보장하는 것은 곧 '일자리'를 보장하는 것이다. 그리고 '식량'이나 '일자리'가 보장되려면 우선 '안전'이 보장되어야 한다. 따라서 인간 생활에 가장 중요한 것은 동서고금을 막론하고 안전보장이었다. 오늘날에도 전란이 계속되는 지역에 사는 사람들의 고통을 보면 그것을 납득할 수 있을 것이다.

가장 중요한 이 책무를 로마인은 황제에게 위탁했다. 우리가 '황제'로 번역하고 있는 '임페라토르'라는 말은 원래 병사들이 자신들을 지휘해 싸움에 이긴 사령관에게 바친 존칭이다. 따라서 제정 이전의 공화정 시대에도 '임페라토르'는 몇 명이나 있었다. 수도 로마에서 개선식을 거행한 것도 이 사람들이었다. 그런데 제정으로 바뀐 뒤에는 최고통치자가 최고사령관을 겸하는 것이 통례가 되었기 때문에, 군대를 지휘한 적이 없는 최고통치자도 '임페라토르', 즉 '황제'로 불렸고, 그 호칭이 정착된 것이다.

황제라는 말 자체도 이렇게 중요한 의미를 갖고 있었던 것이 로마 시대다. 이 로마에서는 통사를 쓰는 것은 곧 군사(軍史)를 쓰는 것이었다. 야만족의 침입을 예로 들면, 야만족이 제국 말기에 느닷없이 출현해 쳐들어온 것은 아니다. 야만족은 늘 있었고, 게다가 항상 침입을 시도했다. 다만 '임페라토르'가 그들을 격퇴할 힘을 갖고 있는 동안은 침입하지 못했을 뿐이다.

이 책에서 다루지 않은 것은 안전보장만이 아니다. '하드 인프라'인 항만과 신전, 바실리카, 포룸, 반원형 극장, 원형투기장, 경기장은 언급하지 않았다. 지금까지 나온 아홉 권 가운데 어딘가에서 그것을 건설한 유력자나 황제를 다룰 때 이미 언급했기 때문이다. 포룸에 관해서는 카이사르를 다룬 제5권에서, 원형투기장에 대해서는 제8권에서 다루었다.

그리고 '소프트 인프라' 중에서도 치안과 조세제도, 통화제도는 다루지 않았다. 여기에 대해서는 제6권에서 상세히 기술했기 때문이다. 어쨌거나 제6권의 주인공 아우구스투스는 초대 황제라는 이름에 부끄럽지 않게 제국의 토대를 모두 쌓은 사람이었다.

그래서 제10권에서는, 로마 시대의 인프라라면 누구나 떠올리는 가도와 다리와 상수도를 집중적으로 다룰 수 있었다. 하기야 이것이 로마 시대의 대표적인 인프라이기도 했지만.

오늘날에도 선진국에는 도로와 철도가 완비되어 있기 때문에, 우리는 인프라의 중요성을 잊고 살 수 있다. 하지만 다른 나라들에서는 그것을 기대할 수 없기 때문에 오히려 인프라의 중요성을 절실히 깨닫게 된다. 세상에는 아직도 충분한 물을 공급받지 못하고 있는 사람이 많은 게 현실이다.

경제적으로 여유가 없기 때문일까.

아니면 인프라 정비를 필수 불가결한 일로 생각하는 마음가짐이 부족하기 때문일까.

아니면 그것을 실행하는 데 필요한 강한 정치적 의지가 부족해서일까.

그것도 아니면 '평화'의 지속이 보장되지 않기 때문일까.

2001년 가을, 로마에서

참고문헌

제1차 사료
- 갈레노스(Claudios Galenos, 서기 129년-216년)
  『갈레노스 전집』
- 디오 카시우스(Dio Cassius, 서기 150년경-235년)
  『로마사』
- 디오도루스 시쿨루스(Diodorus Siculus, 기원전 1세기)
  『역사 문고』
- 디오클레티아누스(Gaius Aurelius Valerius Diocletianus, 서기 230년-313년)
  『최고가격령』
- 비트루비우스(Marcus Vitruvius Pollio, 기원전 1세기)
  『건축론』
- 수에토니우스(Gaius Suetonius Tranquillus, 서기 69년경-122년 이후)
  『황제열전』
- 스트라본(Strabon, 기원전 64년경-서기 23년경)
  『지리학』
- 스파르티아누스(Aelius Spartianus) 외 6인
  『황제 역사』(4세기 말)
- 아테나이오스(Athenaios, 기원전 2세기)
  『식탁의 현인들』
- 아피아누스(Appianus, 서기 2세기)
  『로마사』
- 암미아누스 마르켈리누스(Ammianus Marcellinus, 서기 330년-395년)
  『역사』

- 대(大)카토(Marcus Porcius Cato, 기원전 234년-149년)
  『농업론』
- 켈수스(Aulus Cornelius Celsus, 서기 1세기)
  『의학론』
- 테르툴리아누스(Quintus Septimus Florens Tertullianus, 서기 155년/160년-223년 이후)
  『구경거리에 관하여』
- 테오프라스토스(기원전 372년-287년)
  『식물지』
- 파벤티누스(Faventinus, 서기 2-3세기)
  『여러 가지 건축에 관하여』
- 폴리비오스(Polybios, 기원전 200년-118년)
  『역사』
- 프로코피우스(Procopius, 서기 490년/507년-565년경)
  『전쟁사』
- 프론티누스(Sextus Julius Frontinus, 서기 35년-103년)
  『로마 수도론(水道論)』
- 대(大)플리니우스(Gaius Plinius Secundus, 서기 23년-79년)
  『박물지』
- 소(小)플리니우스(Gaius Plinius Caecilius Secundus, 서기 61년-113년경)
  『서간집』
- 헤론(Heron of Alexandria, 서기 1세기)
  『기계학』
- 히포크라테스(Hippocrates, 기원전 460년-377년)
  『히포크라테스 전집』

후세의 연구서

Adam, J. -P., *La construction romaine, Materiaux et techniques*, Paris, 1984.

Albenga, G., *I Ponti*, Torino, 1958.

Ashby, Th., *The Classical Topography of the Roman Campagna*, British

School at Rome I, II, III, IV, London, 1902-1907 ; *The aqueducts of ancient Rome*, Oxford, 1935 ; *The Roman Campagna in Classical Times*, London, 1970 ; *Un archeologo fotografa la campagna romana tra '800 e '900*, British School at Rome, London, 1986.

Ashby-Fell, *The Via Flaminia*, London, 1921.

Ashby-Gardner, *The Via Traiana*, London, 1916.

Ashby-Platner, *A Topographical Dictionary of Ancient Rome*, London, 1929.

Aurigemma, S., *Villa Adriana*, Roma, 1961.

Baggi, V., *Costruzioni stradali ed idrauliche*, Torino, 1926.

Baldson, J., *Life and Leisure in Ancient Rome*, London, 1969.

Ball, J., *Egypt in the Classical Geographers*, Cairo, 1942.

Behr, C. A., *Aelius Aristides and the Sacred Tales*, Amsterdam, 1968.

Bernardi, M., *L'igiene nella vita pubblica e nella vita privata di Roma*, Udine, 1941.

Bianchi Bandinelli, R., *L'arte romana nel centro del potere*, Milano, 1969.

Birley, E., *Hadrian's Wall*, London, 1981.

Blake, M. E., *Ancient Roman Construction in Italy, I : From the Prehistoric Period to Augustus*, Washington, 1947 ; *II : From Tiberius through the Flavians*, Washington, 1959 ; *III : From Nerva through the Antonines*, Philadelphia, 1973.

Bloch, H., *I bolli laterizi e la storia edilizia romana*, Roma, 1947.

Bodei Giglioni, G., *Lavori pubblici e occupazione nell'antichità classica*, Bologna, 1974.

Bonacasa, N. 편, *Cirene*, Milano, 2000.

Borghini, G. 편, *Marmi antichi*, Roma, 1998.

Bowman, A. K., *Life and letters on the Roman frontier*, London, 1994.

Cappelli, R. 편, *Viae publicae romanae*, Roma, 1991.

Carcopino, J., *La vita quotidiana a Roma all'apogeo dell'impero*, Bari, 1978.

Cardini, M., *L'igiene pubblica di Roma antica*, Prato, 1909 ; Condutture delle acque nell'antica Roma, Firenze, 1916.

Casson, L., *Travel in the ancient world*, London, 1974.
Castagnoli, F., *Topografia e urbanistica di Roma antica*, Bologna, 1969.
Cavalieri, G. 이하 2인, *Piemonte, Valle d'Aosta, Liguria, Lombardia*, Roma-Bari, 1982.
Cavallo, D., *Via Cassia*, Roma, 1992.
Charlesworth, M. P., *Trade Routes and Commerce of the Roman Empire*, Cambridge, 1926.
Chevallier, R., *Les voies romaines*, Paris, 1972.
Coarelli, F., *Dintorni di Roma*, Roma, 1981 ; *Roma*, Roma-Bari, 1989.
Colonna, G. 이하 5인, *La Via Aurelia*, Roma, 1968.
Cozzo, G., *Ingegneria Romana*, Roma, 1970.
Crook, J., *Law and Life of Rome*, London, 1967.
D'arms, J.H., *Romans on the Bay of Naples : A Social and Cultural Study of the Villas and their Owners from 150 B.C. to 400 A.D.*, Cambridge, Mass., 1970.
De Angelis D'ossat, G., *Civiltà romana : tecnica costruttiva e impianti delle terme*, Roma, 1943.
De Camp, L., *Ancient Engineers*, New York, 1963.
De Maria, S., *Gli archi onorari di Roma, e dell' Italia romana*, Roma, 1988.
De Ruggiero, E., *Lo stato e le opere pubbliche in Roma antica*, Torino, 1925.
Dolci, E., *Carrara, cave antiche*, Carrara, 1980.
Donini, A., *Ponti su monete e medaglie*, Roma, 1959.
D'Onofrio, C., *Le acque di Roma*, Roma, 1977.
Duncan-Jones, R., *The Economy of the Roman Empire*, Cambridge, 1974.
Duval, P. M., *La vie quotidienne en Gaule pendant la paix romaine*, Paris, 1952.
Fernandez Casado, C., *Historia del puente en España puentes romanos*, Madrid, 1955.
Ferri, S. 편, *Vitruvio. De architectura*, Roma, 1960.
Focillon, H., *Gian Battista piranesi*, Bologna, 1967.

Forbes, R. J., *Studies in ancient technology*, Leiden, 1965 ; *Notes on History of Ancient Roads and Their Construction*, Amsterdam, 1934.

Fustier, P., *La route*, Paris, 1968.

Galliazzo, V., *I ponti di Padova romana*, Padova, 1971 ; *I ponti romani*, Treviso, 1995.

Gatti, G., *Topografia ed Edilizia di Roma antica*, Roma, 1989.

Gazzola, P., *I ponti romani*, Firenze, 1963.

Giacobelli, M., *Via Clodia*, Roma, 1991.

Giacomini, P., *La rete idrica nelle citta antiche*, Bologna, 1985.

Giovannoni, G., *La tecnica della costruzione presso i Romani*, Roma, 1969.

Giuliani, C. F., *L'edilizia nell'antichità*, Roma, 1995.

Gnoli, R., *Marmora romana*, Roma, 1971.

Grant, M. & Pottinger, D., *Romans*, Edinburgh, 1960.

Gregory, J. W., *The Story of the Road*, London, 1938.

Grimale, P., *La civilisation romaine*, Paris, 1968 ; *Les jardins romains*, Paris, 1984.

Gros, P. & Torelli, M., *Storia dell'urbanistica, il mondo romano*, Roma-Bari, 1998.

Hagen, J., *Die Römerstrassen der Rheinprovinz*, Bonn-Leipzig, 1923.

Harrison, D., *Along Hadrian's Wall*, London, 1962.

Heinz, W., *Römische Thermen. Badewesen und Badeluxus in Römischen Reich*, München, 1983.

Hide, W., *Roman Alpine Routes*, Philadelphia, 1935.

Hodges, H., *Technology in the Ancient World*, London, 1970.

Homo, L., *Roma imperiale e l'urbanesimo nell'antichità*, Milano, 1976.

Jenison, M., *Roads*, London, 1949.

Kahane, A. 이하 2인, *The Ager Veientanus, North and East of Rome*, British School at Rome, London, 1968.

Kleberg, T., *Hotels, restaurants et cabarets dans l'antiquité romaine*, Uppsala, 1957.

Kretzschmer, F., *La technique romaine*, Bruxelles, 1966.

Lanciani, R., *La distruzione di Roma antica*, Milano, 1971 ; *Forma Urbis Romae*, Roma, 1989.

Landels, J. G., *Engineering in the Ancient World*, London, 1978.

Levi, A., *Itineraria picta, Contributo allo studio della Tabula Peutingeriana*, Roma, 1967.

Lezine, A., *Architecture romaine d'Afrique, recherches et mises au point*, Tunis, 1963.

Lugli, G., *Le grandi peore pubbliche*, Roma, 1934 ; *La tecnica edilizia romana*, Roma, 1957 ; *Itinerario di Roma antica*, Milano, 1970.

Macdonald, W., *The Architecture of the Roman Empire*, London, 1986.

Margary, I., *Roman Roads in Britain*, London, 1957.

Marrou, L., *Histoire de l'education dans l'antiquité*, Paris, 1955.

Martinez, A., *El puente romano de Mérida*, Badajoz, 1983.

Martinori, E., *Via Flaminia*, Roma, 1929 ; *Via Salaria*, Roma, 1931.

Mesqui, J., *Le pont en France avant le temps des ingénieurs*, Paris, 1986.

Miller, J. I., *The spice Trade of the Roman Empire, 29 B.C. to 641 A.D.*, Oxford, 1969.

Miller, K., *Itineraria romana*, Stuttgart, 1916 ; *Die Peutingersche Tafel*, Stuttgart, 1962.

Mommsen, Th., *Der Maximaltarif des Diokletian*, Berlin, 1883.

Mooney, W.W., *Travel among the Ancient Romans*, Boston, 1920.

Panimolle, G., *Gli acquedotti di Roma antica*, Roma, 1968.

Paoli, U. E., *Vita romana*, Firenze, 1973.

Pasquinucci, M. 편, *Terme romane e vita quotidiana*, Modena, 1987.

Pavolini, C., *Ostia*, Roma-Bari, 1983 ; *La vita quotidiana ad Ostia*, Roma-Bari, 1986.

Pellati, F., *L'ingegneria idraulica ai tempi dell'impero romano*, Roma, 1940.

Pellegrino, A., *Itinerari Ostiensi*, Roma, 1984.

Piranesi, G. B., *Antichità romane, ponti, teatri portici e altri monumenti di Roma*, Roma, 1756.

Quilici, L., *La Via Prenestina*, Roma, 1977 ; *La Via Latina*, Roma,

1978 ; *Dintorni di Roma*, Roma, 1981 ; *Via Appia da Porta Capena ai Colli Albani*, Roma, 1989 ; *Le strade Viabilita tra Roma-Lazio*, Roma, 1990.

Radke, G., *Viae publicae romanae*, Bologna, 1981.

Rivoira, G. T., *Architettura romana, Costruzione e statica nell'eta imperiale*, Milano, 1921.

Roddaz, J. M., *Marcus Agrippa*, Roma, 1984.

Romanelli, P., *Topografia e archeologia dell'Africa romana*, Torino, 1970.

Rose, A. C., *Via Appia in the Days When All Roads Let to Rome*, Washington, 1935.

Salama, P., *Les voies Romaines de l'Afrique du Nord*, Alger, 1951.

Schmiedt, G., *Contributo della foto-interpretazione alla ricostruzione della situazione geograficotopografica dei porti antichi in Italia*, Firenze, 1964.

Singer, C., *A History of Technology*, Oxford, 1956.

Squassi, F., *L'arte idrosanitaria degli antichi*, Tolentino, 1954.

Stahl, W., *La scienza dei Romani*, Bari, 1974.

Starr, C., *The Roman imperial Navy*, Cambridge, 1960.

Sterpos, D., *Comunicazioni stadali attraverso i tempi*, Roma-Firenze, Novora, 1964 ; *Comunicazioni stradali attraverso i tempi*, Roma-Capua, Roma, 1966 ; *La strada romana in Italia*, Roma, 1969.

Taracena, B. 편, *Carta Arqueologica de España*, Madrid, 1941.

Thomson, J., *History of Ancient Geography*, Cambridg, 1948.

Tomassetti, G., *La Campagna Romana antica, medioevale e moderna, vol. I : La Campagna Romana in genere ; vol. II : Via Appia, Via Ardeatina e Via Aurelia ; vol. III : Via Cassia, Via Clodia, Via Flaminia, Via Tiberina, Via Labicana, Via Prenestina ; vol. IV : Via Latina ; vol. V : Via Laurentina, Via Ostiense ; vol. VI : Via Nomentana, Via Salaria, Via Portuense, Via Tiburtina*, Firenze, 1979-80.

Torelli, M., *Innovazione nelle tecniche edilizie romane tra il I sec. a. C. e il I sec. d. C.*, Como, 1980.

Tranoy, A., *La Galice romaine*, Paris, 1981.

Tufi, S. R., *Archeologia delle province romane*, Roma, 2000.
Van Deman, E. B., *The Building of the Roman Aqueducts*, Washington, 1934.
Venditti, E., *La Via Portuense*, Roma, 1992.
Villa, C., *Le strade consolari di Roma*, Roma, 1995.
Von Hagen, V. W., *The Roads that Led to Roma*, London, 1967.
Ward-Perkins, J. B., *The Ancient Road*, London, 1957.
Wheeler, M., *Rome Beyond the Imperial Frontiers*, London, 1954.
White, K. D., *Greek and Roman Technology*, London, 1984.
Wiseman, F. J., *Roman Spain*, London, 1956.
저자 다수 : *Tabula Imperii Romani, Tergeste*, Roma, 1961 ; *Tabula Imperii Romani, Mediolanum-Aventicum-Brigantium*, Roma, 1966 ; *Tabula Imperii Romani, Aquincum-Sarmizegetusa-Sirmium*, Amsterdam, 1968 ; *Tabula Imperii Romani, Romula-Durostrum-Tomis*, Bucarest, 1969 ; *Tabula Imperii Romani, Lutetia-Atautuca-Ulpia-Noviomagus*, Paris, 1975 ; *Tabula Imperii Romani, Dyrrbachion-Scupi-Serdica-Thessalonike*, Ljubljana, 1976.
전시회 카탈로그 : *Il Trionfo dell'Acqua, Acque e Acquedotti a Roma, IV sec. a.c-XX sec.*(전2권), Roma, 1986 ; *Viae Publicae Romanae*, Roma, 1991

로마인 이야기 10
모든 길은 로마로 통한다

지은이 **시오노 나나미**
옮긴이 **김석희**
펴낸이 **김언호**
펴낸곳 **(주)도서출판 한길사**

등록 • 1976년 12월 24일 제74호
주소 • 10881 경기도 파주시 광인사길 37
　　　www.hangilsa.co.kr
　　　E-mail: hangilsa@hangilsa.co.kr
전화 • 031-955-2000~3
팩스 • 031-955-2005

ROMA-JIN NO MONOGATARI X
SUBETE NO MICHI WA ROMA NI TSUZUKU
by Nanami Shiono

Copyright ⓒ 2001 by Nanami Shiono

Original Japanese edition published by Shincho-Sha Co., Ltd.
Korean translation rights arranged with Shincho-Sha Co., Ltd.
through Japan Foreign-Rights Centre

제1판 제1쇄 2002년 3월 15일
제1판 제64쇄 2025년 9월 12일

Published by Hangilsa Publishing Co., Ltd., Korea

값 19,000원
ISBN 978-89-356-5324-9 04900
● 잘못 만들어진 책은 구입하신 서점에서 바꿔드립니다.